Minerva Shobo Librairie

「格差」から考える社会政策

雇用と所得をめぐる課題と論点

芝田文男

［著］

ミネルヴァ書房

はじめに

　日本は近年格差が拡大していると言われ，最近のベストセラーのトマ・ピケティ『21世紀の資本』（みすず書房，2014）やOECD（経済開発協力機構）の報告書でも先進国の格差は拡大していると指摘されている。格差は，一方では成長へのインセンティブであり，成功者の地位を努力の代償として肯定する見解もあるが，一方では格差は所得下層の向上力を削ぎ，格差が固定化・世襲化すると社会が停滞し，経済成長に悪影響があるとか，社会の不安定化につながるという見解もある。

　本書は，格差問題にかかわりの深い雇用政策や福祉政策・所得保障等，現在問題となっている主要なテーマについて，統計データとともに対立する考え方を紹介し，この問題について興味のある方々が，自分自身で考える手かがりとなるようにわかりやすく解説することを目的としている。

　したがって，対立し合う主張については，バランスを保って記述することに努めている。筆者は，研究者として，各章の様々な箇所において自己の信ずる立場に触れているが，読者の皆さんはそれぞれの立場に立ち，考えていただければ幸いである。

　以上のような編集方針をもって，本書は次のような構成・概要で展開している。

　第Ⅰ部　総論：日本の格差の実情をさぐる
　第1章　格差・貧困の現状——諸指標から——
　　格差は拡大しているのかを所得上位10％，1％層の所得割合，ジニ係数，相対的貧困率等様々なデータから見ている。
　第2章　格差に対する様々な考え方

格差拡大やそれに関する政策について，主な経済学，法律学，政治思想的な考え方を紹介する。

第3章　戦後日本の政治経済と現在の制約条件

戦前から現在までの日本社会の成長と格差に関係する状況変化を見るとともに，現代日本の制約条件について触れている。

第Ⅱ部　子ども世代の政策：少子化と子どもの貧困

第Ⅱ部以降は，年齢階層ごとの格差諸テーマとそれに対する政策議論を検討するが，第Ⅱ部はまず，子どもに関して取り上げている。

第4章　子どもの貧困(1)：総論と少子化政策

子どもの貧困状況を概観した後，従来の政策が少子化対策中心であったため，その政策の概要や児童手当をめぐる政党間の論争を取り上げる。

第5章　子どもの貧困(2)：子どもの貧困対策とひとり親対策

子どもの貧困解消を目的とする政策について，ひとり親家庭対策，子どもの貧困に関する教育政策について外国の政策も参考に概観する。

第Ⅲ部　就労年齢層の政策：雇用・所得保障・租税等

第Ⅲ部では就労年齢層の格差諸テーマを取り上げる。

第6章　「日本型雇用」の変質と労働政策──雇用流動化政策──

1990年以降の雇用関係の状況と「日本型雇用」と言われる従来の雇用慣行の変質について概観する。また，雇用維持から労働移動促進への政策変更と，解雇の金銭解決をめぐる論点を取り上げる。

第7章　非正規雇用政策

非正規雇用（有期雇用，パート労働，派遣労働）や「多様な正社員」をめぐる政策と「同一労働同一賃金」議論等労働条件の格差是正策をめぐる議論について取り上げる。

第8章　労働時間規制をめぐる政策

労働時間をめぐる政策を取り上げる。労働時間に関する規制の概要とその改正議論を概観した後，ブラック企業等過重労働問題と近年の労働時間から成果に基づく賃金制度に転換を目指す政策議論を検討する。

第9章　若者・女性の雇用政策

若者雇用については，大学進学の奨学金，学校から就職の移動を妨げるミスマッチの是正政策等を取り上げ，女性雇用についてはワーク・ライフ・バランス政策や雇用均等を進める政策の論点を検討する。

第10章　就労年齢層のセーフティネット――最低賃金・雇用保険・生活保護――

就労年齢層の失業・貧困対策をテーマとして，最低賃金，雇用保険，生活保護や生活困窮者の政策を検討する。

第11章　税制等の見直しによる格差是正策

所得税，法人税，消費税，資産課税及び社会保険料の制度別の論点を概観した後，制度横断的問題として，財政赤字に対してどの税を増税すべきかをめぐる議論や，税による格差是正策に関する議論を検討する。

第12章　ベーシック・インカムの提案をめぐる議論

雇用政策や社会保障の欠点に対する対策として提案されているベーシック・インカムについて，内容と賛否をめぐる論点を検討する。

第Ⅳ部　高齢者層の政策：雇用と年金

第Ⅳ部では高齢者層の格差・貧困問題を取り上げる。

第13章　高齢者層の格差――年金制度と無年金・低年金――

高齢者層の格差・貧困状況を概観し，高齢者の収入の中核である老齢年金制度の現状と課題を概観した後，無年金・低年金の原因と対策を議論する。

第14章　公的年金制度の持続可能性と対策

老齢年金制度のもう一つの主要課題である持続可能性について，2014年財政検証の結果と，持続可能性を高めるための各種改革案をめぐる議論について検討する。

格差や貧困の問題は，「経済財政運営と改革の基本方針 2016」（2016年6月2日）という閣議決定の中にも，「子供の貧困対策」，「世代を超えた貧困をなくすための取組みを進め，格差が固定化」しないようにする，「非正規雇用の待

遇改善」等として取り上げられるまでに政策の必要性は高まっている。

　他方，格差是正財源として期待される消費税10％増税の再延期が本稿を閉じる2016年6月に決定され，少子高齢化や財政赤字の制約の中で，政策「効率化」や成長を妨げるとされる「規制」の緩和をめぐる議論は厳しさを増すと思われる。本書がそのような議論を検討する際の一助となることを期待したい。

　2016年6月

芝田文男

「格差」から考える社会政策
——雇用と所得をめぐる課題と論点——

目　次

はじめに

第Ⅰ部　総論：日本の格差の実情をさぐる

第1章　格差・貧困の現状……3
――諸指標から――

1. 格差とは　3
2. 格差・貧困の測定方法　5
3. 所得格差の推移(1)：所得十分位比率，所得百分位比率　7
4. 所得格差の推移(2)：ジニ係数　10
5. 相対的貧困率など　10
6. まとめ：拡大する格差と貧困　15

第2章　格差に対する様々な考え方……17

1. 経済成長と格差　17
2. 経済学の規制批判と分配に関する考え方　21
3. 日本国憲法・法律による社会権の考え方　24
4. 格差に対する政治的立場　27
5. まとめ：政策評価の視点　29

第3章　戦後日本の政治経済と現在の制約条件……31

1. 戦後から1970年代までの政治経済　31
2. 1980年代から現在までの政治経済　36
3. 現代日本の制約条件　40
4. まとめ：成長から停滞，少子化・非正規雇用増・財政赤字の制約　46

第Ⅱ部　子ども世代の政策：少子化と子どもの貧困

第4章　子どもの貧困(1)：総論と少子化政策……51

1. 子どもの貧困の全体状況　51

②　少子化の原因　54
　　　③　少子化対策　57
　　　④　児童手当と高校授業料無償化：普遍化と選別化の議論　61
　　　⑤　まとめ：高い子どもの貧困率，少子化と児童手当等の効果　63

第5章　子どもの貧困(2)：子どもの貧困対策とひとり親対策……66
　　　①　子どもの貧困対策とひとり親対策　66
　　　②　諸外国の子どもの貧困対策とひとり親対策　72
　　　③　まとめ：教育支援とひとり親世帯の生活支援　76

　　　　　第Ⅲ部　就労年齢層の政策：雇用・所得保障・租税等

第6章　「日本型雇用」の変質と労働政策……………………………81
　　　　――雇用流動化政策――
　　　①　1990年代以降の労働関係　81
　　　②　「日本型雇用」の特徴　83
　　　③　「日本型雇用」の変質　85
　　　④　雇用流動化政策をめぐる議論　88
　　　⑤　まとめ：「日本型雇用」の変質と雇用流動化政策の議論　95

第7章　非正規雇用政策……………………………………………………97
　　　①　非正規雇用の特徴と増加の原因　97
　　　②　非正規雇用の法規制(1)：有期雇用　100
　　　③　非正規雇用の法規制(2)：パートタイム雇用　103
　　　④　非正規雇用の法規制(3)：派遣労働者　108
　　　⑤　多様な正規雇用，同一労働同一賃金議論　114
　　　⑥　まとめ：正規と非正規の非合理な格差是正への期待　118

第8章　労働時間規制をめぐる政策……………………………………121
　　　①　現行の労働時間規制の概要　121

② 労働時間管理の実態　127
③ 労働時間管理に関する国際比較と成果で評価する働き方をめぐる議論　130
④ まとめ：長時間労働是正と労働生産性を上げる働き方をめぐる議論　135

第9章　若者・女性の雇用政策 ……………………………………… 138

① 若者雇用の現状と課題　138
② 若者雇用等の支援策　142
③ 若者雇用まとめ：奨学金，情報ミスマッチ対策と非正規への支援　146
④ 女性雇用の現状と課題　146
⑤ 両立支援策と男女雇用均等政策　148
⑥ 女性雇用まとめ：両立支援策とポジティブ・アクション　155

第10章　就労年齢層のセーフティネット ……………………………… 157
――最低賃金・雇用保険・生活保護――

① 最低賃金制度の現状　157
② まとめ(1)：最低賃金制度の議論　158
③ 雇用保険の概要　159
④ 雇用保険の現状　162
⑤ まとめ(2)：雇用保険の課題と改革方向　165
⑥ 生活保護制度の概要　166
⑦ 生活保護の実態と近年の政策　170
⑧ まとめ(3)：生活保護の課題と改革提言　174

第11章　税制等の見直しによる格差是正策 …………………………… 177

① 税・社会保険料の現状　177
② それぞれの税等の政策　181
③ まとめ：増税と税による格差是正をめぐる議論　193

第12章　ベーシック・インカムの提案をめぐる議論……………… 196
　① ベーシック・インカムの背景　196
　② 完全ベーシック・インカムの賛否両論　200
　③ まとめ：ベーシック・インカムの可能性と示唆　205

第Ⅳ部　高齢者層の政策：雇用と年金

第13章　高齢者層の格差………………………………………………… 209
　　　　——年金制度と無年金・低年金——
　① 高齢者層の格差の状況　209
　② 年金・高齢者雇用の現状　211
　③ 無年金・低年金問題と対策　219
　④ まとめ：基礎年金のみ受給者の低年金問題　225

第14章　公的年金制度の持続可能性と対策……………………………… 227
　① 公的年金制度の財政検証　227
　② 現行制度を前提とした修正案　231
　③ その他抜本的改革案　237
　④ まとめ：持続可能性を高める年金改革の検討　240

索　引……243

第 I 部

総論：日本の格差の実情をさぐる

第1章　格差・貧困の現状
　　　　　——諸指標から——

　この章では，本書における格差の簡単な定義，格差を表す様々な指標の動向を見て，世界や日本で格差や貧困が広がっているのかを検討したい。

1　格差とは

1.1　格差の定義
　格差とは広辞苑（2008）[1]では「価格，資格，等級，生活水準の差」とある。経済学者の橘木氏[2]が1998年に経済格差が深刻になっていると指摘して以来日本でも格差議論が高まっている。他方，2001年頃の小泉首相のように，がんばった者が報われるためには，格差は悪いことではないという主張が行われ一定の支持を得ている。しかし，経済が低迷し生活水準の低下リスクが高まり，勝ち組，負け組に二極化しているという社会学者山田氏の著作[3]が支持を得て，2006年の新語流行語大賞の一つに「格差社会」が選ばれるなど国民の意識の中でも格差の存在が認識されているようだ。
　近年ではトマ・ピケティ氏の『21世紀の資本』[4]（2014）が国際的にベストセラーとなった。その主張は1980年以降格差が拡大している国が多く，資本主義に任せておくと格差は拡大するというものである。

1.2　各学問分野の「格差」論
　経済学では，格差を「経済的格差のひとつで，個人あるいは集団間に生じている所得の格差」[5]としている。他方，第2章で見るように新自由主義論者は，福祉は労働意欲を減退させ財政赤字を増やす悪影響が大きく，自由に任せて高

所得者が上げた利益が消費や投資に回ることで所得下層の人々にもその恩恵が及ぶ方がよいと主張したり，ミクロ経済学の立場からも市場に介入する政策は経済の効率性を害する影響があると言われることが多い。

社会学では格差より階級，階層，成層という言葉が使われ，階層や成層は「なんらかの不平等の次元に沿って人々が段階的に位置づけられるとき，社会的差異は社会成層になる」とされ，経済的な差だけでなく「社会〈階級(class)〉，人種，ジェンダー，家系，あるいは年齢」があるとする。

法律学辞典の中に格差という言葉は見当たらないが，平等主義の解説の中で「知的能力や経済的能力に関係なく，すべての人に同じ機会を与える……機会の平等あるいは形式的平等」を重んじる自由主義的平等主義と「福祉国家にあっては人々をその能力に応じて平等に扱い……結果の平等あるいは実質的平等」を重んじる福祉国家的平等主義があり，自由国家と社会国家では異なると解説している。また，法律や政治における不平等は経済的な意味だけではなく，投票権，性別や家族をめぐる権利の違い等，法の適用における扱いの差が合理的か否かで平等か，不平等（＝差別）かを問題としている。

ただ日本をはじめ民主主義と資本主義をとる先進国では，経済的な地位や性別にかかわりなく選挙権が認められる普通選挙制度が採られ，特に第二次世界大戦後には，多かれ少なかれ社会保障で国民の貧困問題や病気・障害・老齢等の稼得能力を失うリスクに対応するとともに，契約の自由の中で資本家である事業主と自分の労働力しか持たない労働者の実質的な交渉力の差を埋めるために，労働者の団結権，団体交渉権，スト権等が認められるようになっている。

他方，法・政策上の格差について，すべての国で一律に解消の方向に向かっているわけではない。1980年代から経済成長にかげりが見えると，英米を中心に新自由主義の考え方が力を持ち社会保障の見直し等が進められるようになった。日本でもバブル崩壊後の長期経済低迷の中で格差の拡大が意識され，一方では成長の足を引っ張るものとして社会保障，経済労働規制の見直しが主張され，他方で格差や貧困の解消のための規制や政策の充実が主張されている。

1.3　本書の問題意識

本書では，格差の中でも経済的格差である所得格差やそれをもたらす社会経済の状況の変化と，その対応をめぐる政策的議論を取り上げていきたい。

② 格差・貧困の測定方法

所得格差や貧困の状況を見る前にそれらを測る指標を解説したい。

2.1　所得百分位比率，所得十分位比率

上から1％や10％の階層の人々の所得が全体の所得のどの程度を占めているかを示す指標である。それによって格差の有無や保有の平等度・不平等度を見る。次に説明するジニ係数と違い，所得階層間の相対的な所有格差の程度を見ることができる。

2.2　ローレンツ曲線とジニ係数

格差を測る方法としてローレンツ曲線やジニ係数が使われている。所得の低い人から高い人を順番に並べ，横軸にその人口の累積率，縦軸に累積した人々の所得累積額の全体の所得に対する比率をとり，両方の関係をグラフにプロットしていくと**ローレンツ曲線**が書ける（図1-1）。仮に100人の村で総所得が1億円とする。完全に平等なら皆100万円の所得となり，人口の累積に比例して所得も累積するから，その軌跡は OA（均等分布線）上にある。実際には所得分布は不平等なので，低所得の方では所得累積率は低く，ローレンツ曲線は OA の下に弧を描く。

ローレンツ曲線と OA（均等分布線）に囲まれた半弓部分（図の斜線部分）の面積の三角形 OAB の面積に対する比率を**ジニ係数**という。ジニ係数は 0 から 1 までの値をとるが，所得が完全に平等なら半弓は OA と重なり面積は 0 となり，0 を三角形 OAB の面積で割ったジニ係数も 0 となる。他方99人の所得が 0 で残り一人が所得を独り占めする完全不平等社会では，ローレンツ曲線は OB 上

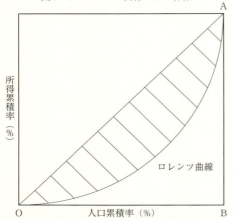

図1-1 ロレンツ曲線とジニ係数

を横に進み最後の一人でBからAまで上がるので，ロレンツ曲線とOAに囲まれた部分は三角形OABそのものとなりジニ係数は1となる。すなわちジニ係数が0に近いほど，所得分布は平等に近く格差は小さくなる。

2.3 貧困の指標としての生活保護制度の被保護率

先進各国では最低限度の生活水準に満たない貧困層を対象とした生活保護制度があり，その受給者数の人口に対する比率である被保護率が貧困者の比率として考えられる。しかし，各国で制度が異なる上に，対象者の申請を待って保護されるため，本人や親族が申請に対して恥辱感（福祉用語で**スティグマ**という）を感じてためらうことから，国や地域により被保護率が大きく異なっており，[8] 客観的指標や国際的比較指標としては使いにくい。

2.4 相対的貧困率

全員の所得の合計を人口で割った平均所得は高所得者の大きな所得額に引っ張られて数字が大きくなる。そこで，高所得者から低所得者まで所得の大きさの順で並べた時にちょうど真ん中にあたる者の所得を**中位所得**というが，中位所得の2分の1以下の所得層を貧困と考えて，その所得以下の者の数を全体の人口数で割った**相対的貧困率**を貧困の指標として使う。

世帯が家族の生計の基礎単位であることから世帯の所得を世帯員数の平方根[9]で割った数字を各世帯員の所得とし，それらの世帯員の所得で中位所得や相対的貧困率を計算する。こうすることで所得がない子どもも高所得世帯に属すれば高所得に，低所得世帯に属すれば低所得となり，実態を表すことができる。

客観的指標であり，国際比較にも適しているが，フローの所得のみで計測し，資産の大きさを考慮しない。

③ 所得格差の推移(1)：所得十分位比率，所得百分位比率

先行研究で所得十分位比率，所得百分位比率で格差の推移を見てみよう。

3.1 ピケティによる1900〜2010年の所得十分位・百分位比率の分析

まずピケティの『21世紀の資本』による1900〜2010年の各国税務調査に基づく長期分析を見てみよう。これを見ると1900年には上位10％が所得の40〜48％占めていたが，戦後1950年には30〜34％に比率が下がっている。ピケティの分析によれば戦争や大恐慌による資産喪失と戦時協力を国民に求めるために累進税率や最低賃金の上昇と上位賃金の抑制等の規制を行ったためとされる。

興味深いのは1980年代からアメリカ，イギリスで上位10％の所得比率が上昇しアメリカにおいては20世紀初めの水準を上回っていることである。80年代からの所得税の累進税率引き下げや，アメリカ，イギリスで顕著なスーパー経営者の賃金引上げが見られるためと彼は分析している。もっともドイツ，フランス，スウェーデンではその比率は顕著に上がってはいない（表1-1）。

日本のデータは上位1％の所得百分位比率しか公開されていない。これを見ると，20世紀初めは上位1％が全体の2割近い所得を保有していたが1980年には4〜10％に縮小したもののその後拡大している。アメリカ，イギリスは16％14％と顕著に上昇しているが，大陸EU諸国はそれほどでもなく，日本も7％から9％の2％の上昇にとどまっている（表1-2）。

3.2 OECDによる上位1％の所得比率の推移と所得成長率の分析

OECD（経済開発協力機構）は民主主義をとる先進国，中進国の集まりで30数か国の政府や関係機関が人員や統計数字を提供し，先進国に共通する経済・社会問題について提言する機関であるが，その『格差拡大の真実──二極化の要

表 1-1 上位所得十分位全体所得に対する比率の推移

(単位：％)

	1900年	1930年	1950年	1980年	2000年	2010年
アメリカ	40	45	33	38	47	48
イギリス	48	39	30	33	40	42
ドイツ	45	42	33	32	36	36
フランス	45	43	34	32	33	33
スウェーデン	42	37	30	23	27	28

（出典） ピケティ『21世紀の資本』と web 公開データ (http://piketty.pse.ens.fr/capital21c 2015年4月閲覧)。

表 1-2 所得百分位の全体所得に対する比率

(単位：％)

	1910年	1950年	1980年	2010年
アメリカ	18	11	8	16
イギリス	22	11	6	14
ドイツ	17	12	10	11
フランス	20	9	8	9
スウェーデン	20	8	4	7
日本	19	8	7	9

（出典） ピケティ『21世紀の資本』と web 公開データ (http://piketty.pse.ens.fr/capital21c 2015年4月閲覧)。

因を解き明かす』(2014) による分析では，1990年と2007年の所得上位1％の所得百分位の所得比率は，アメリカ13％→18.5％，イギリス10％→14.5％，ドイツ11％→11％，フランス8％→9％，スウェーデン4.5％→7％，日本8％→9.5％となっており，ピケティの分析と同様の結果が出ている。また，別のOECDデータによる上位1％の1975年から2007年までの年平均所得上昇率をそれ以外の99％の上昇率と比較する分析では，アメリカでは上位1％の所得の成長率は3.9％に対して残り99％の上昇率は0.6％と顕著な差があり，スウェーデンでは上位1％が2.5％，残り99％は1.5％と差は1％となっている。日本は，前注(10)書の分析で1985年から2008年までの年平均成長率を見れるが，経済の長期低迷で全体も上位10％も所得成長率は0.3％と低く，下位10％の所得成長率は年－0.5％と低下し，低所得層の貧困化が懸念される状況となっている。

表1-3 当初所得:所得十分位各層所得比率の推移 (単位:%)

	1962年	1981年	2011年	シェアの変化	
				1962年→1981年	1981年→2011年
上位10%	29.5	26.1	35.0	−3.4	+8.9
中の上40%	46.8	48.0	55.1	+1.2	+7.1
中の下40%	22.0	24.3	9.9	+2.3	−14.4
下位10%	1.7	1.6	0.0	−0.1	−1.6

(出典) 厚生労働省「所得再分配調査」より筆者作成。

表1-4 再分配所得:所得十分位各層所得比率の推移 (単位:%)

	1962年	1981年	2011年	シェアの変化	
				1962年→1981年	1981年→2011年
上位10%	27.1	24.2	27.4	−2.9	+3.2
中の上40%	46.4	47.6	49.1	+1.2	+1.5
中の下40%	23.4	25.5	21.5	+2.1	−4.0
下位10%	3.1	2.6	1.9	−0.5	−0.7

(出典) 厚生労働省「所得再分配調査」より筆者作成。

3.3 厚生労働省「所得再分配調査」による所得十分位比率の推移

日本の厚生労働省「所得再分配調査」で当初所得(税・社会保障による再分配前の所得)と再分配所得について,上位10%,中の上40%,中の下40%,下位10%の所得比率の推移を見ることができる。

当初所得では1962年から1981年までは上位10%の所得比率は下がり,格差は縮小しているが,1981年から2011年には上位10%の比率は8.9%,その下の40%も7.1%上昇しているのに対して,真ん中から下の40%の比率が14.4%低下している。その背景には,高齢化率が1960年5.7%から1980年には9.1%となり,2011年には23%となる等,引退世代が増えている影響もあると思われるが,90年代以降の**非正規雇用**の増加等による低所得層の所得シェア低下も影響している可能性が高い(表1-3)。

税や社会保障による再分配後の所得の推移は当初所得よりかなり抑えられるが,やはり上位10%のシェアは1981年まで低下しそれ以降上昇している。所得税の累進税率が1983年まで最高税率75%だったがそれ以降下げられ現在は45%

になっていることが影響しているものと思われる。真ん中から下40％の所得は，2011年で当初所得の9.9％が再分配後は21.5％と社会保障等により倍にはなっているが，再分配所得でも1981年から2011年にかけてシェアは4％低下している。また下位10％の再分配所得は一貫して下がっている。生活保護の申請率の低さや第5章で見るひとり親世帯の貧困率の高さ等，日本の社会保障は十分に下位層に届いていないことの表れかもしれない（表1-4）。

4 所得格差の推移(2)：ジニ係数

所得分布の不平等度を表すジニ係数の推移を見よう。

当初所得のジニ係数は1993年の0.3703から2011年には0.4703と大きく増加している。その背景には経済低迷や非正規雇用の増加による低所得者の増加もあるが，高齢化により引退後の年金生活者が増えたことも影響していると思われる。再分配後のジニ係数は1993年0.3074が2011年0.3418と増えてはいるが増加率は抑えられている。2011年の再分配による改善度を見ると税の改善度は5.8％と小さく，社会保障による改善度は28.6％である（表1-5）。

ジニ係数の国際比較を OECD「Society at a Glance 2014」で見てみよう。国際比較で見ると日本のジニ係数はアメリカに次いで高くイギリスとほぼ同等でフランス，ドイツ，スウェーデンよりは高い。概ね社会保障支出の大きさを表す社会支出の対 GDP 比率の大きさの国際比較と対応している（表1-6）。

5 相対的貧困率など

5.1 世帯類型別の所得別構成割合・平均貯蓄・平均負債等

厚生労働省「国民生活基礎調査」により，2012年の各世帯類型別の所得の種類，2013年6月末の平均貯蓄，平均負債の状況を見てみよう（表1-7）。

全世帯や現役稼働年齢層の児童のいる世帯では働いて得た所得の稼得所得が多い。児童のいる世帯では平均貯蓄が707万円で81％が貯蓄ありではあるが，

表1-5 日本の世帯員ジニ係数の年次推移

	当初所得 ジニ係数	再分配所得 ジニ係数	改善度	税再分配 改善度	社会保障再分配 改善度
1993年	0.3703	0.3074	17.0%	6.5%	11.2%
1999年	0.4075	0.3326	18.4%	3.7%	15.3%
2005年	0.4354	0.3225	25.9%	4.1%	22.8%
2011年	0.4703	0.3418	32.8%	5.8%	28.6%

(出典) 厚生労働省「所得再分配調査」。

表1-6 ジニ係数の国際比較と社会支出対 GDP 比率

	日本	アメリカ	イギリス	フランス	ドイツ	スウェーデン
ジニ係数 (2010年)	0.34	0.38	0.34	0.30	0.29	0.27
社会支出対 GDP 比率 (2011年) (%)	23.7	19.3	22.5	30.8	25.9	26.3

(出典) ジニ係数:OECD「Society at a Glance 2014」、社会支出:OECD「Social Expenditure Database」(2015年8月20日時点)。

表1-7 世帯類型別所得種類別構成割合・平均貯蓄・平均負債の状況

	稼得所得	年金・恩給	財産所得	社会保障給付金	仕送り・民間年金等	平均貯蓄額 (貯蓄あり)	平均負債額 (負債あり)
全世帯	73.8%	19.1%	3.1%	1.6%	2.4%	1047.0万円 (79.5%)	438.7万円 (30.1%)
高齢者世帯	18.0%	68.5%	7.2%	0.8%	5.4%	1268.1万円 (77.9%)	99.2万円 (8.6%)
児童のいる世帯	89.6%	4.3%	1.7%	3.4%	0.9%	706.7万円 (81.0%)	881.9万円 (51.7%)
母子世帯	73.5%	3.1%	0.7%	20.2%	2.4%	263.8万円 (60.6%)	100.0万円 (23.8%)

(注) 所得は2012年1~12月の所得、貯蓄・負債は2013年6月末日の残高。
(出典) 厚生労働省「国民生活基礎調査」(2013)。

他方、子どもの教育費や住宅取得のためのローンも多いため、平均負債額は881.9万円で平均貯蓄額より多く、51.7%が負債を抱えている。他方、高齢者世帯の所得の7割弱は年金・恩給である。60歳代後半では働く者もいるので稼得所得が18%となっているが、年齢が上がると当然その比率は少なくなり、年金・恩給しか収入のない者は同じくこの調査で高齢者世帯の6割弱(58%)と

なっている。また，高齢者世帯では平均貯蓄額が1268万円で貯蓄ありの比率も77.9％となり，他方負債を持つ者は少ない。フローの所得は年金等が主体で平均所得は多くはないが資産などストック面では余裕のある世帯も多いと思われる。第Ⅱ部の子どもの貧困で大きな原因の一つとなっている母子世帯は，稼得所得が73.5％で社会保障給付金が20.2％となっている。母子世帯の大半が児童扶養手当を受給し，それでも困窮する世帯が多く全体の14％が生活保護を受給しているからである。

5.2　給与所得：ワーキング・プアの増加

現役稼働年齢層の多くがサラリーマンであり，その給与所得を国税庁の「民間給与実態統計調査」で見ることができるが，平均給与は1997年をピークに低下している。

1997年467万円→2000年461万円→2014年415万円。2013年からようやく少し上がったが，それまではデフレ経済の中で低下し続け1997年の467万円から11％低下している。その背景には総務省「労働力調査」によると，正規雇用は1985年の3343万人（83.6％）から2015年には3304万人（62.5％）と減少し，**非正規雇用**は同時期655万人（16.4％）が1980万人（37.5％）に増加し4割弱となっている。「民間給与実態統計調査」によると2014年の正規の平均給与は478万円であるのに対して，非正規の平均給与は170万円にとどまっている。このため給与が200万円以下である者の割合は次のように上昇している。

1997年17.9％→2000年18.4％→2014年24.0％

働いていない世帯の収入が低いことはいたしかたない所はあるが，働いているのに貧しい**ワーキング・プア**が増加している。

5.3　相対的貧困率

最後に**相対的貧困率**について厚生労働省「国民生活基礎調査」に基づき世帯類型別にその推移を見てみよう。残念ながら，格差が反転拡大していった1985年以降，特に日本では1990年以降のバブル崩壊後の長期経済低迷もあり，相対

第1章　格差・貧困の現状

表1-8　世帯類型別相対的貧困率と所得中央値・貧困線の推移

		1985年	1994年	2000年	2006年	2009年	2012年
相対的貧困率(%)	全体（%）	12.0	13.7	15.3	15.7	16.0	16.1
	子ども（%）	10.9	12.1	14.5	14.2	15.7	16.3
	ひとり親と子ども世帯（%）	54.5	53.2	58.2	54.3	50.8	54.6
	世帯主65歳以上（%）	—	—	20.9	—	—	18.0
所得中央値（A）（万円）		216	289	274	254	250	244
貧困線の所得（A÷2）（万円）		108	144	137	127	125	122

（出典）厚生労働省「国民生活基礎調査」。

表1-9　主要先進国の全体・子ども・高齢者の相対的貧困率

	全体の相対的貧困率（%）	子ども相対的貧困率（%）	高齢者相対的貧困率（%）
日本	16.0（2009）	16.3（2012）	18.0（2012）
アメリカ	17.4（2010）	20.9（2012）	20.6（2013）
イギリス	9.9（2010）	9.8（2011）	14.6（2010）
ドイツ	8.8（2010）	8.0（2011）	10.5（2010）
フランス	7.9（2010）	10.8（2011）	5.4（2010）
スウェーデン	9.1（2010）	9.4（2011）	9.3（2010）

（出典）外国：全体及び高齢者相対的貧困率 OECD HP「Income Distribution and Poverty Database」，子どもの貧困率「Family Database」（http://stats.oecd.org/Index.aspx?DataSetCode=IDD　2016年6月閲覧）。
日本：厚生労働省「国民生活基礎調査」（2012）。

的貧困率は1985年の12.0%から2012年の16.1%まで上昇している。この数値は所得中央値の半分の所得を貧困線として，世帯員一人当たりの所得がそれ以下となる者の比率を表すものだが，所得中央値と貧困線の額も1994年以降低下しており，基準となる所得が下がっているのにその基準以下の者の率は上昇している（表1-8）。

　子どもの相対的貧困率は1985年には10.9%と全体より低かったが，2012年には16.3%と全体の率を上回っている。その原因の一つであるひとり親と子どもの世帯の相対的貧困率は常に5割を超え2012年は54.6%となっている。この率はOECD諸国で最も高い。世帯主が65歳以上の世帯の相対的貧困率も全体よ

表1-10　分野別社会支出対 GDP 比率：国際比較（2011年）　（単位：％）

	全体	高齢	遺族	障害	保健医療	家族	積極的労働市場	失業	住宅	その他
日本	23.64	10.99	1.44	0.99	7.66	1.35	0.22	0.30	0.12	0.58
イギリス	22.45	6.41	0.08	2.44	7.28	3.76	0.37	0.50	1.44	0.16
アメリカ	19.30	6.05	0.71	1.57	8.14	0.74	0.13	0.79	0.30	0.90
スウェーデン	26.26	8.95	0.42	4.43	6.33	3.46	1.16	0.42	0.43	0.65

（原典）　OECD「Social Expenditure Database」，OECD「National Account」。
（出典）　国立社会保障・人口問題研究所「平成25年度社会保障費用統計」(2015)。

り高く2012年は2000年より少し改善されたが18％にのぼる（表1-9）。

　次に相対的貧困率を国際的に比較してみよう。

　日本の相対的貧困率は全体も子どもも高齢者もアメリカに次いで高い。またEU 諸国は日本に比べて低い。これらは表1-6で見た社会支出すなわち社会保障の大きさを反映しているものと思われる。しかし，これまで全体としてはアメリカ同様自由主義傾向が強く，所得十分位・所得百分位比率やジニ係数で格差指標の数値の高かったイギリスの相対的貧困率の数字が低い。全体の社会支出の対 GDP 比率でも日本とイギリスはほぼ同じであった。

　この原因を社会支出の分野別対 GDP 比率で分析してみよう。

　表1-10で日本とイギリスを見ると全体では社会支出の対 GDP 比率は日本23.6％，イギリス22.5％とほぼ同じである。日本は高齢という年金と介護等の高齢福祉に約11％使っているがイギリスは6.41％である。これはイギリスの公的年金が中低所得者向けに特化し，民間年金に一定程度加入すれば日本の厚生年金に当たる2階部分の報酬比例の公的年金に加入しなくてよいことになっているためである。イギリスは児童への給付である家族分野に3.76％使っているが日本は1.35％にとどまっている。また生活保護が含まれるその他はイギリスは0.16％と日本の0.58％より低いが，失業給付が0.50％と日本の0.30％を少し上回っている他，特に低所得層向けの住宅手当があり，住宅が1.44％と日本の0.12％を大きく上回っている。日本では数が少ない公営住宅と生活保護受給者の住宅扶助以外はあまり住宅に対する公的支援はなかったことが反映している

ものと思われる。日本は「高齢」にGDPの11％も使っていながら高齢者の相対的貧困率がほぼアメリカ並みに高い。これについては第Ⅳ部で見るが，厚生年金は比較的充実しているものの，自営業・農民・非正規雇用者は基礎年金しかなく，基礎年金の平均額は未納期間や65歳より早く受給開始することによる減額で平均月額5万円台であるのに対して，イギリスには高齢者向けの生活保護であるペンション（年金）クレジットがあり，これが高齢者の最低生活の保護に寄与しているからであると思われる。

6 まとめ：拡大する格差と貧困

以上見てきたように，特にアメリカ，イギリスで顕著であるが，所得上位層の取り分が増えるなど1980年代から主要先進国では格差は拡大している。これはピケティの分析だけでなく，OECDや日本の所得再分配調査の結果でも共通して見られる傾向である。ただ日本は大陸EU先進国と同様，所得上位層の取り分の増加はあまり顕著ではない。むしろ下位層の取り分の減少や相対的貧困率の増加が顕著である。これには世界一高齢化比率が高く（総務省統計局［2013］25.1％），引退して年金収入を主体とする生活に移った者が多いことも影響しているが，相対的貧困率は全体，子ども，高齢者ともにアメリカに次いで高い。

日本は，社会支出の国の経済規模に対する大きさがアメリカ，イギリスとともに小さく比較的自由主義志向が強い国である。しかし，長引く経済低迷と非正規雇用の増加で稼得年齢層の相対的な貧困率も高まっている。それが子どもや特に子育てと就労の両立から非正規雇用に就かざるを得ない母子家庭等の貧困率を上げているものと思われる。

また，年金にかなりの資金をつぎ込みつつ，特に基礎年金受給者等の無年金・低年金問題や住宅に関する公的施策の乏しさから高齢者の相対的貧困率も高い状況にある。

これらの分析のどこまでを問題と考え，何らかの対策を講ずべきと考えるか

第Ⅰ部　総論：日本の格差の実情をさぐる

どうかは，第2章で少し整理する考え方や価値観の違いにより，読者も見解を異にしよう。第Ⅱ部以降で検討する世代ごとの問題について，どのような政策でどこまで改善すべきか否かを考える参考になれば幸いである。

注
(1)　新村出編著『広辞苑［第6版］』岩波書店（2008）。
(2)　橘木俊詔『日本の経済格差——所得と資産から考える』岩波新書（1998）。
(3)　山田昌弘『希望格差社会「負け組」の絶望感が日本を引き裂く』筑摩書房（2004）。
(4)　トマ・ピケティ著／山形浩生・守岡桜・森本正史訳『21世紀の資本』みすず書房（2014）。
(5)　金森久雄・荒憲治郎・森口親司編著『有斐閣経済辞典［第5版］』有斐閣（2013）。
(6)　N. アーバークロンビー・S. ヒル・B.S. ターナー著／丸山哲央監訳・編著『［新版］新しい世紀の社会学中辞典』ミネルヴァ書房（2005）。
(7)　小野幸二・高岡信男編『法律用語辞典［第4版］』法学書院（2010）。
(8)　日本の被保護率は2014年9月で1.7％だが，生活保護対策全国会議監修『生活保護「改革」ここが焦点だ』あけび書房（2011）によると，2010年の被保護率はドイツ9.70％，イギリス9.27％，フランス5.70％，スウエーデン4.50％と異り，日本の中でも2011年の政令市・各都道府県別被保護率は権利意識が強い大阪市が5.7％に対して，スティグマが強く親族間の扶養が多い富山県は0.3％と大きく異なる。
(9)　世帯員の数が2倍でも食費，光熱水費，家賃は2倍必要とならないので世帯員数の平方根で割って各世帯員の所得を計算する。したがって，4人世帯では世帯所得を4の平方根の2で割るが，2人世帯では2の平方根の1.414で割る。
(10)　OECD編著／小島克久・金子能宏訳『格差拡大の真実——二極化の要因を解き明かす』明石書店（2014）47頁図12の分析。
(11)　Michael Föster, Ana Lleno-Nozal, Vahé Nafilyan "Trends in Top Income and their Taxation in OECD countries," *OECD Social Employment and Migration Working Paper*, No. 159（2014）25頁表1の分析。
(12)　前注(10)書27頁表1の分析。
(13)　日本でも2009年のリーマンショック後の緊急対策で導入され，生活困窮者自立支援法（2014）で恒久化された求職中の失業者に3〜9か月**住宅手当**を給付する制度はできた。

第2章　格差に対する様々な考え方

　各論の検討に入る前に，経済成長と格差に関する経済学，法律学，政治学など様々な考え方を整理してみたい。私の専門を超える部分も大きいが先行著作・研究を引用しつつ，整理に努めたい。

1　経済成長と格差

　まず産業革命以降の経済成長が，格差にどんな影響を与えると考えられていたかをピケティ『21世紀の資本』(2014) の整理も参考(1)にして概観してみたい。

1.1　古典派政治経済学：マルサス，リカードの格差拡大予測

　まずマルサスは『人口論』(1789) の中で，産業革命後の人口増加で農業賃金が沈滞し，人口が都市部に流出するフランス革命前夜の状況を背景に，このままでは人口過剰で悲惨な状況が発生すると主張した。彼の処方箋は現代では人権上問題がある貧困者の福祉停止と子づくり制限であった。

　リカードは，『経済学および課税の原理』(1817) で人口と産出が安定成長に入ると，土地は有限で希少なため地代が上昇し地主の経済的地位が高まるが，人数が増加し農業賃金が停滞している小作農民との格差は広がると考え，その処方箋として地代に対する税の引き上げを主張した。しかし，その後，工業の発展で農業の比率は下がり，地主は経済社会の支配者ではなくなった。

1.2　マルクスの資本主義破たんと革命の予言，社会民主主義

　マルクスは『資本論』(1867) の中で，資本は少数の工業資本家に集中蓄積

され，多くの労働者は長時間労働と低賃金の中で悲惨な生活を送らざるを得ないと述べている。このため彼は，資本主義は行きづまり革命により倒すべきものと主張し，社会主義運動の理論的柱となった。

しかし，19世紀の最後の3分の1で賃金が上昇し始めた。また，社会主義運動による社会不安への対応として，遅れて発展した資本主義国であるドイツでは宰相ビスマルクが疾病保険（＝医療保険 1883年），労働災害保険（1884年）及び障害・老齢保険（＝年金 1889年）の社会保険を創設した。イギリスでも1833年に救貧法が改正され救済措置がとられるようになり，同年**工場法**が制定され当初は年少者の労働時間規制に始まり，1874年には一般労働者も含めて週56時間（平日10時間，土曜6時間）以上の労働を原則として規制した。また19世紀末頃フェビアン協会に属したウェッブ夫妻は，社会保障や最低賃金制の導入により国民の最低限度の生活水準を守るべきというナショナルミニマム論を主張し，ヨーロッパでは革命ではなく社会制度の改善で対応する**社会民主主義**が広まっていった。20世紀初め頃から労働組合の結成や穏当な団体交渉，ストライキ等の団体行動に対して，それまでの警察の弾圧や債務不履行等の民事的攻撃から，正当な労働行為には刑事・民事免責を与えるようになった。

1.3 ケインズ政策とクズネッツの楽観論

二つの世界大戦と1929年の大恐慌という政治，社会，経済の混乱に対処する中で，古典派経済学の需要と供給の調整に任せておけば失業は生じないという考え方に疑問が生じた。そうした中，ケインズは『雇用・利子および貨幣の一般理論』（1936）において，不況期には需要が縮小し完全雇用を下回る水準で経済が均衡し，失業が生じる。このため，不況期には減税や公共事業を行うことで需要を喚起すれば景気は回復し，失業は解消すると主張した。この考え方や政策は**ケインズ政策**として，大恐慌時のアメリカのニューディール事業等の公共事業により景気が回復したことや戦後から1950，60年代の日本も含めた欧米先進国の目覚ましい経済成長により，各国政府の経済政策に広く浸透した。また，労働者の地位向上と労使交渉により，賃金上昇という形で成長の成果は

労働者にも配分され，それが生活水準向上による新たな消費需要拡大で経済成長につながる好循環が続くと考えられた。

この状況を背景に**クズネッツ**は『経済成長と所得格差』(1955)で工業化の初期は資本と経済発展から利益を受ける者は少数だが，発展が進むと成長の果実を受ける人の比率は増え，格差は自然に解消すると主張した（図2-1）。

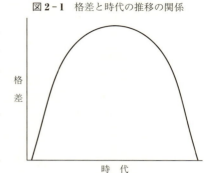

図2-1　格差と時代の推移の関係

しかし，**ピケティ**は著作（前注(1)書）で，格差は二つの大戦と経済大恐慌による資産喪失と，大戦の戦費確保と国民協力を得るための所得税の累進税率引き上げや高所得者の賃金抑制，最低賃金による低所得層の下支えにより縮小したとしている。私もその主張に賛成であり，更に1.2で述べたように，社会保障制度の創設や労働権の確立による交渉力上昇等がもたらしたもので，自然に資本主義の発展だけで格差が解消したものではないと考える。

1.4　石油ショックと新自由主義の台頭，経済面における社会主義の崩壊

1973年に起きた**石油ショック**は，ケインズ政策による景気浮揚策の効果に疑問を投げかけた。欧米先進国において経済対策を行ったとしても景気は回復せずインフレが進行するスタグフレーションが生じた。ただ，石油ショックはケインズが対応した大恐慌時代の需要不足による不況ではなく，石油価格急上昇で先進国の製品価格が上がり輸出が低迷したことによる不況であったため，物価高の中需要を喚起する対策が更にインフレを進め，輸出は回復しない事態が生じたのであり，ケインズ政策の有効性が否定されたわけではないという主張もある。いずれにしても既に経済水準の高かった欧米先進国では景気低迷が長引き，日本では高度経済成長から中成長に移行した。

こうした中，政府の介入的経済政策は効果がなく，社会保障も労働意欲減退と財政赤字を生むので，小さな政府が望ましいという**新自由主義**の主張が受け

入れられ，フリードマンの『選択の自由』(1980) は大ベストセラーとなった。政治的にもイギリスのサッチャー首相 (1979~90年首相) やアメリカのレーガン大統領 (1981~89年大統領) が新自由主義的な政策を進めた。新自由主義者の成長と格差に対する考え方は，自由な経済活動による成長で所得上層部が利益を上げ，彼らがその成果を消費すれば，成長は中下層に及ぶというものである（トリクルダウン：成長の果実のしずくが下に滴り落ちる）。

同時期1978年から中国は改革開放路線に転じ，人民公社の解体，国営企業の民営化等経済面では大きく資本主義化を図り，近年まで目覚ましい発展を遂げた。またソビエトや東欧の共産主義国も1990年に共産主義政権が倒れ，経済的には資本主義に転換している。確かに現場を知らない役人が統制や計画で経済運営し，失敗しても国営企業は倒産せず，政府当局者も責任を問われない経済では必要な物が効率的に作られることは困難である。市場で価格をシグナルとして消費者の需要が生産者の供給に反映され，現場を知った企業家が投資と生産を行い，失敗すれば倒産して責任をとる仕組の方が効率的なようだ。

ただ，サッチャー，レーガンもすべての社会保障を廃止縮小したわけではなく，すべての先進国が新自由主義路線をとったわけではない。第1章で見たように80年代以降欧米先進国で格差は拡大したが，アメリカ，イギリスの拡大に比べ大陸欧州や日本の高所得層の取り分増加による格差はさほど顕著ではない。また，相対的貧困率や格差は，各国の社会保障の大きさに影響されており，何もせずにトリクルダウンで格差が解消するわけではなさそうだ。

1.5 ピケティの格差に関する議論 （g＜r）

ピケティ（前注(1)書）は，大戦期から戦争と経済恐慌による高所得者の資産喪失と戦時協力を求めるための所得税の税率引き上げや賃金統制・最低賃金の導入により格差が大きく縮小し，戦後の先進国の高い経済成長で格差が比較的小さい状況は維持されたと分析した。また80年代以降の格差拡大の原因は所得税の累進税率の引き下げや特に格差拡大な顕著なアメリカ，イギリスではスーパー経営者の報酬拡大にもよるが，トップランナーである先進各国では人口の

伸びも小さく，生産性上昇率にも限界があるので，格差縮小に貢献した経済成長率 g は現在は年率で 1～1.5％にとどまる。他方，高所得者が有する資産の利益率 r は 5～6％となっている。この g<r という状態は，放置しておけば長期的に格差拡大につながると述べている。

② 経済学の規制批判と分配に関する考え方

雇用や社会保障の様々な政策が市場の価格・数量の効率的な需給調整や資源配分に悪影響を及ぼすという主張がミクロ経済学の観点からなされている。

2.1　ミクロ経済学と労働規制批判

経済学では，最低賃金など市場に対する規制は，需要と供給による調整をゆがめ効率性を害することがあるとする。

労働市場では労働者が供給側で賃金が高ければ労働供給量を増やし，事業主側は需要側として賃金が低ければ労働需要は高まる。したがって，市場の調整に任せておけば自然に賃金と雇用量が需要曲線と供給曲線の交点 B で決まり，賃金は P_0 に，雇用量は L_0 に調整される。この場合事業主の中には価格 A という高い価格でも労働者を雇う者がいて，その者にとっては AP_0 だけの効用が得られる。このように賃金が P_0 で需給が調整されることで事業主は △AP_0B の効用の合計を得られ，これを需要者余剰という。他方，労働者は賃金 0 では労働供給は 0 となるため実際には賃金が P_0 で決まれば P_0O の効用が得られる。賃金が P_0 の水準で需給が調整されることで労働者は △P_0OB の供給者余剰を得られ，双方で合計 △AOB の余剰を得られる（図 2-2）。

しかし，最低賃金を P_1 と定めた場合，労働者はより働きたいだろうが，事業主側は高い賃金では需要が減り，需給は B でなく B_1 で調整され，雇用量は L_0 でなく L_1 に減る。この時事業主側の需要余剰は △AP_1B_1 となり，労働者側の供給者余剰は台形 P_1B_1GO となる。両者の余剰の合計は台形 AB_1GO となる。つまり，最低賃金を設定したことで余剰の合計は △OBA から台形 AB_1

第Ⅰ部　総論：日本の格差の実情をさぐる

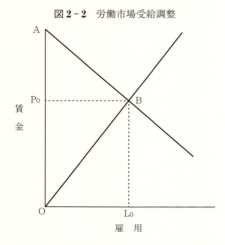

図2-2　労働市場受給調整

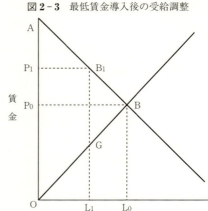

図2-3　最低賃金導入後の受給調整

GOに減少し，余剰は △B₁GB の面積だけ減少する。これを経済学では**死荷重**という（図2-3）。

　このように経済学では需要と供給曲線の基本的モデルから演繹的に結論を出すが，その前提が実社会と合わない場合もある。需要と供給に見合う価格がどんなに低くともその価格で需給調整されるため，最低賃金の設定で雇用が減り，死荷重が生じるわけだが，生活費に不足する賃金では労働者は働かない。最低賃金に関する実証研究でも，高すぎる最低賃金は雇用を減らす場合があるが，高すぎなければ雇用を増やしたり，雇用に影響なしとなる結果もあるようだ。[4]

　経済学では労働者は賃金や労働条件が不満なら辞める自由があり，不当な契約を結ばない。よって不利な条件の企業に人は集まらず調整されるので，労働法等の規制は不要という考え方もある。しかし，不況期には仕事は見つかりにくく，資金に余裕がない労働者に仕事を選ぶ自由はなく個々の労働者と事業主の契約交渉力には大きな差がある。したがって，長時間労働や不当な労働条件で働かされる者は，過去の歴史でも存在し，現在も労働法を守らないブラック企業が存在する。無論，効率性の観点は重要であり，市場の規制に悪影響がないか検証する姿勢は重要である。

2.2 パレート最適と分配に対する考え方

現代の経済学では，所得や財を分配する時，例えば一人の年収10億円の高所得者から1億円を税でとり，年収100万円の低所得者100人に再分配した場合，高所得者は9億円でも十分暮らせるし，そのことで100人が200万円の暮らしができる。したがって数量的に社会全体の効用（厚生という）は上がる，とは考えない。効用は各人で違い，高所得者にとって有益で様々に投資可能な1億円を，努力もせずろくに働かない100人に配るために取られることは耐えがたい効用の損失と感じるかもしれないと考える。

したがって，所得や財の分配は，他の誰かの状態を悪化させず，かつこれ以上どの一人の効用もこれ以上高められない状態が望ましいとする。これを**パレート最適**という。例えば世の中にXとYの二人しかおらず，A財とB財の二つの財を分けるとする。XとYがA財とB財の組合せで同じ効用になる点をつないでいくと，それぞれX（O2）とY（O1）の原点に対して凸な曲線となる。なぜならY1の線上でA財が少なくB財が多い組合せから更にA財を少なくする場合，より多くB財を得ないと効用を同じに保てないので，曲線は弧を描く。このX1，Y1のような同じ効用となるA財，B財の組合せを結ぶ曲線を**無差別曲線**という。

このX1，Y1はそれぞれのXとYの当初の所得で買えるだけのA財とB財を買った時の組合せで，この場合X1とY1が接するP点がX，Y互いの効用を悪化させず，またこれ以上どちらの効用も良くできないパレート最適の点となる。しかし，これはあくまで，Xが比較的高所得でその原点O2から遠い（すなわちA財もB財もたくさん買える）X1という曲線と，Yが比較的低所得でその原点O1から近い（すなわちA財もB財も少ししか買えない）Y1という当初の所得配分によるパレート最適であって，逆にXが低所得でYが高所得のX2，Y2のケースではパレート最適な点はQとなる。この考え方では当初の所得や資産の不均衡による格差を解消する適切な方法は導かれない（**図2-4**）。

市場における分配原理は，市場の生産に対する**貢献に応じた分配**である。つまり，市場の生産にどの程度貢献したかという生産性に基づき，賃金や所得が

図2-4 パレート最適なXとY間のA財、B財の分配

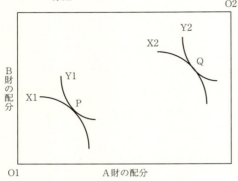

決まる。市場で評価される能力が高く売れ、利益を得るわけである。

この分配理論への批判は、第一に、財・サービスの需要は個人的な欲求の総計に過ぎず、それが人間の生存等の価値を上回るものではなく、また生存を脅かされる貧困に対する救済の理論は出てこない。第二に、パレート最適の所でも述べたように、この原理は初期の保有資産の分配に依存している。しかし、初期資産の分布を公正とする理論は経済学にはないとされる。[5]

そこで必要性（貧困救済や生存）に応じて再分配が行われるわけだが、税や社会保障でどの程度の再分配を容認するかは、それぞれの経済学者が信じる価値観により異なる。格差是正や社会保障の充実を主張する経済学者もいる一方、新自由主義者は社会保障や税を縮小した小さな政府を良しとするが、最も恵まれない人への福祉は容認することが多い。さらにリバタリアン（自由至上主義）[6]といって、最少国家を目指し公的強制力を伴う福祉政策はよくないという考え方もある。ノージックは「契約を履行させることおよび、暴力、盗み、詐欺から国民を守ることに権限を限定された最少国家だけが正当な存在である。それ以上の権限を持つ国家は、何かをするように強制されないという個人の権利を侵害するため、正当な存在とは言えない」という。[7]

③ 日本国憲法・法律による社会権の考え方

日本では日本国憲法の諸規定で社会権が認められた。それに基づく社会保障、労働関係の諸法に見られる考え方を見てみたい。

3.1 生存権

憲法第25条（**生存権**）は，第1項で「国民は，健康で文化的な最低限度の生活を営む権利を有する。」，第2項で，「国は，すべての生活部面について，社会福祉，社会保障及び公衆衛生の向上及び増進に努め」ると定めている。しかし，この条文から直接具体的給付を請求できるという**具体的権利説**は少数説であり，判例は①**プログラム規定説**（国に政治的・道義的責任を課したもので個々の国民に具体的権利を保障したものではない），または②**抽象的権利説**（国民の権利ではあるが，生存権の内容は抽象的なので，具体化する法律によって具体的な権利となる）のどちらかであるとされ，通説は②抽象的権利説とされる。

最高裁判例（昭和57年7月7日**堀木訴訟**）では「国の責務として宣言したもので……個々の国民に具体的に……義務を有することを規定したものではなく……社会立法の……充実により国民の具体的生活権が設定充実」されるとしている。また憲法第25条にいう「健康で文化的な最低限度」とは，「抽象的・相対的概念であり……具体的内容は……経済的社会的条件，一般的な国民生活の状況等（により）……判断決定され……国の財政事情を無視しえず……専門技術的な考察と……政策的の判断を必要（とする。）……どのような立法をするかは立法府の広範な裁量（に任されており）……著しく合理性を欠き……**裁量逸脱濫用**の……場合を除き裁判所が審査判断するのに適しない」としている。権利といっても国の財政事情や一般的な国民の生活状況との関係で立法や行政の専門技術的な判断や政治的な判断の幅である「裁量」が認められる。ただし，その判断が著しく不合理で憲法の趣旨に反する「逸脱」や「濫用」が見られる時は，そのような法律や行政措置は憲法違反として無効とされるとも判示されている。この規定は生活保護法や多くの社会保障や労働関係法の根拠となっている。

3.2 平等権

憲法第14条（**平等権**）では，「国民は法の下に平等……政治的，経済的又は社会的関係において差別されない」。ただし，この条文で経済的格差そのものが規制されるわけではない。そもそも憲法は直接には，国の立法や行政措置を規

制するものであり，私人の活動を規制することを主目的としていない。また「差別」とは内容や適用の仕方が合理的理由を欠くことをいう。

前述の最高裁判例（昭和57年7月7日）は，堀木訴訟と言われる盲目の母子家庭の母が障害福祉年金と児童扶養手当の申請をしたが両方を支給しない児童扶養手当法の併給調整規定について，憲法第14条違反の差別であると訴えた事例において，「合理的理由のない不当な差別的取扱いをしたら……憲法14条……違反の問題を生じ得る。……総合的に判断すると（盲目と母子家庭という事実が重なっても2倍稼得能力がなくなるわけではないから，併給調整の規定は）なんら合理的理由のない不当なものとはいえない」とされた。上記のとおり，法律・行政制度の不合理な差別を禁止する基準となっており，労働基準法や男女雇用機会均等法等の労働条件の不当な差別禁止の根拠規定ともなっている。

3.3 財産権の保障と公共の福祉による規制

憲法第29条（**財産権**）では「財産権は……侵してはならない」「財産権の内容は……公共の福祉に適合するやうに，法律でこれを定める」とある。リバタリアンは，格差をなくすため資産・所得を税で取り上げることは権利侵害と主張している。これに対して，日本の最高裁判例（昭和33年2月12日）では，国民健康保険条例を適用して，その保険料納入を義務化することが憲法第29条違反か問題となった事例において，「国民健康保険は相扶共済の精神に則り……国民の健康を保持（し）……生活を安定せしめ以て**公共の福祉**に資せんとするもの……保険料支払い義務」を課すことは，「憲法上の自由権及び同法29条1項所定の財産権を故なく侵害するものということはできない」としている。つまり，保険料徴収は財産権に対する公共の福祉による制限であり違憲ではないとされた。

3.4 労働基本権

憲法第27条（**勤労の権利**）では第1項で「国民は，勤労の権利を有し，義務を負ふ」と規定されている。この規定は国に対して，労働者が自己の能力と適

性を活かした労働の機会を得られるように労働市場の体制を整備する義務を規定するとともに、労働の機会を与えられない労働者の生活を保障する義務を規定しているものとされる。その規定をもとに職業安定法、雇用保険法等が規定されている。また憲法第27条第2項で「賃金、就業時間、休息その他の勤労条件に関する基準は、法律でこれを定める」とある。この規定をもとに労働基準法、労働契約法、最低賃金法等が規定されている。

憲法第28条（団結権・団体交渉権・団体行動権）は「勤労者の団結する権利及び団体交渉……団体行動をする権利は、これを保障する」と規定している。これらは労働組合法等で具体化されており、個々の労働者は経済的弱者であるため、事業主との契約や労働条件を交渉する際の実質的な交渉力の差をカバーするように、労働者が労働組合として団結する権利、団体で交渉する権、ストライキ等団体行動をする権利を与えている。

このように、格差がかかわる社会保障、雇用政策は憲法の社会権の諸規定に基づき、それらの規定は様々な法律で具体化されている。ただ社会権は国の制度化が必要であり、その給付等の財源は国民の税、保険料の負担に基づくこと、労働権は労働市場の変化の影響を受けることから、社会経済の変化により、具体的法律の改正や規制見直しの議論が生じている。

4 格差に対する政治的立場

よく思想の対立を表すのに右と左が言われ、冷戦時代には右が経済的には資本主義、政治的には自由主義や民主主義、左が経済的には市場への規制や社会民主主義、共産主義の計画経済、政治的には労働者の地位を高める社会主義にシンパシーを感じるものとして一本の軸で整理されることが多かった。しかし、ソ連、中国が経済的に資本主義化すると、政治学においても経済面、政治面、文化・社会面でどれだけ自由を認めるかという三つの軸に分けて整理できるとされ、従来右、左と整理した考え方も様々な組合せや対立があるようだ。

まず経済の対立軸は、市場活動についてどれだけ自由を重んじるか、税・福

第Ⅰ部　総論：日本の格差の実情をさぐる

図2-5　経済面の考え方の対立軸

弱（市場統制弱）◀────────────────▶（市場統制強）強

リバタリアン　新自由主義　自由主義経済　社会民主主義　共産主義的計画経済

図2-6　政治面の考え方の対立軸

弱（国家権力弱）◀────────────────▶（国家権力強）強

リバタリアン　（市民参加・地方自治←民主主義→中央集権・強い国家）　国家主義・独裁

図2-7　文化・価値観の考え方の対立軸

弱（価値観多様）◀────────────▶（価値観統一）強

リバタリアン　文化的自由主義・多元的価値観尊重　　　　保守主義

祉等様々な取引規制による政策的介入を認めるかという、市場規制の強弱を基準に分類できる。最も弱くあるべきとするのはリバタリアン、その次が新自由主義、先進国は社会保障制度を持ち貧困救済や社会保障制度があるので、中間に位置するが、自由主義志向の強いアメリカから、北欧のように社会民主主義政党が与党になる時期が多く社会保障の大きい国まで幅がある。最も統制が強いのは共産主義的計画経済だが中国でも資本主義化が進み、現代では純粋な形では北朝鮮等でしかとられていないとも言える（図2-5）。

　政治の対立軸は、国家の権力の強さを基準に区分する。弱はこれも国家を信頼しない考え方のリバタリアンが、国が経済だけでなく様々なことに介入することを嫌うので弱の方に入る。多くの先進国は民主主義を標榜しているので真ん中であるが、地方自治や市民参加など中央政府の権力集中度が低かったり、選挙を通じた民意反映以外に国民に様々な政治参加を認めるシステムの国はその中でも弱の方に分類され、反対に中央集権的に比較的国の力が強い国は強の方に入る。最も強いのは共産主義にせよファシズムにせよ、民主主義を認めない独裁的な国家主義的政治思想・政治体制が当たる。

　格差に対する考え方は国家権力の強弱と必ずしも対応していない。国に対する信頼が強ければ、北欧のように税・社会保障・規制に寛大で格差対策が進む場合もあるが、格差や貧困に苦しむ国民の声が届きにくい独裁的な国では、格

差は放置され救済されない場合も多い（図2-6）。

　文化・価値観の対立軸では，国や社会にある伝統的な共同体的価値観の統一性が強いかどうかで分類できる。弱い方は多元的な価値観を認め，価値観に対する国等の干渉を嫌う。ここでも自由至上主義のリバタリアンが当たる。強い方では保守主義が当たる。夫婦別姓，同性婚等が対立的な問題となり得る。格差に対する考え方はやはり必ずしも対応せず，保守主義が強い国でも家族，地域団体，伝統的宗教団体を通じた福祉で格差に対応する国もある。しかし，イギリス，スウェーデンなど欧米諸国では，事実婚の世帯やそこで生まれた子どもにも同等の法的権利を与えるとともに，生物学的親に対する子の扶養義務を課す。これらの国では，結婚や家のしがらみを重いと感じる風潮がある現代においても出産が減らず，少子化対策に良い効果が見られる。また職場の地位の男女差別や子育てにおける性別役割分担が残る保守主義傾向の強い日本では，女性の就労率や出生率が低かったり，母子家庭の貧困率が高い等の悪影響が見られる（図2-7）。

　格差や雇用をめぐる議論は，これら思想的対立もあるが，利害関係に基づく対立が重要である。事業主や経済界は雇用に対する規制緩和を望み，労働組合は労働者保護的な規制の強化・維持を望む。また，経済界も労働組合も所得税や賃金に対する社会保険料の増加に反対するが，福祉や社会保障の受益者はその維持・拡大を望み，それが高齢者向けか，子育て世代等現役稼働年齢層向けかで，給付と負担の利害をめぐる世代間対立を生むこともある。

5 まとめ：政策評価の視点

　以上，格差をめぐる経済，法律，政治的立場を簡単に整理してきた。しかし本書はそれらの考え方の優劣を論じることが目的ではない。

　第Ⅱ部以降の政策議論では，価値観に基づき，異なる見解の者を切って捨てるだけでは，民主的に政策を決める日本においては多数の合意は得られず政策変更はなされない。多数の賛成を得るには，政策の①**必要性**，②**有効性**，③**効**

率性（有効な対策のうち最もコストや事務負担が少なく，資源配分にゆがみをもたらさないものは何か），④**正当性**（憲法で認められた重大な権利を侵害していないか，既存の権利・利益関係を侵害しても行うべき公益性があるか等）の基準に基づき，客観的データと論理に基づき説得する必要がある。その論理の展開に当たり，本章で整理した様々な考え方の観点が参考となれば幸いである。

注
(1) トマ・ピケティ著／山形浩生・守岡桜・森本正史訳『21世紀の資本』みすず書房（2014）1-36頁の分析を1.1，1.2のマルクス及び1.3のクズネッツの記述では引用している。
(2) 第三次中東戦争でイスラエルを支援した欧米に怒ったサウジアラビアがOPECという産油国の集まりで原油の生産調整を行い価格の引き上げを図ったことで1973年に生じた急激な原油高がもたらした経済的ショック。
(3) 新自由主義の考え方は戦前からあり，フリードリヒ・A. ハイエクは『隷属への道』（1944）でファシズムとソ連型の計画的統制経済を批判し，1947年スイスでモンペルランソサィエティという自由主義経済学を主張する経済学者の協会を形成している。ハイエクはその後アメリカでシカゴ学派と言われる新自由主義に近い学派を作り，有名な経済学者としてフリードマンらがある。
(4) 橘木俊詔・浦川邦夫『日本の貧困研究』東京大学出版会（2006）171頁で欧米の最低賃金に関する先行的実証研究の結果をまとめている。
(5) 石川経夫『所得と富』岩波書店（1991）26-27頁。
(6) 新自由主義の代表的論客のフリードマンも現行福祉制度を批判しつつ，負の所得税等の制度を提案している。
(7) マイケル・サンデル著／鬼澤忍訳『これからの「正義」の話をしよう』ハヤカワ文庫（2012）104頁で引用されるロバート・ノージック著／嶋津格訳『アナーキー・国家・ユートピア』木澤社（1992）の記述。
(8) この訴訟は政府の勝訴に終わったが，その後原告に対して過酷という世論もあり，障害福祉年金と児童扶養手当の併給調整の規定は，法改正で廃止された。
(9) 菅野和夫『労働法［第十一版］』弘文堂（2012）27頁。
(10) 久米郁男・川出良枝・古城佳子・田中愛治・真渕勝『政治学［補訂版］』有斐閣（2011）。

| 第3章 | 戦後日本の政治経済と現在の制約条件 |

総論の最後は，これまでの日本の社会経済の状況と政策の流れを概観したい。なぜなら格差・雇用・社会保障の在り方は先進国間でも異なっている。それは各国の考え方や制度の歴史が異なっており，それがその後の発展にも影響を与えるからである。これは政治学では**経路依存性**と言われる。

1 戦後から1970年代までの政治経済

1.1 前史：戦前の状況

戦後を見る前に戦前の日本を概観したい。明治維新（1868年）で近代化が進み，人口も1872年3480万人から，1925年には5974万人と急増した。しかし，ピケティの分析（表1-2）で見たように1910年の日本の最上位1％の所得は全所得の19％を占め，当時の欧米先進国の18〜22％とほぼ等しい。

農村は地主と小作人に分かれ，工業化と農村の余剰労働力の都市への流入は，農村と都市の格差，都市内の中上流層，熟練工と非熟練工や不安定な貧民層との格差を広げた。南氏の先行研究によると日本の税務統計によるジニ係数全国平均値は1923年0.530，1930年0.537，1937年0.573と水準が高い上に格差は拡大している。横山氏（1899）によると19世紀末の非熟練的な道路人足の収入は日銭36銭，工場人足は34銭で，米代等日用品1日の費用45銭9厘に不足し，残飯（上等）が4椀1銭で売られていた。

国の法律としての格差対策は，1911年に**工場法**が制定され，12歳未満の労働禁止，15歳未満と女性の12時間を超える労働と深夜労働の原則禁止等が定められた。第一次世界大戦後の不況とインフレで米騒動が1922年に起こると被用者

対象の健康保険法が1922年に策定された。1929年に世界大恐慌で不況となると，**救護法**を定め，初めて行政が法律で貧困者を救済したが，対象者は身寄りのない高齢者・障害者等に限定された。

1937年日中戦争が始まると，政府は戦時経済体制とし，労働者保護的な労働規制や社会保障制度を導入した。1937年には**工場法**を改正し，成人男性も原則一日12時間の労働時間規制を導入した。1938年には，農村部も国保組合を作った地域では**国民健康保険**を創設した。また，1938年に労使紛争予防のため企業ごとの労使協議機関である**産業報国会**を作らせた。さらに，1939年と1940年に**賃金統制令**を制定し，初任給と労働者の日給の最低賃金額を規定し，年功的な引き上げと家族手当の支給を奨励した。しかし，当時給与は出来高払いと日給の2種の給与があり，戦争激化とともに，給与全体が低下，出来高払いの比率は下がらなかったため，熟練工と非熟練工の賃金格差は縮まらなかった。1941年には工場労働者対象の労働者年金保険法が制定され，1944年には被用者全体を対象とする厚生年金保険法に発展したが，年金受給には支給開始年齢の到達が必要なため，この時点で高齢者が救われることはなかった。1945年に戦争は終了したが経済安定本部報告（1948）によれば，国富の25％（建物25％，工業用機械34％，家具家財21％）が喪失した。

1.2　GHQ 占領下の民主化・格差是正政策

敗戦から1952年にサンフランシスコ講和条約が発効して再び独立国となるまで連合国軍最高司令官総司令部（GHQ）の下，三つの格差に関する政策が行われた。

第一は**財閥解体**（1945～46年）で，財閥持ち株会社解体や財閥家族・役員の役職辞任と公職追放であった（役職からの排除措置は1951年に終了）。

第二は**農地改革**（1945～46年）で，不在地主の土地と在村地主の1 ha（北海道4 ha）以上の土地を国が強制買収し，小作人に売却した。小作地の割合は46％から10％程度に縮小し，農村の格差は縮小した。

第三に**労働改革**である。1945年に労働組合法が制定され**団結権・団体交渉**

権・スト権が保障された。また1947年には労働基準法，労災保険法，職業安定法，失業保険法が制定され労働法の骨格が定められていった。

しかし，終戦直後の生活苦で労働運動は先鋭化し，労働組合による会社占拠等の生産管理が行われ，地域や産業で一斉にストを行うゼネストが起こり政治的主張が叫ばれると，GHQ は日本の社会主義化を警戒し，1947年2月1日に全国規模のゼネスト中止命令を出すとともに，生産管理方式による労働争議を違法として取り締まるよう指令を出した。また，1950年に労働組合法を全面改正して，事業主による労働運動を妨害する不当労働行為を禁止したが，専従組合員に企業は賃金を払わないこととして組合と企業の分離を徹底した。

1940年代後半以降大企業中心の賃金は，**電産方式・総評方式**と言われる生活保障給要素を強めた年功賃金方式(3)が労使交渉の中で定められていった。そして，年功賃金では年齢（勤続年数）に応じて毎年賃金が上昇するのでこれを実行する「**定期昇給**」と，企業業績の向上分を賃上げとして要求する「**ベースアップ**」を労使交渉で実現していった。

1947年**日本国憲法**が制定され，第25条生存権，第27条・28条の労働基本権が制定されると，1950年**生活保護法**が全面改正され，生存権に基礎を置き，権利として最低生活を保障する内容になった。

1.3　1950年代：朝鮮特需後の経済復興から成長過程へ

1950年に始まった朝鮮戦争による戦争特需でようやく景気は回復基調となった。1955年度以降1960年度までの名目 GDP 成長率は平均すれば10％以上の成長を続け，名目 GDP は1955年度の8.8兆円から1960年度の17兆円へと倍増した。1955年から労働組合と経営側が春に定期昇給やベースアップ水準等のベースを決める春闘方式が始まり，1973年まで続いた。名目雇用者報酬の総額の伸び率は1956年度以降年率で10～16％の伸びを示した（表3-1）。

1.4　1960年代：高度経済成長，日本型雇用の定着，国民皆保険・皆年金

1960年代は高度経済成長の時代である。池田内閣は「国民所得倍増計画」

表3-1 1955〜2014年度名目 GDP, 成長率, 完全失業率, 雇用報酬, 設備投資伸び率

	国内総生産（GDP）		完全失業率 (%)	雇用者報酬 伸び率* (%)	民間企業設備 伸び率（実質） (%)
	名目額（億円）	対前年伸び率 (%)			
1955年	8兆8,077億	—	2.5	—	—
1960年	17兆 877億	20.0	1.7	16.3	39.6
1970年	77兆1,363億	15.7	1.1	21.1	11.7
1980年	251兆5,396億	9.0	2.0	5.6	7.5
1990年	457兆4,363億	8.6	2.1	4.6	11.5
2000年	510兆8,347億	0.8	4.7	−0.4	4.8
2010年	480兆5,275億	1.4	5.1	0.0	3.8
2014年	490兆5,990億	1.6	3.6	0.9	0.4

(注) ＊ 雇用者報酬伸び率は, 1960年, 1970年は名目雇用者報酬伸び率を, 1980年以降は一人当たり雇用者報酬伸び率を使っている。
(出典) 内閣府「平成27年度経済財政白書」長期経済統計 (2015)。

(1960年12月閣議決定) を定めたが, 日本の GDP や賃金水準がまだ低く, 欧米に追いつくべく旺盛な設備投資がなされたことで, 驚異的な経済成長を見せた。背景には戦後のベビーブームで人口が1945年の7214万人から1970年には1億467万人となり50〜60年代に12%の伸びを示し, 就業者数も50年代は22.6%, 60年代は19.6%の伸びを示し, 労働者数が人口の伸び率を上回る**人口ボーナス**をもたらし, 家族の扶養の負担が少なく収入を購買力に回せる状況があった。円相場は1ドル360円の円安な水準に固定されて輸出による経済成長に貢献した。GDP は10年で4倍以上に増加した (表3-1)。

1960年には, 石炭産業の低迷による三井三池炭鉱争議があり, 1年に及ぶ対立的な労使紛争があったが, その後は企業側も経営危機や労働者の病気, 非行や重大な過失等がないと解雇しない**終身雇用制**と, 成長の成果を定期昇給やベースアップ等の賃上げに応じる姿勢を示し, 労働側も生産性の向上に協力するなど労使協調的な労使関係が主流になっていった。

そのような中で, 1957年に日経連は, 生活保障給中心の賃金から**職能給**という勤務年数, 教育研修による能力向上を反映させる各役職の等級を定め, 一部能力主義を反映して昇給・昇格に差をつける方式を提唱した。この方式は60年代末頃から次第に広まったが, 基本は年功賃金であり, 終身雇用, **年功賃金**,

企業別労働組合という日本型雇用が定着していった。

社会保障では，国民健康保険について市町村を保険者とする方式で1961年に全国適用され，厚生年金に加入しない者を被保険者として国民年金制度が創設され，医療と年金の全国民への適用が完成した（国民皆保険・皆年金）。

1.5　1970年代：ニクソンショック，石油ショック，高度成長から中成長へ

1970年代は様々な外国発の経済変動で経済は大きな影響を受けた。まず1971年には，アメリカはドル高による輸出不振解消のため1ドル360円の固定相場制をやめ変動相場制へ移行した。1980年には1ドル226.5円の円高となり，輸出品の価格は58.9％上昇した。この対策として田中内閣は，一つには公共事業で内需拡大する「日本列島改造論」(4)（1972年）を提唱した。また，60年代の高成長の負の側面として，公害が社会問題化するとともに，高度成長から取り残された高齢者等に対する福祉の立遅れも問題となり，地方自治体において自由民主党と異なる政治勢力である革新自治体が現れ，公害対策を国より厳しく行ったり，高齢者医療費の自己負担を無料化する措置が行われた。このため危機感を持った田中内閣は，1973年に70歳以上の高齢者医療費の自己負担に対して税財源で補てんする老人医療無料化(5)を行った。この他医療費の自己負担の上限額を定める高額療養費制度，年金を物価上昇率に応じて改定する物価スライド制を導入したので1973年は福祉元年といわれた。

この1973年に石油ショックが起こり，消費者物価は1973年から75年に急上昇した。こうした原材料等物価上昇とニクソンショックによる円高による輸出産業への影響もあり，年10％を超える高度経済成長は終わったが，日本はまだ賃金も低く成長過程にあったため，8～9％のGDFの成長率と5～6％の一人当たり雇用所得の伸び率が続いた。完全失業率は2％台に上がった（表3-1）。

石油ショック以降の失業増に対して，政府は1974年に失業保険法を**雇用保険法**に改正し，事業主のみに保険料を上乗せして，それを財源に雇用安定事業や職業訓練事業として企業に助成金を出す事業を行い，法律の名称も雇用保険法と変更した。雇用安定事業の中でも特に，景気悪化時に解雇せず休業給付を支

給し雇用を維持した時にその費用を助成する**雇用調整助成金**制度は不況時の雇用維持に効果を表した。石油ショック後日本の雇用政策は，終身雇用と企業内部での能力向上といった**日本型雇用**を推進する方向となった。労働側も賃金引き上げより雇用維持を優先するようになり，中高年の年功賃金上昇カーブのフラット化に協調する動きも見られた。

総人口は70年代に12％伸びたが，労働者人口の伸びが総人口の伸びを下回り人口ボーナスは終わった。1973年は戦後の第一次ベビーブーム層が子どもを産む時期の第二次ベビーブームとなり出生数が2度目の山を迎えたが，女性が一生に産む子どもの数である合計特殊出生率は戦後すぐの1947年の4.72から1974年には2.05[6]まで低下しており，その後2005年の1.26まで低下し続けることになる。高齢化率も1970年に7％を超え，**高齢化社会**が始まった。

② 1980年代から現在までの政治経済

2.1 1980年代：中成長，バブルの発生と崩壊

石油ショックは欧米先進国により深刻な経済停滞をもたらし，イギリスのサッチャー首相やアメリカのレーガン大統領は，新自由主義に基づき福祉見直しや，所得税の高所得層の累進税率の引き下げ等を行った。日本でも石油ショック以降財政赤字が拡がり，単年度の財政赤字の対GDP比率が1980年には−4.0％の赤字になった。このため，1979年に大平内閣が，高福祉でなく家庭・地域社会の連帯を基礎とした**日本型福祉社会**であるべきと主張するとともに，大型間接税の導入を掲げて選挙を行ったが，与党は議席数を減らした。このため，次の中曽根内閣は「第二次臨時行政調査会」(1981年) を作り，増税なき財政再建と社会保障見直しを主張し，老人医療費自己負担導入，健康保険の本人1割負担導入，国民年金を基礎年金とし，厚生年金の水準を切り下げる年金改革を行った。

さらに，貿易赤字不均衡是正のために，1985年先進各国の間で計画的にドル安（円高）に誘導することが合意（プラザ合意）され，円は1990年には145円と

1.6倍も上昇し，日本企業の工場移転と一部非正規雇用拡大の兆しが見えた。政府は円高不況対策として大幅な金融緩和を行い，企業も旺盛な設備投資を行ったが，日本では地価は下がらないという「土地神話」から保有する土地の担保価値上昇を当てにした借金により，過大な需要・成長を見込んだ投資が行われ，株式市場にも大量の資金が流入した。地価や株価の「バブル」(7)を生んだ。

また欧米の所得税累進税率の見直しにならって1986年までは所得税は所得に応じ税率を15段階に分け最高税率75％だったものが，1989年には5段階最高税率50％に引き下げた。また1989年に消費税3％を導入した。

システムエンジニアや通訳等で間接的な雇用の実態が進んでいたため，1985年に**労働者派遣法**が制定され，派遣労働が認められた。総務省「労働力調査」によると**非正規雇用**の比率は1984年の15.3％から1990年に20.2％となった。

なお，総人口は1990年には1億2361万人に増加したが，合計特殊出生率は1990年に1.54に低下したこともあり(8)，人口増加率は10年間で5.6％にとどまった。他方長寿化の進行で高齢化率は1990年に12％に上昇した。好景気による税収増で1987年から財政は黒字化し一時的に財政は改善した。

所得税の累進税率の引き下げ，バブルによる株・不動産等資産価格の上昇で所得の格差拡大は見られたが，6〜8％の経済成長をもたらし，GDPは1980年度の251兆円から1990年度の457兆円と1.7倍に増加した（表3-1）。

2.2 1990年代：バブル崩壊後の景気低迷の長期化，非正規雇用の拡大

日経平均株価は1989年12月29日に史上最高値の終値3万8915円をつけたが，バブルの認識は広まっていた。1990年3月に大蔵省銀行局の金融機関に対する行政指導「土地関連融資の抑制について」が出され不動産関連融資の伸び率を貸出総額の伸び率以下に抑えることとされた。バブルへの危機感から，金融機関の融資中断，株・不動産市場からの資金引き上げが始まり，株価・地価は急低下し，企業財務の悪化や地価暴落による担保価値急落から多くの融資が不良債権化した。

また，1988年に世界の銀行ルールとして国際業務を行う銀行は融資総額の8

％以上，国内業務だけの銀行も4％以上の自己資本が求められ，このルールは日本では1992年頃から本格適用されたが，株価低迷で銀行の自己資本が縮小したことやバブル崩壊後の融資への慎重姿勢から，融資を取りやめ資金回収する貸剥がしや不安のある融資先への貸渋りが見られ，不況を深刻化させた。

　政治においても1988年にリクルートの不動産関連会社の未公開株が政治家や中央官庁幹部に値上がり見込みで配られたスキャンダルが生じ，自由民主党から小沢派が離党し細川非自民連立内閣（1993年）が生まれた。その後，小沢氏が連立の一翼を担っていた社会党を攻撃したため，社会党が自民党と連携し，1994年自民・社会・さきがけ連立内閣に変わった。1996年自民党の橋本首相は，金融・財政構造・社会保障・省庁再編等改革を主張し，財政改革の一環として消費税を3％から5％に引き上げた。

　しかし，1997年に世界の資金がアジアの新興国であるタイ，インドネシア，韓国から引き上げられる**アジア通貨危機**が生じ，1997年11月に三洋証券，山一証券，北海道拓殖銀行の倒産につながり，前述の貸剥がし，貸渋りの本格化と重なって中小企業の連鎖倒産など金融不況と呼ばれる事態が生じた。日経平均株価は1999年末には1万3842円となっていた。名目GDPも1997年の521兆円をピークに停滞を続け，失業率は1998年以降4％台に上昇し，一人当たり雇用者報酬伸び率は1998年よりマイナスを続け，消費者物価もマイナスに転じるなど長期経済低迷とデフレが続いた（表3-1）。また，中国など新興国の追上げを受ける立場となり，経済のグローバル化の影響を受けた日本企業は将来の成長に不安を感じるようになった。このため，日経連は1995年に「新時代の日本的経営」を提言したが，その内容は労働者を①長期蓄積能力活用グループ，②高度専門能力活用グループ，③雇用柔軟型グループに分け，正規雇用は①の長期蓄積能力活用グループに限定し，専門能力を要する②の職種も外注や派遣に多くを頼り，販売や工場等の現場職員は③として**非正規雇用**に置き換えていくべきというものであった。1990年代の後半以降，リストラと非正規雇用への置換え，若者新採用の抑制が続いた。給与も成果給や職務給の要素を入れ年功制度の揺らぎが見られた。非正規雇用の雇用者に対する比率は2000年には26％となった。

出生率低下が続き2000年には1.36となったことから、人口は2000年は1億2693万人と2.7％の伸びにとどまり、高齢化率は2000年には17.3％となった。高齢化による介護対策として1996年に介護保険法が成立した（施行2000年）。

財政は1996年に消費税が5％に引き上げられたが、不景気による税収減、景気対策としての所得税・法人税減税と公共事業費増、高齢化による社会保障費増で赤字が続き、対 GDP 比で2000年度は－6.8％の赤字となった。

2.3　2000年以降：長期低迷，小泉改革，民主党政権，アベノミクス

2001年以降の小泉内閣は構造改革として、毎年度3％の公共事業費削減、社会保障費を高齢化で自然に伸びる水準から2000億円単位で減らす制度見直しを行った（年金改革、介護保険改革、医療改革）。また、がんばった人が報われる社会というスローガンを掲げ、派遣労働の範囲を広げる規制緩和を行った。2002年以降世界景気回復による輸出主導の経済回復は見られたが、非正規雇用比率の高まり（2000年20.2％が2010年35.2％）、失業率の4％台高止まり、消費者物価のデフレ継続があり、一般国民にとって回復感なき景気回復と言われた。

2007年アメリカの地価上昇傾向の中で増加していたサブプライムローン(9)という債券が土地バブルの崩壊とともに破たんした。これを契機にリスクの高い金融取引や株式市場から資金が一斉に逃避し、2008年アメリカの証券会社のリーマンブラザース等の金融機関が破たんし、世界同時不況（リーマンショック）となった。欧米の不況は輸出低下を通じ日本経済を悪化させた。企業は非正規雇用の雇止め等を行ったので失業率や賃金・物価の低下等デフレ傾向が続いた。

行政の混乱と経済低迷による自民党政権の人気低落から2009年に**民主党政権**となった。民主党は子ども手当の増額や高校無償化の政策を打ち出したが、沖縄の普天間基地の県外移転から県内移転への方針変更、高速道路無償化とその撤回など政策の混乱が見られた。2011年3月の東日本大震災と原発事故も生じ、多大な復興予算も必要となった。民主党3人目の野田政権は、野党の自民・公明党とも話し合い消費税5％を2014年4月から8％、2015年10月から10％へ引き上げる法案を通したが、増税の不人気と民主党内の小沢派の分裂離反もあり、

2012年12月自民・公明党が勝利し第二次安倍内閣となった。

　安倍内閣は，デフレ脱却を目指して，三本の矢と言われる3段階の経済対策（アベノミクス）をとった。

　一の矢は，日銀の大量金融緩和で物価や賃金上昇を誘導し，デフレを脱却するものである。波及効果としての円安もあり一時株価も高騰したが，この大量金融緩和が持続可能かということと，2015年夏頃からの中国の景気懸念など海外要因が景気にどう影響するかが不透明な状況である。

　二の矢は安倍政権発足直後の補正予算で2013年1月に10.2兆円を東日本大震災復興等の公共事業につぎこんだ。1000兆円に達している国・地方の債務残高や毎年度の赤字財政の中で，財政政策を続けていける余裕はあまりないと思われる。

　三の矢は成長戦略であり，成長が期待される分野の民間投資や規制緩和で成長路線に持っていくことを目指している。しかし，日本は欧米先進国とともに最先端を走るランナーであり，新興国の追上げによるグローバル競争の中で，どれだけ成長ができるか厳しい面も多い。また，規制緩和のターゲットの中には第Ⅲ部で取り上げる雇用規制が多く，労働条件悪化や格差拡大となることが懸念され，労働側と対立する論点も多い。

　人口は合計特殊出生率が2005年に1.26まで低下した後，2014年は1.42となり少し改善を示している。総人口は2001年の1億2693万人から2008年は1億2808万人に微増してから，減少に転じ2014年は1億2708万人となっている（総務省「人口統計」）。高齢化率は2014年に26％と，世界一高くなっている。

　2000年代以降経済は低迷の中にあり，財政は，単年度赤字を続け，国と地方の債務累積は2015年度末に1035兆円（GDP2年分205％）となった（表3-1）。

③　現代日本の制約条件

　第Ⅱ部以降で各論的問題を検討する前に，現在日本が抱えている人口，経済，雇用，財政赤字等の制約条件を概観したい。

表3-2 2030年, 2060年の総人口, 生産年齢人口, 高齢人口の推計

		2010年	2030年	2060年	2010→2060年
中位推計 合計特殊 出生率 1.35 (2060)	総人口	1億2,806万人	1億1,662万人	8,674万人	−4,132万人（−32%）
	生産年齢人口 (比率)	8,173万（64%）	6,773万（58%）	4,418万（51%）	−3,755万人（−46%）
	高齢人口 (比率)	2,948万（23%）	3,685万（32%）	3,464万（40%）	＋ 516万人（＋18%）
高位推計 合計特殊 出生率 1.60 (2060)	総人口	1億2,806万人	1億1,924万人	9,460万人	−3,346万人（−26%）
	生産年齢人口 (比率)	8,173万（64%）	6,807万（57%）	4,909万（52%）	−3,264万人（−40%）
	高齢人口 (比率)	2,948万（23%）	3,685万（31%）	3,464万（37%）	＋ 516万人（＋18%）
低位推計 合計特殊 出生率 1.12 (2060)	総人口	1億2,806万人	1億1,417万人	7,997万人	−4,809万人（−35%）
	生産年齢人口 (比率)	8,173万（64%）	6,773万（59%）	3,971万（50%）	−4,202万人（−51%）
	高齢人口 (比率)	2,948万（23%）	3,685万（32%）	3,464万（43%）	＋ 516万人（＋18%）

(出典) 国立社会保障・人口問題研究所「日本の将来推計人口」(2012)。

3.1 人口の少子高齢化, 家族の扶養力低下

合計特殊出生率は, 2014年の1.42が, 国立社会保障・人口問題研究所の将来推計で比較的可能性が高いと考えられている中位推計では2060年には1.35, 出生率が高まる高位推計では1.60, 低くなる低位推計では1.12になるとしている。これらの前提の下に2060年の推計値が出されている。それによると2060年の総人口は中位推計で8674万人（4132万人減）, 高位推計, 低位推計でも1億人を割っている。生産年齢人口は中位推計で4418万人（3755万人減, 46%減）, 高位推計では40%減, 低位推計では51%減となっている。他方高齢人口は3464万人（516万人増）で高齢化率は40%前後となる（表3-2）。

少子高齢化の影響は, 第一に, 総人口減少による市場縮小と就業者減で経済成長に悪影響を及ぼす。第二に, 高齢人口の増加により社会保障費用が増加し, それを支える生産年齢人口の減少で社会保障制度の持続可能性に懸念が生じる。第三に, 人口の都市部への流出と人口減少で郡部の市町村の人口が大幅に減少

し，活力低下が懸念されるとともに，東京都やその近隣県，大阪府等現在人口が多い地域で高齢者が激増し，医療介護の施設や人員不足が問題となる。

また，少子化の背景にある生涯未婚率の上昇や三世代同居の減少は，高齢単身世帯や高齢夫婦のみ世帯の増加をもたらしている。家族の扶養力低下は続いており，年金，医療，介護等の社会保障ニーズは増加していくと思われる。

3.2　経済低成長

名目 GDP 成長率は60年代，70年代の10％を超える成長から80年代には6％台の成長となり，バブル崩壊後の90年代は1％台，2000年以降は2008年のリーマンショック後の不景気もありマイナスとなっている（表3-3）。

経済成長の要素を分解すると，下記の式で表せる。労働者数の増加と労働者の技能向上や生産設備の設備投資による全要素生産性の上昇である。

$$経済成長 = 労働者数増 \times 全要素生産性上昇率$$

就業者数は少子化で減少しており，2060年の生産年齢人口は中位推計で3755万人減少（46％減）と予想されている。ただ第Ⅱ部で議論する少子化対策で高位推計に近い人口に増加させたり，現在就労率があまり高くない女性や高齢者の就業率を高め，就業人口を少し上げることは政策的に可能かもしれない。いずれにしても労働人口の減少は経済成長の引下げ要因となる。

それでは生産性の成長はどの程度見込めるのか。バブル崩壊以降の経済低迷の中で90年代は概ね年率0.5％の全要素生産性の上昇率であり，2001～2006年までは1％，2006～10年はリーマンショックによる世界的不況の影響を受け0.6％台に戻っている（表3-4）。

日本以外の主要欧米先進国を見ても1991～2006年頃は概ね1～1.5％前後の全要素生産性の伸び率を示している。2006～11年はリーマンショックの影響を受けている。そうすると先進国のトップグループの全要素生産性上昇率は1～1.5％程度と見ることが妥当かもしれない。

生産性は何もしなくても上がるわけではない。労働者の能力向上には教育や

表3-3　1960年代から2000年以降までの各10年の GDP 年平均上昇率と人口上昇率

	1960〜70年度	1970〜80年度	1980〜90年度	1990〜2000年度	2000〜13年度
GDP 年平均成長率	16.3%	12.5%	6.2%	1.6%	−0.6%
人口伸び率	1.14%	1.13%	0.55%	0.26%	0.03%

(出典)　内閣府「経済財政白書」(2014)，国立社会保障・人口問題研究所「人口統計資料」(2014) より筆者計算。

表3-4　主要先進国の90年代以降の全要素生産性年平均上昇率推移

	1991〜96年平均 (%)	1996〜2001年平均 (%)	2001〜06年平均 (%)	2006〜11年平均 (%)
日　本	0.6	0.5	1.0	0.6
アメリカ	1.0	1.4	1.6	0.8
イギリス	1.5	1.2	1.4	—
フランス	0.9	1.3	1.1	−0.3
ドイツ	1.3	1.2	1.0	0.3
スウェーデン	1.0	1.4	2.7	−0.6
日本以外の平均	1.14	1.3	1.56	0.05
日本含む平均	1.05	1.16	1.47	0.16

(原典)　OECD STAN Database for Structural Analysis 日本・スウェーデン2006〜10年平均。
(出典)　日本生産性本部「日本の生産性の動向」(2013)。

職業訓練が重要であり，企業の設備投資は60年代の高度経済成長を支える大きな柱であった。しかし，60〜70年代には習うべきモデルが欧米先進国に見出せたが，今や先進国や新興国と競争しつつ試行錯誤で行わねばならない。表3-1のように90年代以降投資の伸び率は低下している。したがって実質成長率は人口減を別としても1〜1.5%が基調となる可能性は高い。これは，アベノミクスの想定（実質成長率1〜2%）ともあまりかけ離れてはいない。

3.3　雇用環境の変化：非正規雇用増加と日本型雇用の揺らぎ

　かつて日本は右肩上がりの成長の中で，高校や大学を出た若者を**新卒一括採用**で企業が正規雇用で雇い，倒産やよほどの落ち度がなければ定年まで雇用される**終身雇用**であった。そして企業内の教育・研修の評価で上がる等級の上昇

で40〜50歳代までは賃金が上昇する**年功賃金**を基本としていた。また，家族の扶養手当等生活保障給的な要素が賃金に含まれていた。これらは**日本型雇用**と総称され，企業が労働者の生活を守る状況にあった。

しかし，現在は**非正規雇用**が4割近くを占め，彼らは雇用が不安定であり，賃金が低く，教育・訓練機会も十分に与えられない傾向にある。またグローバル競争の激化や，欧米型の企業利益の最大化を重視する経営が求められるようになると，経営環境が悪化した場合は企業再編，希望退職やリストラが行われ，正規雇用でも終身雇用が望めない場合が増えている。賃金も年功制のカーブを緩やかにしたり，家族手当等の生活保障の要素は廃止や減少し，昇進や職務内容の変化に基づく**役割・職務給**要素が増加している。

このように労働環境に対して，一方では企業，経済界側から，グローバル競争の激化や低成長等の社会経済状況の変化に応じ労働関係の規制を緩和させるべきとの主張が生じている。他方，労働者側から非正規雇用の厳しさを改善する規制を求める議論や，若者や女性が能力を十分発揮できる改正をすべきとする議論も生じている。

3.4 財政赤字：歳出見直しと増税または財政破綻リスク

1990年以降長期経済低迷の中での税収減と景気対策として所得税，法人税を減税したことから歳入は減少し，他方，景気対策の公共事業を増加，高齢化の進行による社会保障費用の増加がみられる。

表3-5を見ると2016年度の一般会計予算は96兆7218億円だが，歳出のうち23兆6121億円は国債費といって過去の借金利払，借換費用であり，実際の事業に使える基礎的財政収支対象経費は73兆1097億円である。この歳出を賄うための歳入は税収が57兆6040億円，その他収入が4兆6858億円であり，不足分を国債として34兆4320億円借金しており，歳入の国債依存度は35.6％に及んでいる。歳出見直しや増税で対応せず，毎年の歳入不足を将来返済が求められる借金でつけ回ししている。

実は地方公共団体も赤字財政で地方債を出しており，国と地方の債務残高は

第3章　戦後日本の政治経済と現在の制約条件

表3-5　2016年度一般会計歳入歳出
(単位：円)

歳　　入		歳　　出	
税　収	57兆6,040億	国債費	23兆6,121億
その他収入	4兆6,858億	基礎的財政収支対象経費	73兆1,097億
公債金	34兆4,320億		
合　計	96兆7,218億	合　計	96兆7,218億

(出典)　財務省「平成28年度予算」。

2016年度末で1062兆円になると見込まれており，これはGDPの205％（2倍強）に上る。OECD「Economic Outlook96」(2015)によると他の欧米先進国の2015年の債務残高の対GDP比率はアメリカ110％，フランス117％，ドイツ76％，イギリス98％となっており，財政破綻で責め立てられているギリシャも190％に過ぎない。なぜ日本は財政破綻と責められないのかというと，「日銀資金循環統計」(2014年6月)で日本の家計の金融資産残高が1645兆円あり，国，地方の債務残高を600兆円ほど上回り，借金は国内で賄われていると考えられているが，ギリシャでは累積債務が国内資産を上回り，EU諸国に新たに国債を引き受けてもらわざるを得ないので，年金，公務員削減，増税等の対策を講じるように責められている。今後，中長期的に毎年30数兆円の新規国債発行を続ければいつかはギリシャのように財政破綻するおそれはある。

　したがって，中期的には財政収支を借金なしに賄うようにしなければならない。**表3-6**で見てわかるように最大費用は社会保障費で32兆円弱だが，これをすべてなくすと年金，医療保険，生活保護等がなくなり，国民生活に大きく影響し格差は拡大するだろう。ただ，無駄な部分の効率化や負担できる人により多く負担してもらう見直しも求められている。次に多い地方交付税は，地方では人口や企業が少なく，必要な歳出を地方税では賄えない所がほとんどなので，国税の3分の1程度について，地方の人口等の必要額に応じて分配する予算である。この中には医療，介護保険，生活保護等の地方負担分の社会保障費等も多く含まれている。

　したがって，財政赤字は歳出の見直しだけでは解消できず，増税も必要となると思われる。その問題は第11章で議論したい。

表3-6 一般会計基礎的財政収支内訳　(単位:円)

	2016年度予算	対前年度増減
社会保障関係費	31兆9,738億 (43.7)	＋4,412億 (＋ 1.4%)
地方交付税交付金	15兆2,811億 (20.9)	△2,547億 (－ 1.6%)
文教・科学振興費	5兆3,580億 (7.3)	△ 4億 (0.0%)
公共事業関係費	5兆9,737億 (8.2)	＋ 26億 (0.0%)
防衛関係費	5兆0,541億 (6.9)	＋ 740億 (＋ 1.5%)
食糧安定供給費	1兆 282億 (1.4)	△ 135億 (－ 1.3%)
エネルギー対策費	9,308億 (1.3)	＋ 323億 (＋ 3.6%)
恩給関係費	3,421億 (0.5)	△ 551億 (－13.0%)
経済協力費	5,161億 (0.7)	＋ 97億 (＋ 1.9%)
中小企業関係費	1,825億 (0.2)	△ 31億 (－ 1.7%)
その他事項経費	6兆1,193億 (8.4)	△ 185億 (－ 0.3%)
予備費	3,500億 (0.5)	―
基礎的財政支出	73兆1,097億 (100.0)	＋2,185億

(出典) 財務省「平成28年度予算」。

4　まとめ：成長から停滞，少子化・非正規雇用増・財政赤字の制約

　戦後，国民の多くが豊かになることができた。その原因は社会保障制度の整備による下支えもあったが，1980年代までの驚異的な成長と，**日本型雇用**という特徴的な雇用の在り方によって，正規雇用を中心に長期的に雇用が安定し，家の保有や子どもの教育費など最も支出がかさむ中年世代まで給与があがる年功賃金制によるところが大きかったと思われる。しかし，90年代以降の経済状況は，先進国のフロントランナーに立った日本が他の先進国と異なったペースで成長を続けていくことの困難さを学ぶ期間であったのかもしれない。低成長と非正規雇用の増加という日本型雇用の変質は，今後の格差・雇用対策を検討する上で大きな課題となっている。
　また90年代以降の低迷の時代の中で，少子高齢化と財政赤字の問題は，より深刻さを増している状況にある。これらの問題は格差を解決する際の制約条件であり，格差そのものを生み出す要因ともなっている。
　制約条件も念頭に第Ⅱ部以降の様々な各論的な問題を検討していきたい。

第 3 章　戦後日本の政治経済と現在の制約条件

注
(1)　南亮進「所得分布の戦前と戦後を振り返る」『日本労働研究雑誌』No. 562（2007）。
(2)　横山源之助『日本の下層社会』岩波書店（1985）（底本『日本之下層社会』教文館（1899））。
(3)　賃金のうち本人の年齢や扶養家族の家族手当等の生活保障給の要素を強め，それに本人の勤続年数や能力給の要素を加えたものを基本とする方式。
(4)　日本列島改造論は土地買い占めによる地価上昇や1973年の石油ショックによる狂乱物価により，1973年11月に福田大蔵大臣の起用後の総需要抑制策で終了した。
(5)　老人医療費無料化は不必要な受診増，医療の必要がなくなっても要介護老人が入院を続ける社会的入院増加で，医療費増加や寝かせきりによる病状悪化の弊害を生んだ。
(6)　子どもは夫婦2人で産み，出産適齢期までに死亡する率を加味すれば出生率が2.08程度を下回れば人口は減少期に入ることになる。
(7)　泡のように実際の需要や経済成長動向を超えた過剰な需要予測により，土地や株に大量の資金が流入し価格が急上昇した。
(8)　1989年の合計特殊出生率は1.57となり，1966年に丙午の迷信から1年のみ1.58となった出生率を通常の年で下回ったため，少子化が危機的という認識が高まった（丙午［ひのえうま］ショック）。
(9)　中低所得で信用力に不安のある層（サブプライム）への住宅貸付をまとめて債券化したもの。土地バブルがはじけると不良債権化した。この債権は優良債権とまぜて債券化され，世界中に売られていたので，翌年リーマンショックの世界的金融危機に発展した。
(10)　高齢者のいる世帯での三世代同居比率は1986年の44.8％から2012年の15.3％に減少（厚生労働省「国民生活基礎調査」）。

第Ⅱ部

子ども世代の政策：少子化と子どもの貧困

第4章　子どもの貧困(1)：総論と少子化政策

　この章では，子どもの貧困の全体状況を見た上で，これまでの子ども政策の中心テーマであった少子化について，原因と対策を概観し，格差解消策でもあった児童手当の充実と高校無償化対策をめぐる政党間の政策対立を普遍的アプローチと選別的アプローチという視点で取り上げてみたい。

1　子どもの貧困の全体状況

1.1　子どもの貧困率の状況

　厚生労働省「国民生活基礎調査」によると，全体の相対的貧困率は，1990年以降の経済の低迷や非正規雇用の増加，高齢化による引退世代の増加を受けて，1985年の12.0％から2012年16.1％に増加している。子どもは現役世代に属するので**子どもの貧困率は高齢化の影響を受けていない**が，1985年には10.9％と全体の貧困率を下回っていたが，2012年には全体を上回る16.3％の相対的貧困率となり，6人に1人の子どもが相対的に貧困な家庭に育っている。**ひとり親家庭の貧困率**は，第5章で詳しく見るが，就労と子育てとの両立が難しく非正規雇用で働かざるを得ないことや，別れた夫が扶養料を出さないことが多いことから50％を超える相対的貧困率を示している。そして離婚率の上昇のため，厚生労働省「国民生活基礎調査」によればひとり親と未婚の児童（18歳未満）のみ世帯数は2015年で86.5万世帯と2000年から30％増加しており，児童のいる世帯の7.3％にのぼる（表4-1）。

　主要先進国の全体・子ども・ひとり親の相対的貧困率の状況を比較すると，日本は全体と子どもではアメリカに次いで高く，ひとり親ではアメリカよりも

表4-1 相対的貧困率:全体・子ども・ひとり親

(単位:%)

	1985年	1991年	2000年	2012年
全体	12.0	13.5	15.3	16.1
子ども	10.9	12.8	14.5	16.3
ひとり親	54.5	50.1	58.2	54.6

(出典) 厚生労働省「国民生活基礎調査」。

表4-2 相対的貧困率:全体・子ども・ひとり親国際比較 (単位:%)
(日本2012年, 外国2010年)

	日本	アメリカ	イギリス	スウェーデン	ドイツ	フランス
全体	16.1	17.4	9.9	9.1	8.8	7.9
子ども	16.3	21.2	9.8	8.2	9.1	11.0
ひとり親	54.6	45.0	16.9	18.6	34.0	25.3

(原典) OECD:Family Database "Child Poverty" (2014),「Family Database "child Poverty"」(2014)。
(出典) 日本:厚生労働省「国民生活基礎調査」(2013), 外国:内閣府第1回子どもの貧困対策に関する検討会「参考資料」(2014)。

高い状況にあり,国際的に見ても芳しくない(**表4-2**)。

1.2 子どもの貧困の問題状況と原因[1]

子どもの貧困は何が問題なのだろうか,第2章③3.2で法的な平等に関する考え方を紹介したが,成人した者の能力,努力,運の結果生じる所得格差である**結果の平等**の格差ついては,アメリカ,イギリス,日本等比較的自由主義思想が強い国では,自己責任と考えられることが多い。しかし,スタートラインの条件である**機会の平等**は保護されるべきという考え方は自由主義の国々でも強く,アメリカにおいても義務教育や低所得層の子ども向けの医療制度に対する補助制度はある。イギリスでは1990年代後半の労働党政権の時に,当時高かった子どもの貧困率を半分にすることを目標に様々な対策が講じられた。このように,子どもは生まれてくる家庭を選べないことや,次世代の社会の担い手であることから,世代を超えた**貧困の連鎖**を防ごうとする国は多い。

世代を超えた貧困の連鎖が生じる原因に関しては二つの考え方がある。

第一は,主として**教育機会の格差**があることから,将来の職業選択上不利に

第4章　子どもの貧困(1)：総論と少子化政策

なり，貧困の連鎖が生じるという考え方である。確かに第5章で詳しく見るが，高校卒業後大学・短大・専門学校に進学する率は，国民全体では80％に上るが，生活保護世帯では31.7％程度，ひとり親家庭では41.6％程度でしかない。高度成長期のように高校生も企業が正規雇用で迎え，企業内で職業訓練してくれた時代と異なり，非正規雇用を増やし，正規と非正規で労働条件に差がある現状では，教育機会の格差が不利に働く可能性は強まるおそれがある。

　第二の考え方は，教育に限らず複合的な要因があるというものである。低所得で家計に余裕がない家庭に生まれたことで，第一で述べたように教育機会の不利がある他，食費の差からくる栄養面の発達の差，医療が受けにくくなる差，住居環境（勉強机や静かに勉強する環境がない）の差，親が就労に追われ子どもの世話が十分にできず，その疎外感や生活の苦しさから非行に走るリスクが生じること，親が抱える経済的・精神的ストレスから子どもを虐待するリスクが生じること，親が保護者同士等の社会的ネットワークから疎外され子どもの成長にとって有利な施策の情報を得られないこと，親や近しい大人たちの低学歴や無職等のロールモデル（自分の模範とする姿）から進学や就労の努力をせず，自己肯定観を持てなくなる者が生じる等，**子どもの貧困の複合的な要因**により，将来子どもも貧困な状態に陥る可能性が増えてしまうという主張である。

　社会保障，特に，子ども等家族政策に対する支出や教育の公的支出の対GDP比率を見ると，日本は全体の社会支出ではアメリカ，イギリスより多いものの家族政策はアメリカに次いで少なく，**教育の公的支出は主要先進国の中で最も低い**。また教育費用に占める私費（家計の負担に奨学金を含む）の割合も高い（表4-3，表4-4）。

　日本において子どもの貧困率が社会問題として認識され始めたのは，民主党政権となって2009年にこれらの相対的貧困率が公表されるようになってからであった。無論戦後から孤児や子どもの養育放棄等，親の保護が期待できない子どもの社会的養護は児童福祉施策で対応しており，母子家庭が貧困に陥りやすいことから児童扶養手当で対応されていたが，生活保護率が1％台にとどまる中でごく限られた貧困や母子家庭の問題として考えられていた。

第Ⅱ部　子ども世代の政策：少子化と子どもの貧困

表4-3　社会支出（社会保障支出）・家族政策支出対 GDP 比率の国際比較（2011年）

（単位：％）

	日本	アメリカ	イギリス	ドイツ	スウェーデン	フランス
社会支出対 GDP 比率	23.7	19.3	23.5	26.8	27.6	31.4
家族政策対 GDP 比率	1.4	0.7	4.0	2.2	3.6	2.9

（出典）　OECD「Social Expenditure Database」(2014)。

表4-4　教育公的支出対 GDP 比，学校教育費私費負担率，高等教育私費負担率（2009年）

（単位：％）

	日本	アメリカ	イギリス	ドイツ	フランス	スウェーデン
教育公的支出対 GDP 比率	3.6	5.3	5.3	4.5	5.8	6.6
学校教育私費負担率	32	28	31	15	10	3
高等教育私費負担率	65	62	70	16	17	10

（原典）　OECD「Education at a Glance」(2012)。
（出典）　文部科学省「教育指標の国際比較」(2013)。

　子育て支援策はむしろ少子化問題として捉えられてきた。なぜなら第3章で見たように少子化は，経済成長を低下させる要因であったり，社会保障制度の持続可能性を危うくさせることから日本社会にとって重大な問題と認識されていたからである。また，貧困な状況にある子どもが16％以上もいる実態は政治家にも，厚生労働省にもあまり認識されていなかった。以下，日本で主として取り組まれてきた少子化の現状，要因，対策について見てみたい。

② 少子化の原因

　第二次世界大戦が終わり，平和な時代となると第一次ベビーブームが起こり1940年代は夫婦で子どもを4人産む傾向にあった。しかし，合計特殊出生率はその後低下し，第一次ベビーブームで生まれた者が子どもを作る頃である1971～74年に出生数は第二次ベビーブームを迎えるが，合計特殊出生率は1974年には人口が維持される水準（2.08）を下回る 2.05 となり，以後も低下を続ける。1989年には1966年の丙午の年の出生率を下回る 1.57 を記録し，少子化対策の必要性を政府に認識させた。しかし，その後も低下は続き2005年に最低

54

第4章 子どもの貧困(1)：総論と少子化政策

表4-5 合計特殊出生率の推移

	1947〜49年	1974年	1989年	2000年	2005年	2010年	2014年
合計特殊出生率	4.32	2.05	1.57	1.36	1.26	1.39	1.42

（出典）厚生労働省「人口動態統計」。

水準の1.26を記録するとその後は少し上昇に向かい2013年に1.43まで回復したが，2014年には1.42と横ばいとなっている（表4-5）。

　人はなぜ子どもを産み育てるのであろうか。子どもは可愛く，自分の血族の子どもや孫を産みたいという自然な動機はあろう。他方，子どもを持つ動機・効用には，農業や自営業に見られたように，家業を担う労働力と考えて持ちたいと思う動機（**生産財効用**）や，親が高齢で稼働能力がなくなった時の扶養を期待する動機（**老後保障効用**）があった。しかし，製造業やサービス業のサラリーマンが主体となる社会となり，生産財効用は減少した。また，家に対する保守的な考え方が薄れ子どもが同居を嫌がり，社会保障制度が発達すると，老後保障効用も低下した。また，保守的な社会では女性は家庭で子育てをするという性別役割分担の考え方が主流であったが，男女とも高学歴化し，女性も社会進出し，経済的に自立する力を持つと，結婚時期が遅れる晩婚化，あるいは生涯結婚しない未婚化が生じる。さらに子どもの教育費等直接費用が増加するとともに，女性の賃金も上がると仕事をやめて生涯子育てを行った場合の収入の減少を**機会費用**[3]と考えると，子どもを持つ費用は高まっていく。以上のことから，先進各国では出生率は低下している。また，結婚を当然と考える単一的価値観も薄れている。

　文化的に保守的な論者は女性の高学歴化や社会進出を少子化の主因と考え，女性の生き方を攻撃しがちであるが，国際的に見て一般的な考え方であろうか。

　1960年代には，女性の就労率が低い日本のような国が欧米より出生率は高く，あたかも女性の社会進出が出生率を下げるかのような分析がなされていたが，現在では子育て期間である30〜40歳代の女性の就労率が低下しないアメリカ，イギリス，フランス，スウェーデンのような国の出生率は高く2に近いのに対して，日本は現在でも30〜40歳代の女性の就労率が下がる「**M字カーブ**」と言われる減少が見られる。更に40歳代以降戻る労働力率は正規雇用については増

第Ⅱ部　子ども世代の政策：少子化と子どもの貧困

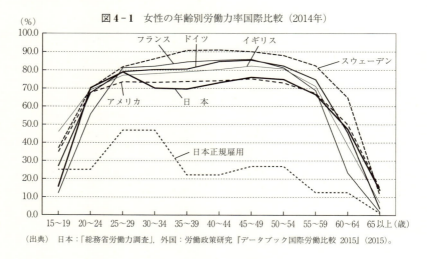

図4-1　女性の年齢別労働力率国際比較（2014年）

(出典)　日本：「総務省労働力調査」，外国：労働政策研究『データブック国際労働比較 2015』(2015)．

表4-6　合計特殊出生率・2050（日本2060）年高齢化率推計値の国際比較

	日本	アメリカ	イギリス	フランス	スウェーデン	ドイツ
合計特殊出生率 (2013)	1.42 (2014)	1.86	1.83	1.99	1.87	1.40
高齢化率推計 (2050)(%)	39.9 (2060)	21.1	23.6	24.9	24.6	30.9

(出典)　国立社会保障・人口問題研究所「人口統計資料集」より筆者作成．

加せず，パート等非正規で戻ったことがわかる。このような日本の合計特殊出生率は前述のとおり1.42と低い（図4-1）。

これは保育所など就労と子育てを両立させる制度や文化が育っていないからと言われる。女性の社会進出は時代の流れで止められないが，欧米の多くの国では仕事と子育ての両立を可能にする教育，保育制度や職場環境を作り，出生率の低下を防いでいるのに対して，日本は雇用や保育現場でそれらの制度が十分に整備されず，社会や男女間の意識でも男性が外で働き，女性が家庭を支えるという性別役割分担の意識が強いため，出生率が低下したままとどまっていると言える。表4-6を見るとドイツも合計特殊出生率は1.40であるが，ドイツ特に旧西ドイツ地域では3歳までは子どもは家庭で育てることが好ましいという文化があり，保育所が整備されていなかったことや，小学校が概ね午前中で

第4章 子どもの貧困(1)：総論と少子化政策

表4-7 外国生まれの人口比率とその増加率（1995～2008年）

	日本	アメリカ	イギリス	ドイツ	フランス	スウェーデン
外国生まれの人口比率（2008）(％)	1.7	13.0	10.8	12.9	8.4	13.9
1995～2008年の比率の増 (％)	0.6	3.8	3.9	1.4	1.1	3.3

（出典）OECD「Society at a glance 2011」。

終わり，子育てと就労を両立しにくかったことが原因とされている。

国の人口に大きな影響を与えるのは国内の人間の死亡を上回る出産による自然増だけでなく，移民による人口増がある（表4-7）。

日本は外国生まれの者は1.7％にすぎず，1995～2008年の増加率も0.6％にすぎない。他方，欧米では10％前後が外国生まれで，その増加率も大きい。もっとも欧州各国は特に最近中東情勢の悪化から陸続きや地中海を越えた移民の流入が増えており，国民の中でも低学歴で不安定雇用につきやすい者の雇用不安が，文化的に保守的で政治的に強権的な主張をする勢力の移民排斥運動を強めている。日本では移民や難民認定に特に厳しいが，現政権も恒久的移民には反対しつつ，高度な技能を持つ人材やオリンピックまで不足する建設労働者や高齢化で不足する介護人材についての期間を限った外国人人材の活用が検討されている。そのような日本だけの都合による外国人労働力のつまみ食いがうまくいくかどうかは疑わしい。他方，日本でも非正規雇用の増加と格差社会の増大が見られるので，外国人排斥運動が生じる可能性や，移民・外国人を受け入れた場合の教育・雇用・福祉対策など制度面への影響も議論する必要はある。

③ 少子化対策

少子化に関する現行政策の概要を概観したい。

3.1 結婚対策

日本では法律婚の関係から生まれた子どもが98％近くを占め（厚生労働省

「人口動態調査」(2008))、結婚しないことには子の出生は期待できない。結婚をしない理由としては、価値観の多様化で社会的に結婚が唯一の選択肢ではなくなっていること(4)が上げられる。他方、国立社会保障・人口問題研究所の19～39歳の未婚者の結婚の意識調査(5)では直近の2010年でも男性で84.8%、女性で87.7%は「いずれは結婚するつもり」と回答している。したがって、結婚を希望する者がしやすくする政策はあり得ると考えられる。

第一に、結婚の制約条件を考えると、世帯を養うために必要な安定収入が得られるかどうかが重要となる。労働政策研究・研修機構の調査(6)によると30～34歳（男性）のうち正社員では57.1%に配偶者がいるが、**非正規雇用**では24.8%しか配偶者はいない。これに対しては第Ⅲ部で検討する非正規雇用の雇用条件の改善についての政策的検討が必要になる。

第二に、昔はお見合いという親族や知人のボランティア的紹介で出会いの場を設定する活動はあったが、現在はすたれている。他方民間の婚活産業はある。地方自治体レベルでは官制の出会いの場を設定する事業も行われ始めており、政策として進める必要性や有効性の検討が必要かもしれない。

第三に、欧米では婚外子が4割から半数以上を占め、親族関係を煩わしく考える価値観の変化の中で、事実婚が出生数を増加させている。しかし、第5章で見るように法律婚を経た離婚ですら父親の多くが養育責任を果たしていない状況では、婚外子は増えないと思われる。離婚後の子どもや婚外子の法的権利や養育費の確保の改善が前提となる。

3.2 出産・子育ての支援対策

②で述べたように、出産・子育て費用や女性が仕事をあきらめて子育てを行う**機会費用**が高まったことで、晩婚化や結果としての非婚化につながったり、結婚しても2人以上の子どもを産み育てる気持ちが減り、子どもの数が減ることになる。したがって、出産や子どもの医療費の軽減や、就労の現場での仕事と家庭生活の**両立支援策**（ワーク・ライフ・バランス）、安心して就労を続けるための保育・学童保育サービスの充実が必要である。

第 4 章　子どもの貧困(1)：総論と少子化政策

①出産費用・子どもの医療費

　医療保険で通常の出産費に出産育児一時金として42万円が出る他，帝王切開等異常分娩に至った場合は必要な医療費は医療保険で給付される。また出産前の健診費用についても地方自治体が補助制度を組めば国がその一部を補助して負担を軽減している。6歳未満の子どもの医療費の自己負担は国の制度で2割に軽減されている他，ほとんどの自治体でさらに小中学生の入院や外来の自己負担を月額一定額以下とする軽減策が講じられている。

②職場における就労と子育て**両立支援策**

　被用者の女性であれば産前（原則6週間）・産後（原則8週間）は労働基準法上出産休暇をとらねばならないが，その間の給与の3分の2相当額が健康保険・共済保険加入者であれば**出産手当金**として支給される。また，出産から原則1年間（保育所の空きがない場合は1年6か月に延長可能）は育児・介護休業法で**育児休業**を取ることができ，その期間は雇用保険から育児休業給付として賃金の5割（当初の半年間は67％）が支給される。

③**保育・学童保育**等

　3歳〜小学校前の幼児教育機関として文部科学省所管の幼稚園があり，子どもの保育に欠ける世帯に対する福祉措置として厚生労働省所管の保育所があった。しかし，共稼ぎが多くなると，午前中で終わり，春・夏・冬休みがある幼稚園は利用しにくく，保育所の不足による待機児童が都市部を中心に問題となるようになった。また小学校低学年の時期は，親が仕事から帰る夕方まで預かる放課後児童クラブ等の学童保育の需要が高まっている。保育所の不足に対応するため幼稚園と保育所の両方の機能を持つ**認定こども園**が制度化されたが，当初は文部科学省と厚生労働省の両方の認可と監督が必要であり，制度が利用しにくい状況にあった。

　こうしたことから子ども・子育て支援法等の法改正により**子ども・子育て新システム**が2015年4月から施行されている。このシステム全体の運営や認定こども園の所管を内閣府に一元化するとともに，幼稚園，保育所（定員20名），認定こども園を一体として施設型給付と位置づけている。特に不足している保育

所については保護者が保育の必要性について市町村の認定を申請し，市町村は保護者の就業状況や所得に応じて必要性を認定し，幼稚園，保育所は所得に応じて自己負担に差をつける。市町村は計画的に保育所を整備するが，設備や人員等の基準に適合する施設は認可しなければならないこととしている。さらに，市町村が地域の実情に応じて地域型保育事業として，0〜2才を対象とする小規模保育所（定員5〜19名），家庭的保育事業（定員5名以内），居宅訪問型保育事業，事業所内保育事業を展開することになっている。さらに，2017年までに保育所定員を全国で50万人程度整備するとともに，学童保育も小学校6年まで受け入れ，2019年度に定員を30万人程度整備する計画を政府は立てている。ネックは低い処遇による保育士不足がある。

④子育て費用と教育費の支援

子育ての費用一般の支援制度としては**児童手当**があり，2009年の民主党政権の目玉政策として第1子から一律月額1万3000円で所得制限なしの制度とした。その後自民・公明との協議により，所得制限を導入するとともに第1子・第2子か第3子か，また子どもの年齢で額を減額する仕組に変わった。

また教育費も子育ての経済的な負担となるが，小学校・中学校は義務教育として授業料が無償とされ，9割以上は公立の学校であるが，その上の高校については98％が進学しているが，その26％が私立である。民主党政権は公立の**高校授業料無償化**を所得制限なしに実行するとともに，私立高校生については所得に応じた授業料補助制度を導入した。こちらも自民・公明連立政権に戻った際に，公立高校の授業料無償化に所得制限を導入した。

このように児童手当と高校以上の教育費助成制度について，全世帯の子どもを普遍的に対象とすべきか，所得に応じて必要な者に支援対象を限定し選別的制度とすべきかについて議論の対立があった。これは国民一般に共通するリスクを対象とする社会保障制度について，しばしば生じる対立点であるので，次に節を改めて低所得に限定しない子育て支援の是非に関する議論を検討したい。

第4章　子どもの貧困(1)：総論と少子化政策

4 　児童手当と高校授業料無償化：普遍化と選別化の議論

4.1　児童手当・高校授業料についての政策の経緯
①2009年までの自民・公明連立政権時代
　子どもの扶養費用の補助制度としての**児童手当**は，比較的高い水準（子ども2人の4人世帯で800万円）ではあったが所得制限があり，また，支給は小学校卒業までであり，第1子と第2子の3歳から12歳は月額5000円であった（表**4 - 8**）。
　また所得税の中で子どもの扶養経費を所得控除の形で支援していた。0 〜15歳は38万円，16〜23歳は，高校や大学の教育費がかかるので63万円を所得控除とした。ただ所得控除は所得がある者しか対象でないことや，収入から所得控除額を引いた所得にその高さに応じた累進税率がかけられるので，その減税効果は所得の高さで異なり，例えば195万円以下の収入の者については累進税率が5 ％なので，38万円の所得控除の減税効果は38万円×0.5％＝1.9万円に過ぎないが，1800万円以上の高所得者は累進税率は40％なので減税効果は38万円×40％＝15.2万円となり，高所得者に有利な制度であった。
②2009年民主党政権当初
　民主党は児童手当を子ども手当と改名し，政権の目玉政策として所得制限なしとした。支給額は第1子から同額とし，0歳から中学卒業の15歳まで月額1万3000円とした。
　また，公立高校の授業料は所得制限なしに無償化し，私立高校については，年間12万円弱（低所得層は24万円弱）の補助を出した。
　その財源とするため，所得税の扶養控除（所得控除）を手当の支給対象年齢である0 〜15歳までは廃止し，16〜18歳までは**高校授業料無償化**に合わせて63万円を38万円に減額した。
③現在の児童手当・高校授業料支援制度
　民主党は月額2.6万円の子ども手当を提言していたが，財源の手当がつきに

第Ⅱ部　子ども世代の政策：少子化と子どもの貧困

表4-8　2009年までの自民党・公明党政権時代の児童手当制度の概要（所得制限あり）

	0～2歳	3～12歳（小卒）
第1子・2子	1万円	5,000円
第3子以上	1万円	1万円

表4-9　現在の児童手当制度の概要

	0～2歳	3～12歳	中学生	
第1・2子	1.5万円	1万円	1万円	所得制限導入960万円（夫婦子2人）
第3子以降	1.5万円	1.5万円	1万円	所得制限世帯月5000円給付

くく，法律改正を2段階で進めている間に2010年の参議院選挙で大敗し自民，公明党等野党が参議院で多数派を占めるねじれ国会となった。このため，2011年の改正で当時の野党であった自民党と公明党の意向を踏まえた修正を行わざるを得ず，現在の児童手当（名称も子ども手当から戻った）となった。基本的には所得制限は高め（夫婦子ども2人の4人世帯で960万円）ではあるが再び導入された。ただし，所得制限がかかる高所得層も月額5000円の給付が出された。また中学生まで支給することは維持されたものの，第1子，第2子か第3子以降か，さらに年齢により給付額に差をつけた（表4-9）。

また，高校授業料に関し，公立高校は市町村民税所得割で30万4200円（モデル世帯で年収910万円）[7]未満は，授業料に等しい月額9900円（年11万8800円）を支給し無償化を続けるがそれ以上の高所得層については，授業料は有料とした。私立高校は授業料が高いので所得に応じ年収250万円未満の世帯は公立の2.5倍の年29万7000円，250～350万未満の世帯は公立の2倍の23万7600円，350～590万未満は公立の1.5倍の17万8200万，590～910万未満は公立と同じ年11万8800円，910万以上は補助なしとした。

4.2　児童手当・高校授業料についての普遍化と選別化議論

児童手当と高校授業料を題材に，民主党に近い普遍的に補助すべきという主張と，自民党に近く選別的に補助すべきという主張の論拠を比較してみたい。

①児童手当・高校授業料について普遍的に補助すべきという主張
- 子どもは次世代の担い手であり，スタート状態の教育や家庭環境の経済的格差をなくすことで，**機会の平等**を図るべきである。
- 子ども手当拡充前の所得税の所得控除によるこの扶養経費の補助は累進税率の高い高所得者ほど減税効果があり，格差是正に逆行している。
- 従来は企業の正規雇用には家族手当等会社が子育てを支援する制度があったが，そのような生活保障給はなくなりつつあり，特に非正規雇用にはない。欧州主要先進国では，企業で生活保障給を出すことはなく，児童の扶養は社会的に補助する考え方で，児童手当は16～18歳まで支給している国が多い。
- 子どもの経費負担の軽減は少子化対策にも好影響があり得る。
- 高校は国民の98％が進学しており，ほぼ全入に近いことや，高校程度の学力は基礎的な知識能力として国民全員が身に付けるべきなので，公立は所得制限なしで無償化すべき。また私立高校の授業料負担も軽減すべき。

②児童手当・高校授業料について選別的に補助すべきという主張
- 子どもの機会の平等には配慮すべきで，義務教育無償化，所得税の扶養控除を行っているが，子どもの扶養は家庭の責任で行うべきである。
- 財政赤字もあり，所得制限を設けて必要性の高い中低所得層に対象を限定する選別化が効率的である。
- 児童手当は，何に使われるかわからず，月額1万や1万5000円の手当により子どもを作るとは思えず，少子化対策としての有効性は疑わしい。
- 高校が全入に近く，その教育内容等が現代社会において必要な能力とはいえ，高所得層まで無償化や支援をする必要性は少ない。中低所得層や成績や意欲の高さを考慮した奨学金制度の方が，有効性は高い。

5 まとめ：高い子どもの貧困率，少子化と児童手当等の効果

日本の子どもの貧困率は，国際的にも高く，かつ全体の貧困率より高い。し

かし，子どもの貧困率の高さは長く政治的に認識されず，日本の子ども政策は少子化対策が中心であった。

現代の女性の社会進出状況では育児休業等の就労の場での両立支援策や保育所・学童保育等の子育て支援策が必要であろう。また結婚したくともできない制約条件としては，子育て支援そのものよりも非正規雇用等労働政策が必要かもしれない。

子どもを理想の数まで持たない理由として，国立社会保障・人口問題研究所の調査では「子育てや教育にお金がかかりすぎる」が60％と最大である。他方，児童手当や高校無償化等については，月1万3000円ほどで有効性があるのかとか，ばらまきではないかという批判も多く，④4.2で述べた議論もある。日本が国際的に見ても社会保障の中で家族政策の費用が少ないことや企業による家族手当が給与から消えつつある状況を鑑みると，児童手当や高校教育無償化も子どもを持つ世帯に対する支援策としては有効かもしれない。

ただ財政が厳しいことや現在の児童手当や高校無償の所得制限額が900万円台と比較的高いことから，第5章で検討するひとり親世帯の支援や，第9章の若者雇用支援で取り上げる高等教育機関向け奨学金の改善策の方が優先度は高いという意見もあるかもしれない。

注
(1) 阿部彩『子どもの貧困Ⅱ——解決策を考える』岩波新書（2014）。第2章で詳しく要因に関する先行研究と阿部氏の分析が記載されており，これらを参考にした。
(2) この他小中学校の義務教育の中で低所得世帯の給食費，修学旅行費等を援助する**就学援助費**が教育施策として行われており，その対象者の比率は子どもの相対的貧困率と等しい率であった。
(3) 別の選択をあきらめることによる効用の減少を経済学的には**機会費用**という。例えば生涯正規雇用で働いた時の生涯所得は1.6億円を超えるが，専業主婦として子育てと家事を行えば生涯所得は0に近づき，一旦子育てをやめてその後パート等非正規で生涯働いても6000万円程度の生涯所得にとどまる。この場合正規の職を辞め専業主婦として過ごせば機会費用は1.6億，子育てが一段落してパートで戻っても1.6億－6000万円で機会費用は1億円となる。
(4) 1984年のNHK 意識調査「現代の家族調査」では「人は結婚するのが当たり前

だ」が61.9％，「必ずしも結婚する必要がない」34.3％だったが，2008年「日本人の意識調査」では前者が35％，後者が59.6％と逆転している。
(5)　国立社会保障・人口問題研究所「出生動向基本調査」1992～2010年第5回調査，「いずれは結婚するつもり」と回答した者は男性1992年89.4％→2010年84.8％，女性1992年89.2％→2010年87.7％。
(6)　労働政策研究・研修機構「若年者の就業状況・キャリア・職業能力開発の状況」(2009)。
(7)　親の一人が働き，子ども一人が高校生，一人が中学生の世帯をモデル世帯としている。
(8)　国立社会保障・人口問題研究所「結婚と出産に関する全国調査」(2010)。

第5章 子どもの貧困(2)：子どもの貧困対策とひとり親対策

この章では、貧困世帯に属し、困難に直面している子どもの対策自体を検討する。子どもの貧困指標や特に貧困率の高いひとり親世帯について概観したい。また、外国の対策の概要を見て検討の参考とする。

1 子どもの貧困対策とひとり親対策

1.1 戦後の貧困等の困難な状況にあった子どもの対策の経緯

戦後、戦災孤児や子どもを育てられない世帯の対策として、児童養護施設が児童福祉政策として進められた。保育所も母子家庭等働かざるを得ない世帯の福祉政策として始まった。戦争未亡人が多く、夫と死別した母子家庭を税財源で支える母子福祉年金ができ、その横並びで離婚など生別母子家庭を支える児童扶養手当が1961年に創設され、給付額は母子福祉年金に連動して定められた。

しかし、国民皆年金となり遺族年金が受給できるようになると母子福祉年金受給者は減少し、1985年の年金法改正で遺族基礎年金ができるとそれに吸収され廃止された。同年児童扶養手当は税財源の福祉的手当となったが、離婚件数とともに支給額が増加したため1985年、2002年に所得制限を強化して対象を限定する法改正が行われ、給付を制限する方向の見直しが行われた。2002年法改正では就労による自立施策を充実しつつ、手当支給から5年経過した時に手当を半分減額できることを内容とする改正を行い、その施行日を2008年4月とした。しかし、非正規雇用が多く就労収入では自立し難い母子家庭が多いことから、減額の要件を定める政令を2007年に定める際、減額しない要件として、①就労中、求職活動中または職業訓練受講中など自立に向けた活動中である場合、

第5章　子どもの貧困(2)：子どもの貧困対策とひとり親対策

②母親等が障害，傷病の状態であったり，子どもが傷病である等自立活動が困難である場合と定めた。就労や自立努力をしている場合や，障害，傷病の場合は，5年以降も手当は減額されないこととなった。なお，男女平等の観点と，父子家庭も困窮する場合もあることから，2010年より児童扶養手当は，所得制限を下回る父子家庭にも支給されることとなった。

　1990年頃から悲惨な児童虐待事例が問題となり，2000年に児童虐待の防止等に関する法律が制定された。昔の方が，貧困な中で養育を放棄したり，子どもを借金のかたに人身売買する虐待は多かったが，経済発展の中で貧困が減少し，また，親権が強く，他人の家に口出ししない風潮が強い日本では虐待事例は表面化しにくかった。しかし，経済低迷等による貧困家庭の増加と，悲惨な虐待事例が表面化することで虐待防止法の通報義務も強化され，虐待通報事例は2013年には7万3802件に増加している。

　このように，貧困で保護すべき子どもの対策は，母子家庭，児童養護施設や児童虐待等の児童福祉対策が主であった。

1.2　相対的貧困率の公表と子どもの貧困対策推進法の対策
①子どもの貧困対策推進法の創設

　2009年民主党政権下で日本の相対的貧困率について，「国民生活基礎調査」を特別集計することで，1985年以降の分も含めて公表された（表1-8）。その結果は，2012年には全体貧困率16.1％に対し，子どもの貧困率は16.3％と全体を上回り，ひとり親家庭貧困率は54.6％と極めて高い。この子どもの貧困率は，主要先進国ではアメリカに次いで高く，ひとり親世帯の貧困率は，OECD諸国一高い（表4-2）。こうした状況が認識されたことや，子どもの機会の平等を図るべきことは，支持されやすいこともあり，「子どもの貧困対策の推進に関する法律」（子どもの貧困対策推進法）が2013年6月に全会一致で成立した。

　この法律の目的は，貧困の状況にある子どもが健やかに育成される環境を整備するとともに，教育の機会均等を図るとしている。そして，国が「子どもの貧困対策に関する大綱」及び**子どもの貧困指標**を定め，その指標を改善する施

67

表 5-1 生活保護世帯・ひとり親家庭・児童養護施設の子どもの進学率等の指標

	生活保護世帯	ひとり親家庭	児童養護施設	全国平均
高等学校進学率	91.1%（2014）	93.9%（2011）	97.2%（2014）	98.4%（2014）
高等学校中退率	4.9%（2014）	—	—	1.6%（2012）
高卒後進学率	31.7%（2014）	41.6%（2011）	22.6%（2014）	80.0%（2014）
高卒後就職率	43.6%（2014）	33.0%（2011）	70.9%（2014）	17.4%（2014）

(注)　全国平均の高卒後進学率は浪人も含めた大学等入学者数を18歳人口で割った数字。
(出典)　内閣府子どもの貧困対策会議（第3回）参考資料（2015）「子どもの貧困に関する指標」，全国平均：文部科学省「学校基本調査」(2014)。

策の方針を定める。都道府県にも計画策定の努力義務を課している。

「子どもの貧困対策に対する大綱」は，2014年8月29日に閣議決定された。以下，分野別に子どもの貧困指標と対策方針を概観したい。

②教育面の施策

子どもの貧困指標として，**子どもの貧困率16.3％，ひとり親家庭の貧困率54.6％**の他，教育機会均等のため，生活保護世帯，ひとり親家庭，児童養護施設の子どもの進学率を定め，その改善を目標としている（**表 5-1**）。

高校進学率は全国平均では通信制を含めれば98.4％だが，ひとり親家庭は93.9％，生活保護世帯では91.1％と落ち，生活保護世帯の子どもの高校中退率も全国平均の1.6％に対して4.9％と高い。18歳人口に占める大学・短大・専修学校入学者の進学率は80.0％だが，児童養護施設の高卒後進学率は22.6％，生活保護世帯は31.7％，ひとり親家庭では41.6％と半分以下である。

課題解決のための政策実施率の指標としては，**表 5-2**がある。

スクールソーシャルワーカーは，学校に常駐または必要時に巡回指導する専門家で子どもやその世帯が抱える問題を把握し，福祉事務所，市町村等の福祉機関につなぐ役割をする。現在1008人だが2019年度までに1万人に増やす計画である。また，スクールカウンセラーは，生徒の悩みを聴く心理の専門家であるが，2019年度までに全小学校，中学校に設置する計画である。

教育費負担軽減のためには，低所得層の幼稚園・保育所の費用軽減措置の他，小学校・中学校の義務教育の授業料は無償であり，高校も公立高校の中・低所

第5章 子どもの貧困(2)：子どもの貧困対策とひとり親対策

表5-2 スクールソーシャルワーカー・小中就学援助制度周知・奨学金（無利子）採用状況

	指標数値
スクールソーシャルワーカー配置人員	1,008人（2013年度）
スクールカウンセラー配置率（小学校）	49.2%（2013年度）
スクールカウンセラー配置率（中学校）	85.9%（2013年度）
就学援助制度周知状況（進級時書類配布する市町村の率）	61.9%（2013年度）
日本学生支援機構奨学金奨学金（無利子）貸与条件満たす希望者のうち進学前の予約段階の貸与率	61.6%（2013年度）

（出典）　内閣府「子どもの貧困に関する指標」（2015）。

得層の授業料無償化や所得に応じた私立学校の授業料補助が行われている。さらに，給食費，修学旅行費用等を支援する就学援助制度があり，利用を促すよう進級時の書類配布率100%を目指している。低所得層の高校生等就学奨学金給付事業が2014年度に創設された。

　さらに，公立高校や高等教育に進学する学力を補充したり，進学意欲を増やすための学校外教育支援として，厚生労働省では生活保護世帯の中学3年生を中心とした学習指導に大学生等のボランティアをあてて支援を行ってきたが，**生活困窮者自立支援法**が2015年4月から施行されたことにより，生活保護に至らない生活困窮者の子弟に同様の学習支援をする自治体に国が2分の1の補助をする制度が設けられた。文部科学省でも経済的理由や家庭の事情で家庭学習が困難となり，学習が遅れている中学生等の子どもに大学生や元教員等のボランティアの協力で実施する地域未来塾を行ってきたが，その実施地域の拡大とともに2016年度から高校生未来塾を実施するとしている。現代において基礎的教育能力と言える高校卒業資格を，高校を中退した者が得られるように，その学習を支援する事業や認定試験の受講費用の補助も行われている。

③ひとり親家庭の生活支援

　貧困率が高いひとり親対策としては，相談窓口のワンストップ化の他，保育所や学童保育が夕方までしか子どもを預からない所が多いため，夜まで預かり，夕食やボランティアによる学習の支援を行う「子供の居場所づくり事業」を充実することやひとり親が病気で家事ができない時の家事援助・保育事業の充実，

第Ⅱ部　子ども世代の政策：少子化と子どもの貧困

母子支援施設，養護施設等に子どもを預かるショートステイ事業の増加等を政策として掲げている。ひとり親家庭の生活支援給付の中心である児童扶養手当の充実については③で議論したい。

④親の就労対策等

ひとり親は職業資格を持たない場合，低賃金で不安定な**非正規雇用**が多く貧困から抜け出しにくいため，就労時に保育サービスをあわせて紹介するマザーズ・ハローワークのサービス，介護福祉士，保育士，看護師等の資格をとるための職業訓練とその間の生活支援を雇用保険や求職者支援制度で行っている。

1.3　ひとり親世帯の問題状況

第4章で述べたとおり，ひとり親世帯は，児童（18歳未満）のいる世帯の7.3％にのぼり，その相対的貧困率は54.6％（2012年）であるが，厚生労働省の「全国母子世帯調査」（2011年）でより詳細に見たい。母子家庭となる原因の80.8％は離婚で，死別が7.5％，未婚の母が7.8％であった。日本の母子家庭就労率は80.6％とOECDの平均値71％より高い。しかし，正規雇用は39.4％に対して，非正規は52.1％だった。母子世帯の収入は平均で223万円，中央値で200万円であり，うち就労収入は平均で181万円，中央値で150万円であり，全世帯の平均収入657万円や父子世帯の平均収入380万円（うち就労収入360万円）と比べて低い。

筆者が京都府・京都市母子寡婦福祉連合会の協力を得てアンケート調査をしたところ，全体の中では正規雇用は34％，非正規雇用は52％（働いてない11％）だが，子育てを手伝ってくれる家族と同居している99世帯（41％）では正規雇用43％，非正規雇用46％（働いてない8％）に対し，母子のみの世帯141世帯（59％）では正規雇用28％，非正規雇用58％（働いてない13％）となっている。つまり特に子どもが小さい場合就労と子育ての両立が難しく，就労時間が長い正規雇用は母子のみの世帯では難しく，非正規雇用が多くなっている。

また，賃金水準（月額手取りベース）は母子世帯全体で見ると10万円未満は20％，10～15万円未満が一番多く40％であるが，正規雇用では10万円未満は1

第5章 子どもの貧困(2)：子どもの貧困対策とひとり親対策

表5-3 母子世帯：全世帯／正規雇用／非正規雇用の賃金水準（月額手取りベース）

(単位：％)

	10万円未満	10〜15万円未満	15〜20万円未満	20〜25万円未満	25〜30万円未満	30万円以上
全世帯	20	40	25	9	2	3
正規雇用	1	24	41	20	5	9
非正規雇用	33	51	14	2	0	0

(出典) 芝田（2015）章末注(4)。

％とほとんどなく10〜15万円未満が24％で，15〜20万円は41％と一番多く，20万円以上も34％あるのに対して，非正規雇用では，10万円未満が33％，10〜15万円未満が51％と大半を占め，20万円以上は2％に過ぎなかった（表5-3）。

つまり，ひとり親世帯の子どもの貧困の主因の一つは，非正規雇用であることは明白である。この対策としては第Ⅲ部で議論する非正規の処遇にかかわる雇用政策の改善が一つ。もう一つは正規雇用に近い就労が可能になるように就労と子育てを両立させる**両立支援策**の充実が必要である。土日営業が通常のサービス経済化の進行に対応する休日保育，延長保育や病児・病後児保育の充実も必要である。雇用政策面では，育児休業だけでなく，育児休業終了後の短時間勤務や残業を制限する勤務制度の普及も必要である。

もう一つの母子家庭の貧困の原因は，別れた夫の子どもに対する扶養費の問題である。離婚の中で協議離婚の比率は2008年87.8％[5]であり，夫婦の同意で離婚届を出せば子どもの扶養について取決めなしに離婚することができる。「全国母子世帯調査」（2011年）によると，子どもの養育費の取決めをしているのは，2011年で37.7％であり，現在も養育費を受給している率は19.7％とその半数にとどまっている。日本のひとり親世帯の半分以上が相対的に貧困であるもう一つの理由は同居しない親の扶養義務の不履行にあると考えられる。

それではひとり親世帯を支える社会保障制度はどうなっているのだろう。

第一に児童手当がある。これは子ども1人月額1万円（子どもが3〜12歳の第1子・第2子又は中学生）か1万5000円（子どもが2歳以下または3〜12歳の第3子以降）と低く，支給は中学生までであるが，所得制限が高い（子ども2人4人家

族で所得960万円以上）ので，多くの子どもが対象になっている。

　第二に児童扶養手当は，死別，離別等でひとり親となり18歳までの子どもを扶養している場合に，子を監護する者に支給される手当で母子世帯の73.2％が受給している。所得制限額が低く，母子2人世帯の場合収入が130万円未満までは全額（月額4万1020円）が支給されるが，それ以上の者は所得に応じて10円単位で減額（月額4万1010～9680円）され，収入365万円以上で全額停止となる。また，子どもが2人目の加算額は月額5000円，3人目以降は1人につき3000円と低かったが，2016年の改正で2人目の加算を1万円，3人目以降を6000円とすることとなった。

　以上のように非正規で就労収入が低く，扶養費を払わないことが多いことや，児童手当の額の低さや児童扶養手当の所得制限が厳しいこともあり，その収入で生活できない母子家庭も多く，生活保護受給率は14.4％となっている。

2　諸外国の子どもの貧困対策とひとり親対策

子どもの貧困対策の参考として外国の対策を見てみたい。[6]

2.1　アメリカ

①給付付き税額控除

　就労収入がある一定以下の低所得世帯の場合，就労税額控除（EITC）と言われる給付付き税額控除があり，子どもがいると控除額が多くなる。アメリカの給付付き税額控除は一定の所得以下を対象として，一定額は必要な経費として税額から控除する。そして控除しきれなかった額は還付という形で給付する。最高控除額は子ども2人の場合は年間5548ドル（1ドル＝110円換算で61万円）が控除される。

②生活保護制度

　アメリカは低所得者全体をカバーする生活保護制度はないが，ひとり親家庭に対する制度として貧困家庭一時扶助がある。州により給付額は異なるが平均

月額355ドル（厚生労働省『海外情勢報告 2013』3万9000円）である。しかし，原則として給付開始から2年で不支給となり，生涯で5年間を支給限度とする。

補足的栄養支援は，貧困層に支給される食料購入電子カードで，食料品店において2人世帯で月額357ドル（厚生労働省『海外情勢報告 2015』3万9000円），酒，たばこ以外の食料品を購入できる。

メディケイドという州が行う生活保護者向けの医療制度で医療サービスが利用できる。児童の場合「児童医療保険プログラム」により，メディケイドの対象となる連邦の貧困レベルの200〜250％の子どもも対象とされる。

③児童養育費徴収制度

ひとり親側からの申請があれば，未婚で相手が親子関係を認めてなくても父親をDNA調査により確定し，行政が養育費を徴収する制度である。この事務を実施するために養育費履行強制庁（OCSE = Office of Child Support Enforcement）という行政庁がある。養育費の額は，州により異なるが父の収入の17％等といった形で徴収する。そして未払いの片親についても就職時の社会保障番号で追跡し，その給与・資産の差押えを行って徴収し，ひとり親家庭に支払われる。貧困家庭一時扶助の受給者は養育費履行強制庁（OCSE）による養育費確保に協力する義務がある。貧困家庭一時扶助受給者の元パートナーには扶養費を払う所得の余裕はない者が多いようだが，それよりも上層の世帯からの扶養費徴収はひとり親家庭の経済的安定に貢献している。

アメリカも次のイギリスも自由主義の思想が強く，大きな社会保障に国民は賛成しないが，①の給付付き税額控除のような減税と還付金給付の形には反対が少なく，③児童養育費徴収制度についても，親が責任を果たさずひとり親世帯が社会保障で扶養され，納税者の負担を増やすことはおかしいという考え方が強いようだ。日本のように文化的保守主義が強くないということだろう。

2.2 イギリス

①福祉から労働へ（Workfare）

1999年当時の労働党のブレア政権は先進国中でも高い子どもの相対的貧困率

を1998年対比で2010年までに半減する目標を立て、様々な対策を講じたが、ひとり親の就労支援に力を入れ、就労による自立を目指した。2010年以降の保守党政権も保育サービスや早期教育の充実を図っている。

②児童手当

16歳未満の児童に対して第1子は月換算90.2ポンド（約1万4000円）、第2子以降59.7ポンド（9500円）支給される。所得制限はなかったが、2010年に保守党・自由党連立政権となると、2013年度から所得制限を導入することとなった。

③給付付き税額控除

就労税額控除（WTC）があり、25歳以上・週30時間以上就労の場合に、単身世帯で年2770ポンド（44万円。年収が年6420ポンド＝約100万円より高くなると控除額は逓減される）の税額控除が行われる。所得が低くて所得税額がこの額を下回る場合は、アメリカの制度と同様差額が還付金として給付される。また16歳未満または20歳未満で一定の教育・訓練中の子どもがいる場合、別に児童税額控除（CTC）が545ポンドに子ども1人につき2780ポンドを加えた額（例1人3325ポンド［52万8000円］、2人6105ポンド［97万円］）税額控除される。

④所得補助（生活保護）と求職者手当（税財源の所得調査付き失業給付）

週16時間以上働く能力のない者は所得補助という生活保護が支給され、18歳以上のひとり親の場合、週73.1ポンド（月換算5万1000円）支給される。週16時間以上働く能力があり、ひとり親世帯でも年少児童が7歳に達すると所得補助でなく、求職者手当（失業給付、失業保険の支給期間経過後も失業している場合に税財源で支給される手当。所得補助と同様所得・資産調査がある）の対象となる。この手当は公共職業安定所のような就職斡旋と、手当支給の両方の役割を持つ機関が支給するので、就職活動が条件となり合理的理由なく斡旋された仕事を断ると手当の一部または全部が停止される。手当額は25歳以上の場合は週73.1ポンド（月換算5万1000円）が支給される。

なお、保守党政権となった際の2012年福祉改革法で、働かないで福祉給付を受けることが働く場合より有利になることを防ぐために以上の給付のうち、就労税額控除（WTC）以外の児童手当、児童税額控除、所得補助と求職者手当等

の福祉給付について週500ポンド（7万9500円）または年2万6000ポンド（413万円）の上限額が定められている。また同法により就労税額控除も含めて2016年4月からの新規受給者、2017年10月以降全受給者について、これらを統合した普遍的給付（Universal Credit）に統合されることとなっていたが、議会等の議論もあり2年以上施行が遅れる見込みである。

⑤養育費徴収制度

ひとり親家庭から申し出があれば生物学的片親について、児童養育庁が片親の収入等から養育費を算定し、養育費未払いの場合は強制徴収する。

2.3　スウェーデン

①積極的労働市場政策，両親手当（育児休業給付）

スウェーデンは失業者に対して、職業訓練とその間の生活費を保障する等手厚い就労支援が行われる。また彼らを雇った事業主にも社会保険料や訓練費用を補助する等の積極的労働市場政策が行われる。

日本の育児休業給付に当たる両親手当が480日給付されるが、うち390日は従前給与の80％を保障し、残りの90日は日額180クローナ（2460円）の定額手当となる。一時的両親手当といって12歳未満の子どもの病気で年60日間休むことができ、その日の賃金日額の80％が保障される。

②各種手当

児童手当として、16歳未満までは第1子月額1050クローナ（1万4380円）、第2子月額1200クローナ（1万6440円）、第3子月額1504クローナ（2万600円）等、子どもの数が増えると増額されている。

18～28歳以下の子どものない者または子どもがいる家庭で一定の所得以下の者に、家賃や住居費用に当てるため住宅手当が支給される。子どものいる世帯の3割近くが受給しており、住居費用、所得水準、子どもの数で手当額は異なるが、女性ひとり親世帯に平均月額2187クローナ（3万円）、男性ひとり親世帯に平均月額1329クローナ（1万8200円）が支給されるなどひとり親世帯の支援策としても機能している。

③養育費徴収及び養育費補助

　スウェーデンは DV 等特殊なケースを除き，生物的親が共同親権を持つことが原則であり，例えばひとり親の母親が別の男性と再婚しても，新しい男性配偶者と養子縁組をしない限り，その子の扶養責任は生物学的な父親にあり，実の子の親権を母と共同で持つことになる。所得に応じた養育費の未払いについては，アメリカやイギリスと同様，行政が賃金から強制的に差し引いたり，動産，不動産の差押え，破産の強制執行手続等で強制徴収し，ひとり親世帯に支払われる。また国は必要な養育費を月額1573クローナ（2万1550円）と定めており，親にこの養育費を全額支払う所得がない場合は，国が養育手当として不足額を原則18歳まで支給する。ただし，子どもに一定以上の所得があれば養育手当は一部減額される。

3 まとめ：教育支援とひとり親世帯の生活支援

　子どもの貧困に関するこれまでの検討から，日本は国際的に見て子どもの貧困率とひとり親世帯の貧困率が高いことが事実として認められる。近年子どもの貧困そのものに光が当たり，**子どもの貧困対策推進法**の制定など対策が進められつつある。子どもの貧困の世代間連鎖をなくすためには，教育の機会均等やひとり親世帯の支援充実が課題と思われる。

3.1　教育機会均等の支援

　この問題の解決のためには，一つには，所得による教育の機会の格差をなくすための教育費の障害をなくすこと，二つには，貧困家庭に育つ不利を減らすために，学校で把握した子どもの福祉的な問題を必要な施策に結び付けるスクールソーシャルワーカーの充実等が必要だろう。

　高校までは授業料等の支援も進んでいるが[7]，残された課題としては高等教育の進学率の格差を埋める奨学金の充実が考えられる。これについては第9章の若者雇用のところで論じたい。

第5章 子どもの貧困(2)：子どもの貧困対策とひとり親対策

3.2　ひとり親世帯の生活支援策

ひとり親家庭の貧困比率が高い原因の一つは，非正規就労が多く就労収入が低いことや就労と育児の両立が困難であることであり，対策は第7章や第9章で論じたい。

原因の第二は，子どもの養育費が同居してない親から2割弱しか払われていないことである。

アメリカ，イギリス，スウェーデンともに生物学上の片親が養育費を払う義務を果たさない場合，子どもを扶養しているひとり親の申請によって，司法による裁判手続を待たず，行政が片親の所得に応じた養育費をその給与等から強制徴収したり，資産の差押えで徴収し，ひとり親に渡す制度を設けている。

原因の第三は，児童扶養手当の所得制限が児童手当に比べて大変厳しい上，2人目や3人目の子どもの加算額が低いことが挙げられる。

このため母子世帯の73.2％に利用はとどまり，そのうち月額4万1020円の全額支給は約2分の1(8)となっている。また，児童手当では第1子と第2子で手当額は変わらず，第3子以降の額はより多くしているのに対し，児童扶養手当では，第1子は満額月額4万1020円に対して，第2子は1万円に，第3子以降は6000円の加算となっている（2016年法改正）。1人目の4万1020円にはひとり親自身の生活支援も入っているのかもしれないが，2人目や3人目の額がこれで適当かは検討が必要である。

個人的には児童扶養手当の所得制限は世帯所得中央値の400万円台や平均所得の500万円台を参考とした引き上げをしつつ，諸外国のように，養育費徴収制度を作り，児童扶養手当以下の養育費しか徴収できない場合，その差額を出すことも検討に値するのではないかと考える。文化的保守主義の強い日本で養育費徴収制度が創設できるかどうかが難しいところだが，家族・結婚・子どもに関する価値観も変容していく中で，中長期的には可能性がある案ではないかと思う。

注

(1) 1998年には児童扶養手当法施行令を改正し親に認知された婚外子を対象外としたが，認知されても扶養されず経済的に困窮する事例が訴訟になり，最高裁2002年1月31日判例で政令の制限は児童扶養手当の趣旨に反し，違法という判決が出て廃止されている。

(2) 厚生労働省調べ。児童相談所虐待相談対応件数2002年1102件→2013年7万3802件。

(3) OECD「Babies and Bosses」(2005)。

(4) 芝田文男「フィールドリサーチ『子どもの貧困』に関する調査分析」『産大法学』第49巻第1・2号 (2015)。

(5) 厚生労働省『人口動態統計特殊報告 離婚に関する統計』(2009)。

(6) 外国の福祉制度は厚生労働省「海外情勢報告 2015」による。その他養育責任等各国の制度については，下夷美幸『養育費政策にみる国家と家族』勁草書房 (2008)，杉本貴代栄・森田明美編著『シングルマザーの暮らしと福祉政策』ミネルヴァ書房 (2009)，善積京子『離別と共同養育——スウェーデンの養育訴訟にみる「子どもの最善」』世界思想社 (2013) を参考としている。

(7) 京都府では「高校あんしん修学制度」で年収500万円までは年上限65万円の補助がある。このように自治体によっては私立高校の無償化もかなり進んでいる。

(8) 厚生労働省「全国母子世帯調査」(2011)。受給者中全額支給48.4%，所得制限による一部支給51.6%。

第Ⅲ部

就労年齢層の政策:雇用・所得保障・租税等

第 6 章　「日本型雇用」の変質と労働政策
―――雇用流動化政策―――

　第Ⅲ部は就労年齢層の格差をめぐる政策に関する諸問題を取り上げるが、この章では、まず1990年代以降の景気低迷期の労働にかかわりの深い経済情勢を概観する。次に日本型雇用と呼ばれる雇用の特徴とその変質を見る。さらに第一次アベノミクスの第三の矢（成長戦略）の規制緩和策である①雇用維持の支援から成長力の高い産業への労働移転を促す政策への転換、②解雇の金銭解決制度導入、の雇用流動化政策をめぐる議論を取り上げたい。

1　1990年代以降の労働関係

　第3章で概観した1990年代以降の経済状況を雇用・賃金・非正規雇用の比率等労働関係の指標の推移を中心に見てみたい。1990年以降3度の大きな景気後退期があった。第一にバブル崩壊後不況（1991年2月～93年10月）、第二にアジア通貨危機と大手金融機関の倒産、貸渋り・貸剥がし等の金融不況（1997年5月～1999年1月、2000年11月～2002年1月）、第三にサブプライムローンの破綻とそれに続くリーマンショックによる欧米不況と円高による輸出不振不況（2008年2月～2009年3月）、それ以外にも2011年には東日本大震災による東北3県の被害とそれによる製造業の製造工程への影響から単年度のマイナスを示している。この結果名目GDPは1997年の521兆円をピークに低迷しており、消費者物価は1999～2003年、2005年、2009～2011年とマイナスであり、1人当たり雇用者報酬に至っては1998～2009年及び2012年と下降している。いわゆるデフレであり、失業率も1998年以降2013年5月まで良い時期で4％、悪化すると5％台となり、求職者に対する求人数の倍率である有効求人倍率も1993～2005年、2008～2013年10

第Ⅲ部 就労年齢層の政策:雇用・所得保障・租税等

表6-1 経済・労働関係の指標の推移（1990～2014年度）

年度	名目 GDP 実額（兆円）	名目 GDP 成長率（%）	1人当たり雇用者報酬伸率（%）	消費者物価伸率（%）	完全失業率（%）	有効求人倍率	非正規雇用比率（%）	（備考）主な不況
1990	457.4	8.6	4.6	3.1	2.1	1.40	20.2	
1991	479.6	4.9	4.1	3.3	2.1	1.40	19.8	バブル崩壊後不況
1992	489.4	2.0	0.5	1.6	2.2	1.08	20.5	(1991～93)
1993	488.8	-0.1	0.9	1.3	2.5	**0.76**	20.8	
1994	495.6	1.4	1.3	0.7	2.9	**0.64**	20.3	
1995	504.6	1.8	1.0	-0.1	3.2	**0.63**	20.9	
1996	515.9	2.2	0.2	0.1	3.4	**0.70**	21.5	
1997	**521.3**	1.0	0.9	1.8	3.4	**0.72**	23.2	アジア通貨危機，金融不況
1998	510.9	**-2.0**	**-1.5**	0.6	4.1	**0.53**	23.6	(1997～2002)
1999	506.6	**-0.8**	**-1.3**	-0.3	4.7	**0.48**	24.9	
2000	510.8	0.8	-0.4	-0.7	4.7	**0.59**	26.0	
2001	501.7	**-1.8**	-1.0	-0.7	5.0	**0.59**	27.2	
2002	498.0	**-0.7**	**-2.4**	-0.9	5.4	**0.54**	29.4	
2003	501.9	0.8	**-2.2**	-0.3	5.3	**0.64**	30.4	
2004	502.8	0.2	-0.5	0.0	4.7	**0.83**	31.4	
2005	505.3	0.5	-0.5	-0.3	4.4	**0.95**	32.6	
2006	509.1	0.7	-0.7	0.3	4.1	1.06	33.0	
2007	513.0	0.8	-0.9	0.0	3.9	1.04	33.5	サブプライムローン破綻
2008	489.5	**-4.6**	-0.6	1.4	4.0	**0.88**	34.1	リーマンショック
2009	474.0	**-3.2**	**-3.5**	-1.4	5.1	**0.47**	**33.7**	(2008～2009)
2010	480.5	1.4	0.0	-0.7	5.1	**0.52**	34.4	
2011	474.2	**-1.3**	0.8	-0.3	4.6	**0.65**	35.1	東日本大震災
2012	474.6	0.1	-0.1	0.0	4.3	**0.80**	35.2	
2013	483.1	1.8	**0.0**	0.4	4.0	**0.93**	36.7	
2014	490.6	1.6	0.9	2.7	3.6	1.05	37.4	

（出典）内閣府「平成27年度経済財政白書」長期経済統計（2015），非正規雇用比率：総務省「労働力調査」。

月まで1以下（求職者＞求人数）という低い数字が続いた。このため，名目 GDP が年率1％未満とはいえプラスであった2003～2008年半ばまででさえ，国民の多くは景気の良さを実感できない「回復感なき回復」の状況であった（**表6-1**）。

その背景には1990年に20.2％であった**非正規雇用**の比率が直近の2014年には37.4％と被雇用者の3分の1を超えるまでに至っていることがある。非正規は雇用が不安定な上，賃金が正規より低いので非正規比率の増加が一人当たり雇

用者報酬の低下に影響した部分も大きい。それに加えて，正規雇用でも企業業績低迷による賞与等の減少や定期昇給のとりやめ，場合により減額等，年功賃金の低下により，決まって支給される賃金も伸び悩み，賃金が低下した。

2 「日本型雇用」の特徴

　いわゆる「**日本型雇用**」とは，日本の正規雇用者に見られる特徴で**終身雇用**，**年功賃金**，**企業別労働組合**が特徴とされている。これが形成されていった経緯は第3章で概観したが，1940年代後半以降，生活保障給要素を強めた年功賃金方式が企業別労働組合の運動の中で形成されていったこと，60年代以降企業側も重大な経営危機や労働者側の病気，非行や重大な過失等がないと解雇しない終身雇用制と，成長の成果を賃上げで配分する姿勢を示し，労働側も生産性の向上に協力するなど労使協調的な労使関係が主流になっていった。無論，その背景として，1950年代後半と1960年代の高度経済成長から石油ショック後の中程度の成長に続く右肩上がりの経済があった。

　ただ，賃金についても1960年代後半以降**職能給**という勤続年数の年功を基礎としつつ，経験・教育研修・能力を反映させる各役職の等級を定め，能力や成果を反映して昇給・昇格に差をつける方式に変わっていった。このように企業内において教育研修と多様な職場経験を経て中長期的に労働者の生産性を高め，それを賃金・昇進に反映する**内部労働市場**で人材を養成する「**メンバーシップ」型の雇用制度**が日本の特徴とされる。賃金上昇や雇用安定など労働者に有利な部分もあるが，残業命令や転勤命令など企業側の強い職務命令権限に服すことも求められている。

　欧米でも公務員や企業の中核的人材において内部労働市場的な人材の育て方が見られるが，一般には「**ジョブ（職務）型**」雇用といって，職務内容が限定的に決められ，その変更は，昇進や労使間の合意がなければ行われず，職務内容が変わらない限り，成果による給与の上下はあっても基本的な給与が勤務年数で上昇する要素は小さい。また，企業間の労働移動が盛んで，中堅職員や管

理職についても同業他社や他の企業での経験・実績を踏まえて外部から調達し，同一の職務内容なら長年企業で勤務した者も企業外から採用された者も差をつけず**外部労働市場**で人材を調達する。また，**産業別・職務別労働組合**が発達しており，経営側団体とこれらの労働組合が企業の枠を超えて同一職務の賃金のベースを交渉で決めるため，**同一労働同一賃金**が達成しやすい。

　日本の労働省も60年代までは企業間の労働者移動や外部労働市場の育成を目指す傾向が(2)あったが，1973年の石油ショックで雇用環境が悪化すると，1974年に失業保険法を雇用保険法に改正し，景気悪化時に解雇せず休業給付を支給し雇用維持した時にその費用の一部を助成する**雇用調整助成金**制度を創設する等，日本型雇用を推進する方向へ方針変更した。

　また，司法の世界でも「使用者の解雇権の行使も，それが客観的に合理的な理由を欠き社会通念上相当として是認することができない場合には，権利の濫用として無効になる」（最高裁1975年4月25日判決，日本食塩事件）という**解雇権濫用法理**が判例上確立し，後に2003年労働基準法第18条の2に成文法化され，2007年の労働契約法制定とともにその第16条に規定されている。この解雇が有効になる合理的理由とは，①病気等による労務提供不能や労働能力の低下・喪失，長期の無断欠勤や勤務成績の著しい不良，②労働者の非行や規律違反等(3)と解釈されており，かつその程度が社会通念上相当と是認されることを要する。もう一つは③経営不振による整理解雇や会社解散がこれに当たる。

　整理解雇とは労働者を指名して解雇するいわゆるリストラだが，これについては1970年代以降の判例(4)の積重ねで**整理解雇の四要素**(5)として，次の四つの事項について判断が行われることが通常である。①経営不振で人員削減の必要性があること，②企業側の整理解雇回避努力義務が十分果たされたこと，具体的には整理解雇前に，配転，出向，一時帰休，希望退職者の募集等を行ったこと，③整理解雇対象者の選定に妥当性があること，具体的には欠勤・遅刻・規律違反の回数等の勤務成績が悪い者，勤続年数等企業貢献度が少ない者，年齢が若く経済的打撃が低い等，客観的合理的な基準に基づくこと，④労働組合や労働者に整理解雇についての十分な説明や話合いが行われたという手続の妥当性が

第6章 「日本型雇用」の変質と労働政策

あること，とされている。

3 「日本型雇用」の変質

3.1 非正規雇用の拡大

日本型雇用が当てはまるのは正規雇用だけだが，総務省「労働力調査」によれば，雇用者数は人口増もあり1990年の4369万人から2014年の5240万人に増加したが，その間正規雇用者は3488万人から3270万人と218万人減少し，非正規労働者は881万人から1962万人と1081万人増加している。唯一非正規雇用の比率が低下したのは，2008～09年のリーマンショック時に非正規の有期契約を更新しない雇止めや派遣契約の解除による派遣切りがあった時だけである。非正規雇用の比率は，2014年には37.4％と3分の1を超えるまでに至っている。

非正規雇用は，雇用期間が数か月，1年等と限定され，更新される保障がない**有期雇用**も多く，雇用が不安定という不利な要素がある。

また，非正規は職務が限定されたジョブ型雇用で，一般雇用者と異なる契約であることから，高卒初任給程度で採用され，月給制でなく働いた時間に応じた時間給制をとることが多い。このため一般労働者の月収が平均40万9796円であるのに対して，パート労働者は9万6991円である。

この非正規雇用政策の在り方については第7章で詳しく検討したい。

3.2 労働組合組織率の低下と個別労働紛争（解雇事案等）の増加

労働法の世界では労働者の実質的な交渉力を強めるために労働組合を組織する**団結権・団体交渉権・団体行動権**を保障しているが，厚生労働省の「労使関係総合調査」(2014) によると，**労働組合組織率**は1970年の35.4％から2014年の17.5％まで低下した。そして労働者の43％が働く100人未満の企業規模ではその組織率は1％である。このように企業内に労働組合がない労働者の支援団体として地域労働組合のコミュニティ・ユニオンの活動が活発化している。このコミュニティ・ユニオンに加入し，組合員としてユニオンとともに事業主に

団体交渉を申し入れている。このように労働組合と企業の紛争の形をとって，労働委員会にあっせんや団体交渉の拒否等の不当労働行為事件として解決を依頼する「実質的個別労働紛争」が増加し，労働委員会が取り上げる事案の3～4割に上ると言われている。

一方，企業の人員整理が活発化した1990年代後半から労働者個人と企業が労働関係で争う**個別労働紛争**の件数は増加している。最高裁判所事務総局行政局の「労働関係民事・行政事件の概要」によると，全国の地方裁判所が受けつけた労働関係訴訟と労働関係仮処分の件数は，1991年の1000件前後から2010年に4000件となった。さらに2004年に労働審判法が制定され，地裁で裁判官と労使実務家の労働審判員の3人構成により原則3回で簡易迅速な調停や審判を行う**労働審判**制度が創設されたが，その件数も2011年には3500件に増加し，地裁の労働関係訴訟・仮処分件数と合わせて7000件規模に達している。

また，2001年に制定された**個別労働紛争解決促進法**に基づき，都道府県労働局による行政的な総合相談，労働局長の指導・助言，紛争調整委員会による**あっせん**など行政機関による紛争解決の努力が行われている。2015年度には，個別労働紛争相談件数は24.5万件で相談内容はいじめ・嫌がらせが6.7万件（22.4％），解雇3.8万件（12.7％），自己都合退職3.8万件（12.7％），となっている。労働局長の指導・助言9000件のうち，いじめ・嫌がらせ2049件，解雇は1180件，自己都合退職が962件，労働条件引き下げが804件である。紛争調整委員会のあっせん申請は4775件，うちいじめ・嫌がらせ1451件，解雇が1318件，非正規雇止めが498件，退職勧奨が368件である。

②で正社員は**解雇権濫用法理**で守られていると述べたが，裁判は時間がかかり，労働審判や行政上の相談，あっせん等で解雇の救済を求めている者が多い。先行研究によると，2008年度の全国4労働局でのあっせん事例1444件の内容は解雇40.2％，非正規雇止め9.5％など雇用終了案件は66.1％，さらにいじめや転勤で退職に追い込まれたと主張する準解雇も含めると73.3％に上る。あっせんは事業主側に応諾義務もあっせん案受入れ義務もないので，あっせんによる解決は346件（30％）にとどまっていた。このように，正社員も含めて

第6章 「日本型雇用」の変質と労働政策

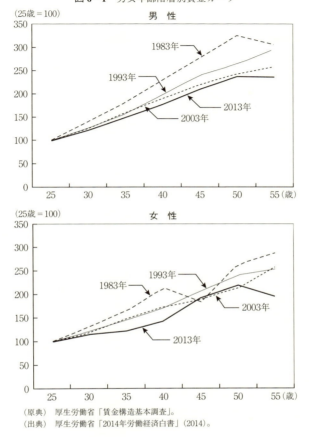

図6-1 男女年齢階層別賃金カーブ

(原典) 厚生労働省「賃金構造基本調査」。
(出典) 厚生労働省「2014年労働経済白書」(2014)。

解雇権濫用法理により雇用が完全に守られているとはいい難い。

3.3 年功賃金要素の減少

正規雇用の多くは**年功賃金**であるというが，女性は若くしてやめたり昇進機会が少なく変則的カーブとなっている。また男性も女性も年齢上昇とともに賃金が上がる年功による上昇カーブの傾きは近年低下している（図6-1）。

日本生産性本部「日本的雇用・人事の変容に関する調査」(2014)によると

直近になるほど**職能給**を基本としつつ，**役割・職務給**の要素が増え，年齢・勤続給の要素が減っている。1999年から2013年の各要素を取り入れた企業の比率は，管理職では職能給要素は80.9%から69.2%に，年齢・勤続給要素は2001年の32.2%から25.6%に低下しているのに対して，役割・職務給要素は21.1%から76.3%に増加している。

非管理職では職能給要素は85.2%から81.1%と少し減少し，年齢・勤続給は76.2%から62.3%に減少しているのに対して，役割・職務給要素は17.7%から58.0%に急増している。

今後は年齢・勤続給の要素があっても比較的若い年齢層でその上昇が止まり，欧米のように役割・職務給の要素が強まり，昇進や責任ある職務に就かない限り基礎的な給与水準が上がらない傾向が強まる可能性が高い。

4 雇用流動化政策をめぐる議論

2012年の安倍内閣は，アベノミクス第三の矢で成長戦略を打ち出している。

成長の種となる産業の振興の他，成長を妨げる規制改革が主張されているが，この章では規制改革のうち①雇用維持型から**雇用流動化支援型**への政策転換[9]と，②金銭的解決制度を含む解雇ルールの明確化の検討を取り上げたい。

4.1 雇用流動化支援型への移行をめぐる議論

その内容は，雇用維持した企業を支援する**雇用調整助成金**を縮小する一方，転職支援を行った企業や労働者を受入れた企業に助成する**労働移動支援助成金**を拡大して2015年度までの3年間でその比率を逆転することで，雇用流動化を図るというものである。その論拠は，①成長力がない企業から成長力がある企業に雇用を移転すれば国の成長力が増す，②労働生産性の高い企業に雇用が移転するので労働生産性が増す，③労働生産性が上がれば賃金も上昇し消費を通じ経済も好転する，というものである。

これらに疑問を呈する議論としては，賛成派の論拠②に関して雇用は必ずし

第6章 「日本型雇用」の変質と労働政策

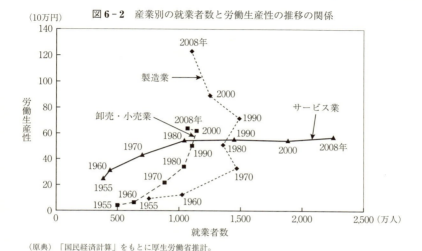

図6-2 産業別の就業者数と労働生産性の推移の関係

（原典）「国民経済計算」をもとに厚生労働省推計。
（出典）厚生労働省「平成22年版労働経済の分析」(2010)。

労働生産性の高い産業に流れるわけではないという有力な主張がある。

厚生労働省の「平成22年版労働経済の分析」(2012)の分析でも1990年から2008年に高い労働生産性の伸びを示している製造業で就業者数が減少し，労働生産性の伸びの低いサービス業で就業者数が増えている（図6-2）。そして2016年の総務省の「労働力調査」によれば，サービス業等の第三次産業では雇用が不安定で賃金が低い**非正規雇用**の比率が40％程度と高い（製造業26.5％）。

通常転職すればこれまで培った労働能力が生かせず，賃金も下がることが多い。厚生労働省「平成26年版労働経済の分析」(2014)によると，離職者全体で転職後賃金が減少した者は40％近くで，賃金が上がった者の25％程度を上回る。特に会社都合の転職の場合は賃金減少が5割近くとなり，上昇者は2割を下回る。このように転職による賃金低下リスクは高い。

実際に**雇用調整助成金**から**労働移動支援助成金**という政策転換はうまくいっているのであろうか。**表6-2**にあるとおり，予算額では日本再興戦略で約束したように2015年度予算で雇用調整助成金192.7億円を労働移動支援助成金349.4億円と上回らせたが，2014年度の労働移動支援助成金の決算額は5.9億円で

89

第Ⅲ部 就労年齢層の政策:雇用・所得保障・租税等

表6-2 雇用調整助成金と労働移動支援助成金の予算と決算による実績推移

		2012年度	2013年度	2014年度	2015年度
雇用調整助成金	予算	252.2億円	1,175.4億円	545.2億円	192.7億円
	決算	1,136.3億円	541.1億円	69.6億円	—
労働移動支援助成金	予算	3.6億円	1.9億円	301.3億円	349.4億円
	決算	2.4億円	2.0億円	5.9億円	—

(出典) 厚生労働省労働政策審議会雇用保険部会「雇用保険二事業について」2012年11月, 2013年12月, 2014年12月, 2015年11月各資料。

301.3億円の予算の2%しか執行できていない。

労働移動支援助成金の内容を概説すると、送出し側の企業については、再就職援助計画を作成し、外部業者に再就職の指導・訓練等の事業を委託した場合に、**再就職支援奨励金**を支給する。委託時に一部を助成し、再就職が実現した場合、企業規模や労働者の年齢により委託費用の5分の4～2分の1を補助するとともに、訓練等を行っている場合は加算する。求職のため休暇を与えた場合もその休業手当の一部を助成する。また受入れ企業側には、**受入れ人材育成奨励金**として、離職から3か月以内に期間の定めのない労働者として雇い入れた企業に助成金を出すとともに、1年以内に雇い入れた企業が訓練を行った場合に訓練時間に応じた賃金助成を行う。

2014年度に予算を大幅増額する際に再就職支援奨励金について、委託時と就職実現時の2段階支給としたり、対象事業所を中小企業以外に拡大する等の改善を行うとともに、受入れ人材育成奨励金を創設する等改善を行ったが、2014年度決算の実績は改善していない。2015年度途中の実績は公表されていないが、2016年度概算要求額を153億と縮小していること等から、あまりよくないのではないかと思われる。

ただ労働移動が労働生産性を上げるかどうかは別として、賛成論拠の①のように、グローバル化や産業構造の変化で成長が期待できなくなった産業・企業から、雇用が必要な産業・企業に、円滑に労働移動させることが必要なことは確かであろう。従来の雇用調整助成金のように企業内や企業グループ内での配転・出向や一時的景気停滞による生産低下を休業手当でしのぐだけでは難しい

第6章 「日本型雇用」の変質と労働政策

状況が生じている。

今回の労働者移動支援助成金については,特に送出し企業側の奨励金について,理論的には章末注(10)の今井論文で述べている経済学の人材資本理論から,民間では自分の企業の役に立たず他の企業に役立つ一般的な訓練には力を入れないことから,送出し側企業の訓練に期待することは難しいと考えられる。送出し側については,再就職のための求職活動の休業に補助する制度は良いと思われるし,受入れ企業側に対して,無期契約で早期に雇用した場合や採用時の訓練に対して補助する仕組は適切と思われる。

さらに北欧の積極的労働市場政策のように,公的主体が産業界等と連携して,産業界,企業,労働者が必要とする職業訓練を行うことを補助したり,外部労働市場で労働者の能力が正当に評価されるように,各業界で必要な資格・能力を判定評価する制度の充実が必要であろう。

4.2 金銭的解決制度導入等,解雇の規制緩和をめぐる議論
①解雇ルールの「明確化」をめぐる議論の経緯

解雇ルールについて今までも何度か厚生労働省の審議会・研究会で議論されている。経済界は,解雇ルールが判例のみで不明確,簡便かつ明確に規定すべき,**金銭解決制度**が導入できないかという主張を繰り返し述べ,労働側は雇用者側の都合で,不十分・不適切な理由による不当解雇が金銭で解決され,促進されないかという慎重論を主張する形で対立してきた。

(ⅰ)2001年労働政策審議会労働条件分科会と労働基準法による成文化

2001年厚生労働省労働政策審議会労働条件分科会で「今後の労働条件に係る制度の在り方について」検討が行われた。経済界は,解雇の基準やルールについて立法で明示することや解雇の際の金銭賠償方式という選択肢を導入する可能性を検討することを求めたが,最終的には2003年の労働基準法の改正で解雇権濫用法理の判例をそのまま第18条の2で成文法化する改正が行われた。

(ⅱ)2005年今後の労働契約法制の在り方に関する研究会と労働契約法の制定

2005年9月15日に厚生労働省の「今後の労働契約法制の在り方に関する研究

会」が報告書を取りまとめ，労使双方の意見を両論併記しつつ，いくつかの点で議論を進めようとしたが，2006年の労働契約法制定に伴い，労働基準法第18条の2の解雇濫用法理の規定を労働契約法第16条に移しただけで，それ以外の整理解雇や解雇の金銭的解決の論点については「引き続き検討」(「労働政策審議会答申」［2006年12月27日］) とされて終わった。

(iii)透明かつ公正な労働紛争解決システム等の在り方に関する検討会

アベノミクスの成長戦略を検討する産業成長力会議の当初の出だしは2013年3月15日「人材力強化・雇用制度改革について」の民間委員の長谷川主査によるメモでは解雇ルールの明確化として民法第627条の「解雇自由の原則を労働契約法にも明記」し「判例に基づく解雇権濫用法理による解雇ルールを見直す」と，労働契約法の趣旨や判例の議論を全く考慮しないような経済界の要望にそった考えを示していたが，閣議決定された「『日本再興戦略』改訂 2014」(2014年6月24日閣議決定) では，予見可能性の高い紛争解決システムの構築や「あっせん」「労働審判」「和解事例」の分析で，透明で客観的な労働紛争解決システムを構築するという抑えた表現になっている。これを受けて厚生労働省に2015年10月から「透明かつ公正な労働紛争解決システム等の在り方に関する検討会」が置かれ，労使代表や学識経験者を委員として検討が開始されている。

②様々な解雇紛争解決制度の実態と議論の論点

(i)日本の紛争解決方法による解決実態の比較

検討会では労働事件について都道府県労働局の**あっせん**，**労働審判**，**訴訟上の和解**の実態について，労働政策研究・研修機構に調査を依頼し，2012〜13年度の一部のあっせん，労働審判，訴訟上の和解の結果を分析している。あっせん，労働審判，訴訟上の和解の順で正社員の利用比率が高くなっている。あっせんは当事者不参加や一方が不同意の場合は解決せず，あっせんで解決されたのは受理857件中324件 (38%) にとどまっている。①あっせん，②労働審判，③訴訟上の和解の順で解決期間は短いが，解決金の水準はその順番で低い (**表6-3**)。

上記の3方法においては，金銭解決率は9割以上だが，訴訟については，最

第6章 「日本型雇用」の変質と労働政策

表6-3 労働局あつせん・労働審判・訴訟上の和解で終結した解雇紛争の実態

	申請者の正社員比率	利用期間（中央値）	事案発生解決期間（中央値）	金銭解決率	解決金額分布	解決金中央値	解決金賃金月数中央値
あっせん	47.1%	1.4月	2.1月	96.6%	過半数20万円未満	15.6万円	1.1月分
労働審判	75.7%	2.1月	5.1月	96.0%	50～200万円 50%	110万円	4.4月分
訴訟上の和解	79.8%	9.3月	14.1月	90.2%	50～1000万円 分散	230万円	6.8月分

(出典) 濱口桂一郎・高橋洋子「労働政策研究報告書 No.174」労働政策研究・研修機構 (2015)。

高裁判所の「司法統計」によれば2013年度の第一審終局事案947件中，和解444件 (46.9%) に対して，判決まで至ったものが355件 (37.5%)，うち解雇無効が認められた認容判決が195件 (20.6%) あり，これについて最終的に金銭解決で終わったかどうかがわからないため，金銭解決がすべてではない。

(ii)先進各国の解雇解決ルールの比較

経済界の主張では日本は雇用が守られ過ぎているとか，グローバルに通用する解雇ルールであるべきという主張もあるようだが，OECD の *Employment Outlook 2013* の労働者保護制度を点数化して比較した分析によれば，日本はOECD 平均の2.29より下で保護法制は弱く，欧米の主要先進国の中で比較すればアメリカ，イギリスなど自由主義傾向の強い国よりは保護度は強いが欧州大陸の主要先進国よりは弱い（図6-3）。

また，厚生労働省の「透明かつ公正な労働紛争解決システム等の在り方に関する検討会」第一回 (2015年10月29日) の資料 No.3の中のアメリカ，イギリス，ドイツ，フランス，イタリア，スペイン，デンマーク，オーストラリア，韓国の9か国の解雇ルール制度の比較によれば，アメリカを含め9か国すべてで性・年齢・人種等による差別，産前産後・育児休業，公益通報，使用者への申立て，労働組合への参加・組合活動を理由とする解雇は法律で禁止されている。また，アメリカ以外の8か国では日本の客観的合理的理由と同様，解雇に正当な解雇事由の存在を必要としている。そしてそれら8か国で解雇の正当な事由がない不当解雇の主張が認められた場合は，原職復帰と解雇期間中の逸失賃金の支払いと，補償金ないし損害賠償の支払いによる解決が選択的に可能とされ

図 6-3 OECD 諸国の労働者の保護法制の強さの比較

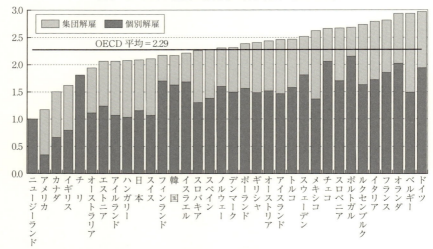

(出典) OECD, *Employment Outlook 2013*, Chapter 2, Figure 2.6.

ている。他方その選択の判断基準については，イギリスでは裁判所が労働者の希望と原職復帰の実現可能性を勘案して決定され，ドイツでは不当解雇の場合原職復帰を原則とするが労働継続が期待できない場合は事業主に補償金支払いが命ぜられ，フランスでは従業員10人以下の企業では損害賠償により解決され，11人以上の企業では原職復帰が可能だが労働者・使用者が応じない場合は損害賠償で救済されるとしている。さらに補償金の算定については，イギリス，フランスでは算定式は定められていないが，イギリスでは下限と上限額が，フランスでは最低保障額が定められ，イタリア，スペインでは勤続年数を基礎とする算定式が定められているなど国によって多様である。

(iii) 議論の論点

経済界は判例や労働契約法の解雇権濫用法理を改正できなくても，あっせんや労働審判等の分析で解釈を緩和できればいいと考えているのだろうが，労働側としては成文法の改正はもとより，解釈を緩和することにも反対すると思われる。

経済界は，**金銭解決制度**の基準の導入で早期に解決することを促進したいの

だろうが，労働側は，補償金の最低限度額が不当解雇において，標準の解決金となって濫用的に進められるのではないかと警戒感を持っている。ただ中小企業の経営者の中には高い最低限度額が決められることで，現状より解雇費用がかさむことを恐れる意見もあり，経営側も一枚岩ではないと思われる。

　他方，解雇は労働契約法や判例法理上違法で無効な解雇とされても労働時間違反や残業代不払いのように刑罰で規制されるわけではなく，民事裁判で違法とされ原職復帰や損害賠償の主張が認められるだけである。そこで裁判を起こす時間的・金銭的余裕がない労働者に対して，訴えられるなら訴えてみろという態度を企業側がとる等不当な解雇が行われやすい状況も見受けられる。

　前注(8)濱口氏（2012）の2008年度解雇にかかわるあっせん事例の調査結果によれば，解雇理由の中には判例上合理的と認められがたい，労働者発言に対する制裁3.3％，労働条件変更拒否の制裁6.0％，労働者の態度19.9％が見られる等，不当な解雇もあると思われる。

5　まとめ：「日本型雇用」の変質と雇用流動化政策の議論

　1990年代以降，経済低迷の中で非正規雇用の増加，賃金や物価のデフレ，失業率や有効求人倍率等の雇用の弱い状況が続いた。

　こうした中で，**日本型雇用**は，その特徴が該当しない**非正規雇用**の増加，雇用整理による**個別労働紛争**の増加，賃金の年功要素の減少により，変質しつつある。

　こうした中，近年第一に，雇用維持から**雇用流動化支援**を促進する政策が打ち出されているが，必ずしも生産性の高い企業に移ることを意味しないとともに，企業に対する助成金の実績はあまりうまくいっていない。他方，グローバル競争の中で日本の産業・企業の変化は激しく，企業グループ内での雇用維持では困難な状況も見られるので，官と産業界が連携した訓練や労働者の能力評価制度の充実等，雇用の円滑な移動を支援する政策の充実は必要と思われる。

　第二に，経済界の解雇規制の緩和や**金銭解決制度**の導入の要求には，労働側

の不当な解雇が促進されることに対する警戒や反対論も根強い。他方，裁判に訴えることができずに，解決率が低いあっせん制度や解決金水準が低い制度での解決によらざるを得ない労働者の状況も見られる。訴訟以外の紛争解決制度の効力の強化やその解決金水準の改善等について，労使の建設的な議論が行われることが期待される。

注
(1) 濱口桂一郎『新しい労働社会――雇用システムの再構築へ』岩波新書（2009）が詳しい。
(2) 1965年労働省雇用審議会答申「近代的労働市場の形成」では日本の年功序列型の雇用慣行を改善し，職業能力と職種を中心とした欧米に似た労働市場を形成して労働力の流動性を向上させるべきという考え方が示されている。
(3) 裁判所は会社側の強い人事や職務命令権を是認しており，自己の体調不良や家族の重大な病気等の理由がなく，残業命令を拒んだり（最高裁1991年11月28日判決，日立製作所武蔵工場事件），配置転換命令を拒んで（最高裁1986年7月14日判決，東亜ペイント事件），懲戒解雇された場合について企業側の主張を認めている。
(4) 代表的な判例として東京高裁1979年10月29日判決，東洋酵素試験事件がある。
(5) 当初は4要件としてすべてが満たされることを求める判例が主流であったが1990年のバブル崩壊後の人員削減の増加の中で有効性を判断する4要素としてそれらに関する総合的事情でやや緩やかに判断する判例が増加している。
(6) 厚生労働省「毎月勤労統計調査」（2014）。
(7) 厚生労働省「平成27年度個別労働紛争解決制度の運用状況」（2016）。
(8) 濱口桂一郎『日本の雇用終了――労働局あっせん事案から』労働政策研究・研修機構編（2012）。
(9) 「日本再興戦略――Japan is Back」2013年6月14日閣議決定，29-31頁。
(10) 今井亮一「労働移動支援政策の課題」『日本労働研究雑誌』第641号，労働政策研究・研修機構（2013）。
(11) 厚生労働省「平成26年版労働経済の分析」（2014）170頁，第3-(1)-19図。
(12) 濱口桂一郎・高橋洋子「労働局あっせん，労働審判及び裁判上の和解における雇用紛争事案の比較分析」『労働政策研究報告書』No. 174，労働政策研究・研修機構（2015）。

第7章　非正規雇用政策

　この章では**非正規雇用**について，取り上げたい。まず，非正規の特徴とその増加原因について考察する。次に，有期雇用，パートタイム雇用，労働者派遣にわけて非正規雇用の規制をめぐる議論を検討する。さらに，多様な正規雇用や同一労働同一賃金等の格差縮小の動きを検討したい。

1　非正規雇用の特徴と増加の原因

1.1　非正規雇用の特徴

　日本型雇用があてはまるのは正規雇用だけだが，あてはまらない非正規雇用の比率が，2014年には37.4％（総務省「労働力調査」）にまで増加している。

　正規雇用は，雇用契約期間に限定がない無期契約，法定労働時間を基本的な労働時間とするフルタイム，労働に関する指揮命令をする使用者と雇用主が同じである直接雇用の特徴がある。

　非正規とは，労働契約上正規でない者として雇われる者であり，雇用期間が数か月や1年と限定され，更新の保障がない**有期雇用**，1日や週の労働時間がフルタイムでない**パートタイム雇用**，派遣のように雇用主と職場で指揮命令を受ける使用者が異なる**間接雇用**の特徴のいずれかまたは複数を持つことが多い。また，勤務場所や職務内容が限定される**ジョブ型雇用**が多い。

　有期雇用については，契約期間終了で雇用を打ち切ることは，原則として法律上正当と認められている。このため，企業側にとっては労働需要の変化で雇用量を調整しやすい利点があるが労働側にとっては雇用が不安定という不利がある。また，パートタイム雇用等非正規は，高校卒の各職種の初任給程度で採

97

用され，働いた時間に応じた時間給制をとる場合が多く，**年功賃金**制や賞与制度もないことが多いため，賃金が低く，昇給・昇進機会が少ない。さらに**ジョブ型雇用**は，教育・研修機会の差につながり，2013年度に OFF-JT（雇用現場外の教育研修）を実施した事業所は正規労働者で72.4％だが，非正規労働者では34％であり，計画的な OJT（職場での教育研修）を実施した事業所は正規労働者で62.2％に対し，非正規労働者は31.1％にとどまる。[1]

1.2 非正規雇用の増加原因

非正規労働者が，現在のように増えた原因は何であろうか。

第一の仮説として，政府が経済界の要望を入れて**労働者派遣法**の制定や要件の緩和を行ったからであろうか。労働者派遣法ができたのは1985年であるが最初は専門職に限定され数も少なかった。1999年に製造業を除く多くの職種に解禁されたがその時点では28万人にとどまっていた。その後2003年に製造業にも解禁されているが，2014年でもその数は119万人である。1999年から2014年の非正規雇用の694万人の増加はパート・アルバイト（278万人増）や契約・嘱託その他（326万人増）の方が大きい（総務省「労働力調査」）。

第二の仮説として，女性が共稼ぎとなったことや，定年以降働く高齢者が増え，主婦パートや継続雇用としての契約・嘱託が増えたのであろうか。

確かに女性や55歳以上の男性の非正規の増加は多い。また15〜24歳では高等教育進学率の上昇により学生が増えアルバイトが増加した面はある。しかし，男性，女性ともに25〜54歳の非正規雇用比率が増えている（**表7-1**）。

さらに，非正規雇用者のうち「正社員として働ける会社がなかったから」という理由で非正規雇用者となったいわゆる**不本意非正規**と言われる者の割合は，1999年の14.0％から2014年には18.1％と増加し，特に25歳から34歳の若者では28.4％となっている。[2]

第三に経済社会の状況変化で，非正規雇用者が増えたのであろうか。その理由として言われているのは，①サービス経済化，②経済のグローバル化や新興国の追上げによる製造業の雇用減少，③競争の激化による企業業績の変動幅の

第7章　非正規雇用政策

表7-1　非正規労働者の男女別・年齢別推移

男　性	1990年2月		2014年10〜12月		女　性	1990年2月		2014年10〜12月	
	非正規雇用者	非正規率	非正規雇用者	非正規率		非正規雇用者	非正規率	非正規雇用者	非正規率
全　体	235万人	8.8%	642万人	22.2%	全　体	646万人	38.1%	1361万人	57.0%
15〜24歳	66万人	19.9%	111万人	47.2%	15〜24歳	69万人	20.7%	131万人	55.0%
25〜54歳	70万人	3.6%	232万人	11.7%	25〜54歳	494万人	41.8%	865万人	53.2%
55歳以上	100万人	26.7%	299万人	43.6%	55歳以上	81万人	45.5%	366万人	69.8%

（出典）　総務省「労働力調査」(1990, 2014)。

増大，④IT技術の進歩等が言われている。

①サービス産業化について言えば，総務省「国勢調査」によれば，雇用者中第三次産業比率は，1990年の59%から2014年には72%となっている。そしてサービス業は，休日・夜間サービスがあり，需要の季節・時間による差が大きいため，パートタイム労働が適している。また，販売・飲食等はマニュアル的教育・研修で対応できる内容が多いため，パートタイム雇用や派遣等で対応しやすい。サービス業の雇用増は，非正規の増加原因の一つと思われる。

②グローバル化による新興国の追い上げで正規雇用が多かった製造業の雇用が減少した点については，厚生労働省「平成26年版労働経済の分析」(3)によると，輸入品浸透率が1990年から2010年に増加した業種で就業者が減少している。

　　繊維産業　　　　　　　　　輸入浸透率6%→90%　　就業者減少数46.7万人
　　その他製造業（印刷・皮革等）　輸入浸透率11%→42%　　就業者減少数37.8万人
　　電気機械器具製造　　　　　輸入浸透率5%→53%　　就業者減少数39.6万人

③は，90年代以降の長期不況で，生産額の変動が激しいと，雇用調整しやすい有期雇用を増やし，解雇制限が大きい正規雇用を減らす傾向が見られる。

④は，IT技術革命で会計事務等従来企業ごとで異なっていた方式の統一化やマニュアル化が進み，正規雇用者が担っていた業務を非正規雇用者に置換え可能になったと言われている。

この③,④の傾向についても,厚生労働省「平成26年版労働経済の分析」によるとIT装備率や生産額の変動の大きさ(平均値からの変動幅である標準偏差)が大きい業種で非正規雇用が多くなるという傾向が分析され,IT資本装備率が1％上がると非正規雇用比率が0.059上昇し,生産額の変動幅の大きさを表す標準偏差が1％上昇すると非正規雇用比率が0.041上がる相関関係が推計されている。

このような経済環境の変化が原因だとすると,非正規雇用が増加の是正はなかなか難しい。そうであれば非正規雇用と正規雇用の格差を縮小させる政策議論が重要になる。

2 非正規雇用の法規制(1):有期雇用

2.1 有期雇用規制の経緯と実態

戦前風俗営業等で人身拘束的機能を果たしたため,戦後労働基準法では有期雇用の上限を1年(1947年)とした。その後人身拘束のおそれは小さく,労使双方に1年を超える有期契約のニーズが高まっているとして,1998年労働基準法の改正で上限3年とし,さらに2003年改正で原則上限3年としつつ,専門的知識等を要する業務,満60歳以上の労働者については5年とした。

有期雇用の問題は,雇止めが可能で雇用が不安定なことである。この件に関する判例としては,有期契約の臨時工として雇われ,景気が良い時には簡易手続で契約が反復更新され続け,真面目に働いていれば働き続けられると言われながら景気後退時に雇止めされた事例(最高裁判決1974年7月29日,東芝柳町工場事件)で,反復更新の事実と無期契約と同様の扱いを期待させる使用者側の言動がある場合に,**解雇権濫用法理**を類推すべきという判断を示し,余剰人員の発生等やむを得ない特段の事情がなければ雇止めはできないとされた。これは雇止めに関する労働契約法の成文規定化につながるが,その後企業では契約手続を厳正化し,更新が当然と期待させる扱いをとらなくなったため,この法理で救われるケースは減少している。

第7章　非正規雇用政策

　他方，EU加盟国では1999年の有期労働に関するEU指令[6]で有期雇用契約について，①客観的根拠によって正当化されない限り比較可能な常用労働者より不利な扱いを受けない（**不合理な差別禁止**）ようにすべきこと，②加盟国は，1）有期契約の更新を正当化する客観的理由のある場合に有期契約を認めるか，2）契約の総継続期間の上限を決めるか，3）更新回数の上限を設けるか，のいずれか一つ以上の対策をとるべきとされている。これを受けてイギリスは4年を超えると無期契約に移行し，スウェーデンでは3年を有期契約の総継続期間の上限としている。ドイツは58歳以上の高齢者や新規採用の場合の2年契約（新設企業の場合4年）を例外として，正当な理由がない有期契約を禁止し，フランスも有期契約に正当な理由を要求し，その理由により上限を9か月から24か月としている。なお，アメリカには有期契約に関する規制はない。

　厚生労働省の「平成23年有期労働者実態調査（事業所調査）」によると常用労働者の22.5％が有期労働とされている。有期労働者実態調査（個人調査）によれば，有期契約のうちパートタイマー及びアルバイトが62.3％，派遣労働者が7.2％，契約社員・期間工・嘱託社員・その他が30.4％となっている。契約期間では3か月未満が15.2％，3か月超〜6か月以内が21.3％，6か月超〜1年以内が48.6％，1年超が14.9％となる等1年以下が8割以上である。

　事業所調査によると事業主側が有期労働者を雇用する理由の上位三つは①業務量の中長期的変動に対応するため47.7％，②人件費を抑えるため41.5％，③業務量の急激な変動に雇用調整するため27.3％となっている。個人調査によると労働者が有期雇用を選んだ理由の上位三つは①仕事の内容・責任程度が希望とあっていた44％，②勤務時間・日数が短く自分の希望とあっていた43.1％，③正社員の働き口がなかった（**不本意非正規**）30.2％となっている。

2.2　リーマンショックの雇止めに対する労働契約法改正をめぐる経緯

　リーマンショック後の不況で派遣や有期雇用の雇止めが見られたため，厚生労働省の有期労働契約研究会（2009年2月〜2010年8月）とそれを引き継いだ労働政策審議会労働条件分科会（2010年10月〜2011年12月）で検討された。そこで

は，労働側が合理的理由がない限り有期契約を規制することや更新回数・契約期間の上限規制を求めたのに対して，使用者側は規制を強くすれば雇用が減ると反対した。また契約期間の途中に一定の空白期間があった場合に契約期間の算定を最初に戻すクーリング期間の設定について労働側は反対，使用者側は賛成としている。

　議論の末，2012年8月に労働契約法の改正として，有期雇用の反復継続による**無期雇用契約への転換**が規定された。その内容は次のとおりである。

　①有期契約が反復更新され，契約期間が通算5年を超え，労働者が無期契約の申込みをした時は，使用者はその申込みを承諾したものとみなす。つまり労働者が申し込めば無期契約に転換できる。その場合の契約内容は今までの契約と契約期間以外は同じ労働条件とする。ただし，クーリング期間（原則6か月）の規定は設けられた。

　②反復更新の事実があり，かつ雇止めが無期契約の**解雇権濫用**と同視し得るようなケースや労働者が有期契約の更新を期待する合理的な理由がある場合には，従前の有期契約と同一条件で労働者の申込みを承諾したものと見なすという規定が設けられ，判例が法律化された。

　③有期契約であるという理由だけで無期契約者との間で不合理な労働条件の差があってはならない（**不合理な差別禁止**）。これに違反すればその部分は無効となり，不法行為として損害賠償の対象になる。ただし，不合理かどうかは，労働者の業務内容や責任の程度等の職務の内容に差があるか，職務内容や転勤など配置変更の範囲に差があるか等の事情を考慮して判断すると規定されている。

　その後，研究機関や大学職員の有期契約の無期化の上限を通算5年から10年に延長する「研究開発システムの改革の推進等による研究開発能力の強化及び研究開発等の効率的推進等に関する法律および大学の教員等の任期に関する法律の一部を改正する法律」が制定され，2014年4月から施行された。

　また，高度専門技術者について，上限を5年から10年にするとともに，定年後有期雇用で継続雇用される高齢者については，5年を超えても無期契約化し

ないことを内容とする「高度な専門的知識等を有する有期雇用労働者等に関する特別措置法」も制定され，2015年4月1日から施行されている。これらは規制に対する一部揺り戻しと言える。

2.3 有期雇用の無期化及び不合理な差別禁止の評価

　これらの改正の効果について，労働政策研究・研修機構が2013年7月に常用労働者50人以上を雇用する2万社を対象に行ったアンケート調査で7179社から回答があった結果(7)によると，フルタイム労働者については対応未定（38.6％）が最も多かったが，方針を決めた中では，通算5年を超えないよう雇止めするは14.7％にとどまり，5年を超える者から申込みがなされたら無期に変えるが28.4％，適性を見ながら5年を超える前に無期契約とするが12.8％となっている。パートタイム労働者については方針未定が35.3％，5年を超える前に雇止めが12.9％，5年を超える者から申込みがなされたら無期に転換が27.4％，適性を見ながら5年を超える前に無期契約とするが7.0％となっている。一部に規制を避けて5年未満で雇止めする対応が見られるものの，無期転換により処遇改善につながる効果も見られるようである。

　有期を理由とする**不合理な差別禁止**規定は，どのような格差が不合理なのか，比較する正社員の処遇内容との違いを含めて議論を深める必要がある。

③　非正規雇用の法規制(2)：パートタイム雇用

3.1　パートタイム労働規制の過去の経緯とその実態

　パートタイム雇用は1960年代から主婦の補助労働の形で普及したが，所得税の配偶者控除を受けられる年所得103万円や健康保険，厚生年金の扶養家族として保険料なしに給付を受けられる年所得130万円の規制から，賃金を低くしたり，労働時間を制限する動きが労使双方に見られた。また労使交渉から外されたり，契約書を渡されない等，不利な扱いを受けることもあったので，1993年に短時間労働者の雇用管理の改善等に関する法律（以下「パートタイム労働者

法」という)が成立した。その内容は①労働条件に関する文書を交付すべき努力義務,②就業規則変更時にパートタイム労働者を代表する者の意見を聴く努力義務,が設定されるにとどまった。

EUでは,1997年にパートタイム労働指令が定められ[8],①パートタイム労働者は,客観的な根拠により正当化されない限り,比較可能なフルタイム労働者より不利益な扱いを受けないことと,適切な場合は時間比例の原則(=賃金が労働時間に比例して決められること)が適用されること,②使用者は,1)可能な限り労働者のフルタイムとパートタイムの転換や労働時間延長の希望,2)フルタイム,パートタイムの応募情報の提供,について考慮すべきこと等とされている。これを受けて加盟国では,パートタイムであることを理由に比較可能なフルタイム労働者より不利な扱いを受けない(不合理な差別禁止)ことや,基本的賃金については時間比例の原則が適用されることが規定されている[9]。

日本では同一労働同一賃金の法理はないが,下級審(長野地裁上田支部1996年3月15日判決,丸子警報器事件)では,有期契約を長年反復更新され正社員と同じラインで同時間働いていた女性臨時社員が,正社員との賃金格差を差別として差額の損害賠償を訴えた事例で,「同一労働同一賃金原則は実定法上の根拠がないが,労働基準法第3条・4条の根底にある均等待遇原則が公序である」として,正社員の8割以下になる賃金は違反と判示した。しかし,パートタイム労働者が,賃金格差を差別として訴えた事例で,同一労働同一賃金原則は日本の法規範として存在せず,賃金格差は契約自由の範囲の問題と請求が棄却された判例もある(大阪地裁2002年5月22日判決)。

厚生労働省の「パートタイム労働者総合実態調査(個人調査)」(2011年)ではパートタイム労働者は非正規労働者の78%となっている。「同調査(事業所調査)」によると,パートタイム労働者のうち有期契約が51.4%となっている。正社員との制度取扱いの違いについて,差が小さいのは通勤手当(正社員85.6%,パート65.1%),給食施設(正社員23.7%,パート21.8%),休憩室(正社員64.7%,パート60.3%),更衣室(正社員66.7%,パート61.8%)だが,差が大きいのは定期的昇給(正社員66.5%,パート27.8%),役職手当(正社員72.1%,パート

第 7 章　非正規雇用政策

7.6％），家族手当（正社員53.4％，パート2.5％），住宅手当（正社員37.8％，パート2.0％），賞与（正社員83.4％，パート37.3％），退職金（正社員74.3％，パート13.0％）となっている。また正社員と職務が同じパートタイム労働者の1時間当たり基本賃金について，正社員より低いが61.6％となっている。

　使用者側がパートタイム労働者を雇用する理由は，①人件費が割安のため48.6％，②仕事内容が簡単なため36.5％，③1日の忙しい時間帯に対処するため35.4％となっている。他方，労働者側は，①自分の都合の良い時間（日）に働きたいから55.8％，②勤務時間・日数が短いから35.2％，③就業調整（年収や労働時間の調整）ができるから19.3％となっているが，正社員として採用されなかったからや，正社員としての募集が見つからなかったからという**不本意非正規**は合計すれば20.7％となっている。

3.2　2007年パートタイム労働法の改正

　厚生労働省は労働側の格差縮小要求もあり，2002年9月から労働政策審議会雇用均等分科会で検討したが，労働側はパートタイム労働の差別的取扱いを禁止する**均等待遇**の実現を求め，使用者側は一律の法律規制に反対する姿勢を示し，なかなか議論がまとまらなかったが，最終的に2007年**パートタイム労働者法改正**は，次のとおりとなった。

①目的等総則規定の改正

　目的にパートタイム労働者の適正条件の確保，雇用管理改善，通常労働者への転換推進を通じ通常労働者との**均衡待遇**の確保等を図ることを定めた。また事業主の一般的責務に通常労働者との均衡のとれた待遇確保に努めるべき旨を定めた（注：均衡待遇は，正規との職務・責任等の違いを考慮してバランスをとればよいということであり差別を禁止する均等待遇とは異なる）。

②雇入れ時労働条件文書の交付，就業規則作成手続，説明義務

　1998年に労働基準法上，契約期間，就業場所・業務内容，就業時間・残業の有無・休憩休暇，賃金決定方法，退職・解雇事項は書面上明示する義務を定めているが，パートタイム労働者法では昇給・退職手当・賞与の有無も明示する

義務を課した。この義務違反は都道府県労働局の助言・指導・勧告の対象となり，守られなければ過料の対象となる。

また，就業規則作成時には，通常過半数代表労働組合または労働者の過半数代表者の意見を聞かなければならないが，それとは別にパートタイム労働者の過半数代表者の意見を聞くように努めることとされている。

パートタイム労働者から求めがあった場合において，事業主に対して待遇決定にあたり考慮した事項の説明義務を課した。

③通常の労働者との差別的取扱い禁止（**均等待遇**）

パートタイム労働者のうち，一般労働者と 1）業務内容・責任の程度が同じ，2）職務内容及び転勤等の配置の変更範囲が同じであって，3）無期契約である者については，賃金・教育訓練・福利厚生施設その他の待遇で差別的取扱いを禁止した。これに反する取扱いは違法無効で損害賠償の対象となり得る。

④それ以外のパートタイム労働者の**均衡待遇**努力義務

それ以外のパートタイム労働者について，事業主に賃金，教育訓練，福利厚生施設利用について均衡をとる努力義務を課した。

⑤**通常労働者への転換措置**義務

事業主に通常労働者への転換措置として次のいずれかをとる義務を課した。

1) 通常労働者募集時に事務所に掲示するかパートタイム労働者に周知する。
2) 通常労働者を配置する場合，パートタイム労働者に配置希望を申し出る機会を与える。
3) パートタイム労働者を対象とした転換試験制度を設ける。

⑥紛争解決の援助

均等処遇や均衡処遇に対する法遵守の苦情や紛争解決のために都道府県労働局長の指導・勧告や同局の紛争調整委員会による調停手続を定める。

3.3　格差縮小状況と2014年パートタイム労働者法改正

2007年改正効果を見るために，労働政策研究・研修機構の調査[10]が行われた。その結果，2007年改正を契機に雇用管理の見直しを行った事業所は62.6%で

あった。その内容は、労働条件通知書等による明示45.6％、正社員とパートタイム労働者の職務内容の明確化14.1％、福利厚生施設を利用できるようにした11.7％、**通常労働者への転換推進措置**を設けた11.4％、賃金等処遇を改善した10.9％、教育訓練の実施10.7％となっている。

ただ差別を禁止する**均等待遇**の対象となるパートタイム労働者は0.1％にとどまった。調査対象事業所のパートタイム労働者中、正社員と職務（業務・責任）がほぼ同じ労働者は2.9％にとどまり、職務・配置の変更範囲まで同じ労働者は0.3％、うち無期契約の者は0.1％となっている。

差別禁止対象となるパートタイム労働者が0.1％にとどまった失望から、2014年に**パートタイム労働者法改正**が行われたが、その内容は次のとおりである。

①差別的取扱いを禁止するパートタイム労働者の範囲（均等待遇）拡大

均等待遇をしなければならない労働者の要件から無期契約条件を外した。これだけでは0.1％が0.3％に広がる程度である。

②パートタイム労働者の**不合理な差別禁止**の待遇原則の規定

職務内容（業務内容・責任程度）、人材活用の仕組（職務・転勤の変更範囲）等を考慮して、パートタイム労働者と通常労働者の待遇の差は不合理であってはならないと規定された。

③納得性を高める措置

雇入れ時に雇用管理の改善措置の説明義務を事業主に課すとともに、パートタイム労働者の相談に対応する体制を整備しなければならないとされた。

④実効性を高める措置

改善措置違反の事業主が厚生労働大臣の勧告に応じない時は事業主名を公表する。報告を拒否したり虚偽報告した事業主を過料に処する。

以上のパートタイム労働者との格差縮小措置の経過を見ると、事業主側の抵抗もあり、均等待遇＝差別禁止の対象となる者は極めて限られている。ただ労働条件の明示や就業規則に対して意見を述べる手続、通常労働者への転換措置義務等は一定の改善効果がみられる。EU等のように基本的な時給に対する差

別の禁止等は，正規労働者の賃金が**職能給**中心で定期昇給が行われていることから，同一賃金となり難いが，**不合理な差別の禁止**規定も設けられたので，可能な限り「不合理な」差が縮小する議論が今後深まることが期待される。

また，厚生年金及び健康保険は，労働時間が通常労働者の4分の3（週30時間）未満のパートタイム労働者には適用されなかった。このため，パートタイム労働者の適用拡大が検討されたが，事業主側の反対が強く2012年の「公的年金制度の財政基盤及び最低保障機能の強化等のための国民年金等の一部を改正する法律」で**厚生年金・健康保険適用**対象のパートタイム労働者は，次のすべての要件を満たす者にとどまった。

①週労働時間20時間以上，②月額賃金8.8万円以上，③学生を除く，④労働者を雇用する事業所が従業員501人以上であること，この4つである。これにより週労働時間20時間以上の要件だけなら370万人のパートタイム労働者が適用されるが，他のすべての要件に該当して救われる者は25万人にとどまると推計されている。

中小企業の中でも501人は規模が大きく対象者が限られるため，速やかにさらなる適用の拡大が検討されることが望まれる。

4 非正規雇用の法規制(3)：派遣労働者

4.1 派遣労働者の規制の経緯

派遣労働者とは派遣元の事業者に雇用されつつ，働く場所や職務に関する指揮・命令は派遣先の事業者から受ける**間接雇用**である。戦前は労働者供給事業として広く行われていたが，強制労働や中間搾取の温床となり，雇用主や使用者の責任が不明確となるので，1947年の職業安定法の制定とともに労働者供給業は禁止された。ただ建設業で多い請負は，とび職・左官・配管等特定の仕事の完成を請負い，一般的な進行管理以外は元請から具体的な仕事の指示・命令を受けない形態として広く行われてきた。

しかし，秘書やシステム・エンジニア等の業務で実態先行の形で派遣労働が

第7章 非正規雇用政策

行われるようになったため，1985年に**労働者派遣法**が制定された。

派遣には三つの形態があり，派遣元事業主に常用労働者として雇われ，派遣先で派遣が打ち切られても派遣元との契約期間が残っている限りは雇用が続く**常用型派遣**，派遣元事業主に派遣労働者を登録しておき，派遣先に派遣されている限り派遣元との雇用関係が続くが，派遣中断とともに派遣元との雇用契約も短期間でなくなる**登録型派遣**，もう一つは派遣先に直接通常労働者として雇われることを目的にお試しで一定期間派遣され，派遣先の使用者と派遣労働者の双方が気に入れば直接労働に移行する**紹介予定派遣**である。常用型派遣のみを行う業者は特定労働者派遣事業として届出制とされていたが，登録型派遣を行う一般労働者派遣は許可制とされていた。

当初は特定の専門的業務に限られ26業務[11]のみが認められ，派遣先の通常労働者が派遣労働者に置き換えられることを防ぐため，派遣先企業での派遣受入れ期間は3年間のみ可能とされた。しかし，経済界の規制緩和要望を受けて，1999年労働者派遣法改正で，逆に限定的に禁止された業務[12]（港湾運送，建設，警備，医療，製造業）以外は派遣が可能とされた。

2003年労働者派遣法改正により製造業も労働者派遣の対象として認められた。また改正により26の専門業務については3年内の契約としつつその更新を認める形で期間の制限を外した。26業務以外についても派遣先の労働者の過半数労働組合または過半数労働者の意見を聞けば1年を超え3年までの契約とすることを可能とし，それらの定めがない場合は従来どおり1年以内に制限した。そして派遣先事業主は，制限期間を超えて同一労働者を受け入れる場合，それらの派遣労働者に直接雇用契約の申込みをしなければならないこととした。この義務に派遣先労働者が違反した場合，厚生労働大臣は指導・助言・勧告を行い，従わない場合は企業名を公表することとなった。

2008年のリーマンショックの不況時に他の非正規雇用と同様，派遣契約が打ち切られる**派遣切り**が起こり，2008年の140万人から2009年に108万人に減少した（総務省「労働力調査」）。彼らの一部は社員寮に住んでおり，職と同時に住宅も失う者が出て同年末には日比谷公園内にテントの年越し派遣村が生まれた。

また，特に登録派遣のうち，1日から数日の短期間で職場が変わる「日雇派遣」と呼ばれる者たちが日によって派遣先を紹介してもらえず安定した収入を得られないことから，家賃が払えずネットカフェに居続けるネットカフェ難民と言われるような不安定な状況も見られた。このような派遣労働者について，なんとかすべきだという声が強まった。

4.2　民主党政権下の労働者派遣法改正案と2012年労働者派遣法改正

民主党政権になってから2010年に規制を強める改正案が国会に提出された。その内容は下記のとおりであった。

1) 登録型派遣原則禁止。26の専門業種と育児休業代替は例外として認める。

2) 製造業派遣原則禁止。1年を超える常用型派遣は例外として認める。

3) 2か月以内の契約期間は**日雇派遣**として原則禁止。政令で定める特定の業務を例外として認める。

4) 派遣元事業主は賃金を決める際，派遣先労働者との待遇との均衡に努める。

5) 派遣元事業主が派遣労働者を雇用する場合，賃金額の見込み等待遇の説明と，当該労働者の派遣先に提示する料金を明示しなければならないこととし，さらに，派遣元事業者が派遣先から受け取る料金から差引く金額の比率である**マージン率**の公表が義務づけられた。

6) 本来派遣できない業務の派遣，許可を受けてない派遣業者からの派遣，1～3年の派遣可能期間を超える派遣，偽装請負（派遣法の規制を免れるために請負契約を装ってなされた労働者派遣）等の違法な派遣であることを派遣先事業主が知りつつ受け入れていた場合，派遣先事業主は派遣労働者に同一の労働条件で直接労働契約を申し込んだものとみなす。

しかし，この法律はその後参議院で野党が多数を占めたため成立時期を逃し，2012年に当時与党の民主党は野党の自由民主党と公明党との修正協議の末大幅に内容を変えて成立させた（2012年**労働者派遣法改正**）。

上記1)の登録派遣の原則禁止及び2)の製造業派遣の原則禁止の規定は削

られた。また 3) の**日雇派遣**として原則禁止される契約期間を 2 か月以内ではなく 1 か月以内に限定し，例外として認める業務として専門性が高い18業務と，高齢者・学生アルバイト・派遣が副業・世帯の主たる生計者でないものが認められている。4) 以下は残されたが，6) の規定の施行時期は，2015年10月 1 日に延期された。

4.3　派遣業務の実態と EU の派遣労働規制

総務省「労働力調査」によると，2014年で派遣労働者は119万人で，非正規労働者の6.1％，全労働者の2.3％である。厚生労働省「派遣労働者実態調査」によると，2012年の調査時点で登録型が47.8％，常用型が52.2％となっている。派遣労働者が就業している事業所は10.8％にのぼり，派遣労働者が多い業種は情報通信業26.9％，金融・派遣業19.1％，製造業18.3％である。派遣期間については，30日以下が3.9％，30日超 2 か月以下が7.5％，2 か月超 3 か月未満が42.2％，3 か月超 1 年未満が32.1％，1 年超が8.4％と比較的短期の契約が多い。過去 1 年間に派遣契約を中途解約したことがある事業所は19.9％で，その理由は派遣労働者の技術・技能に問題があった42.5％，派遣労働者の勤務状況に問題があった39.2％であった。他方，派遣労働者を正社員にする制度がある事業所は13.0％だが，過去 1 年間に採用したことがある事業所は1.7％にとどまる。

事業所として派遣労働者を就業させる理由は，①必要な人員を迅速に確保できる64.6％，②一時的・季節的業務量の変動に対する対応36.7％，③専門性を活かした人材の活用34.2％である。派遣労働者側に今後の働き方の希望を聞くと，派遣労働者として働きたい43.2％，正社員として働きたい（**不本意非正規**）43.2％，派遣以外の非正規社員として働きたい4.2％である。

EU でも1980年代頃は派遣労働を好ましくない労働形態として制限する動きがあったが，次第に雇用機会の一つとして活用しつつ，通常労働者との不合理な格差を解消する方向に方針が変わっていった。2008年11月に「派遣労働に関する欧州議会及び閣僚理事会の指令[13]」でまとまった。派遣先企業の同一職務に直接採用されていれば適用されていた労働雇用条件を下回らないという**均等待**

遇を規定している。例外は派遣元に常用労働者として雇用されている場合や加盟国全体で異なる労働協約を労使が結ぶ時，加盟国が全国水準の労使団体と締結した協定に基づき適用除外の取決めを定める時である。ただし取決めには均等待遇を適用する最低派遣期間を定めなければならず，一定期間以上の派遣には均等原則が適用される。

イギリスでは最後の適用除外規定に基づき，12週までの派遣労働者は均等待遇としなくていいが，それを超えれば均等待遇になる。スウェーデンでは派遣労働者はすべて派遣元に常用労働者として雇われ，派遣されていない期間も派遣時の80％以上の賃金が保障されているので派遣先との均等待遇は適用されていない。ドイツ，フランスは均等待遇が適用される。

4.4　2015年労働者派遣法改正

2012年改正法には3年後の見直しの規定があり，労働側の規制強化や常用労働者が派遣労働に代替されることを防止するため派遣受入れ期間制限を維持する要望と，使用者側の規制緩和要望の意見が対立し，労働政策審議会労働力需給分科会で議論された。審議会の答申でも双方の主張が両論併記される形で，法案が提出され与野党対決法案となった。

最終的に2015年に**労働者派遣法改正**は次の内容で成立した。

①労働者派遣事業者を許可制に一本化

届出制でよかった常用派遣も許可制とし，許可要件に資産要件やキャリア形成支援制度（教育訓練実施計画，相談窓口の設置，入職時訓練等）を定める。

②労働者派遣の期間制限見直し

26業務かどうかで期間制限を区別する制度はやめる。

(i) 派遣先事業所の派遣受入れ期間は3年とするが，更新可能とする

派遣先の派遣受入れ期間は原則3年を限度とするが，派遣先では過半数労働組合または過半数労働者代表の意見を聞いた上で3年内の契約更新ができる。労働側が異議を唱えた場合，派遣先事業主は対応方針を説明する義務がある。

(ii)派遣労働者単位：3年間原則

派遣労働者単位では，原則3年を派遣制限期間とする。従来の制度では派遣先の派遣受入れ期間3年の途中で派遣労働者が入れ替わった場合，短期間しか派遣されず不安定だったので，労働者としては3年間働けるようにした。

ただし，派遣先で事業所や勤務する課が変われば引き続き働くことは可能となる。例外として，①派遣元で無期雇用されている，②60歳以上の高齢者派遣，③終期がある有期プロジェクトの派遣，④1か月の勤務日数が10日以下の派遣，⑤育児休業等の代替の派遣の場合は，3年の期間制限がない。

従来の26業種は2003年改正で3年を契約期間としつつ更新で事実上期間制限をなくすことができたが，派遣元で無期雇用にならない限り同一派遣先での業務は3年に限定されることとなった。

派遣元事業者は派遣労働者が期間制限の3年間が経過した際に，①派遣先への直接雇用の依頼，②新たな派遣先の提供，③派遣元事業者による無期雇用，④その他雇用安定に必要な措置（有給の教育訓練，紹介予定派遣等）の雇用確保措置をとる。3年間派遣された場合は雇用確保措置は義務だが，1～3年未満の派遣は努力義務とされている。

なお，2003年改正で派遣先が制限期間を超えて同一労働者を受け入れる場合，その労働者に直接雇用契約の申込みをしなければならないとしていた規定は2015年改正で削られ，派遣先企業は1年以上同一派遣労働者を受け入れ，その労働者が望むなら直接雇用するよう努める努力義務や，通常労働者を募集する情報を派遣労働者に周知する義務に変更されている。

③均衡待遇の推進

派遣労働者が希望すれば派遣元事業者は講じている均衡待遇について説明する義務を新たに課した。

なお，2012年改正で派遣先が違法な派遣であることを知っていた場合，派遣労働者に直接雇用の申込みをしたものとみなす制度について，施行を延期されていたが，予定どおり2015年10月1日から施行されることとなった。

2015年改正は，派遣先事業所単位で26業務以外の1～3年の派遣受入れ期間

制限がなくなることについて，派遣先事業所において常用労働から派遣労働への代替が進むことを恐れる労働側の反対により国会では与野党の対決色の強い法案となった。今後労働側の懸念する常用代替が進むのかどうか，3年間の期間制限後の雇用確保措置で派遣先での直接雇用や派遣元での無期雇用等の派遣労働者の地位改善が実現するのか，さらに派遣労働者と通常労働者の待遇格差が減少方向に向かうのか等の状況を見守る必要がある。

5 多様な正規雇用，同一労働同一賃金議論

5.1 正規雇用への移行促進策
①非正規から正規への転換状況

総務省「労働力調査（詳細調査）」による2009～2011年の過去1年の非正規雇用からの転職者数は，147～161万人の間を推移し，うち正規雇用への転換は30～34万人で21％程度となっていた。厚生労働省「平成27年版労働経済の分析」によると正規雇用に転換できた者は足元の景気回復により2013年平均81.5万人，2014年平均87.5万人と少し増加している。不本意非正規の比率も2010年の22.5％から2014年平均18.1％と少し低下している（前注(2)調査）。

②正規雇用移行促進策

政府の「日本再興戦略 改訂2015」で，正社員転換・雇用管理プロジェクトの促進という文言が盛り込まれたため，厚生労働省は2015年10月大臣を本部長とする「正社員転換・待遇改善実現本部」を設けて次のような施策を講じている。

1）企業啓発として，経済界に対する要請，都道府県労働局・公共職業安定所によるこれまで述べた改正法の周知，学卒正社員化キャンペーンを行っている。

2）有期雇用については最長5年の更新上限を定めた労働契約法改正（2012年）を周知する中で，多様な正規も含めた正規転換促進を働きかけている。

3）パートタイム労働者法2007年改正で，通常労働者の採用・配置情報の

パートタイム労働者への周知か転換試験制度を作ることを企業に求めている。

4）雇用保険の**キャリアアップ助成金**で，企業が有期雇用や派遣労働者について，正規雇用や無期契約等，より安定した雇用に転換した場合に助成を行っている。キャリアアップの助成金の予算額・執行額は，2013年度予算53.4億円（支給実績21.8億円）→2014年度予算158.7億円（支給実績91.1億円）と比較的伸びている。[14]

5.2　多様な正規雇用の普及促進
①多様な正規雇用の定義と実態

　従来の典型的正規雇用は無期契約や年功序列的な昇給・昇進が行われる代わりに，繁忙期には残業勤務を強いられたり，全国規模の転勤や職務内容の変更を伴う配置転換に応じることを求められ，企業の残業命令や配置転換命令の合法性を裁判所は比較的柔軟に認めてきた。

　しかし，90年代後半から正規も含めたリストラが常態化し，賃金体系も年功要素が薄まり，**役割給・職務給**の要素が高まっている。企業の中で典型的正規雇用者以外に，営業，窓口販売，現業業務等の職種限定型，勤務地限定型等の多様な正規雇用が増加してきた。女性の社会進出の増加や親の介護ニーズの高まりから，仕事と家庭生活の両立を求める**両立支援策**の対応も求められている。こうしたことから，厚生労働省の「『多様な形態による正社員』に関する研究会」による企業アンケート調査（2011）によれば，多様な正規雇用制度を導入する企業が5割以上となっており，そのうち職種限定型が約84.9％，勤務地限定型が32.6％，労働時間限定型が12.9％である。また従業員全体に対する多様な正規雇用者の比率は32.9％に及んでいる（表7-2）。

　企業の導入理由は，優秀な人材確保43.3％，従業員の定着を図る38.5％，仕事と育児・介護の両立支援のため23.7％，賃金節約のため18.1％となっている。

　いわゆる正社員を100とした時の多様な正社員の賃金は，100以上は17％で，90以上～100未満が19.4％，80以上～90未満が25.1％，70以上～80未満が16.1％，70未満が11.1％であり，1～2割少ない企業が多い。また，昇進・昇

表7-2 「多様な正社員」の導入状況

	企業数	雇用区分数	従業員数（人）
全体	1,987 (100.0%)	3,245	1,576,996 (100.0%)
多様な正社員	1,031 (51.9%)	1,547 (100.0%)	519,152 (32.9%)
職種限定あり	878	1,314 (84.9%)	442,020
労働時間限定あり	146	200 (12.9%)	53,148
勤務地限定あり	382	505 (32.6%)	140,191
いわゆる正社員	1,379 (69.4%)	1,602 (49.4%)	1,011,952 (64.2%)

(出典) 厚生労働省「『多様な形態による正社員』に関する研究会」による企業アンケート調査。

格に限定を設けている企業が48.6％と約半数を占めている。

②多様な正規雇用普及策

労働者の37％が非正規となり，その2割近くが**不本意非正規**となっている現状では非正規と正規の大きな差は不満の元となっている。

そこで政府も中間的で多様な正規の活用を普及させようとしている。2013年9月に「『多様な正社員』の普及・拡大のための有識者懇談会」で検討を始め労使代表団体からヒアリングを行った。使用者側は無限定の正社員と限定正社員で解雇等の司法判断に差があることを明確化すべきと主張し，労働側は「解雇しやすい正社員」が作られる懸念や正社員の処遇低下の懸念を抱いている。そして労働側は不合理な差別をしないルールの明確化等の規制を求め，使用者側は強い規制に反対している。懇談会は望ましい方向性を示す報告書を2014年7月にまとめ，厚生労働省は，適用事例とともに，留意事項を示して望ましい形での普及を企業に働きかけている。その概要は以下のとおりである。

(i) 雇用管理上の留意事項

次のような形態が望ましいと推奨している。

1) 限定内容について明示する。2) 非正規から多様な正社員の転換制度等を設ける。3) いわゆる正社員と多様な正社員の賃金・昇進等の均衡（バランス）を図る。4) 多様な正社員を活用しやすくするよう，正社員の残業や配置転換・転勤の必要性・期間について見直す。5) 長期的キャリアに役立つ教育訓

練支援を行う。6）制度設計・導入・運用に当たり労使で十分協議する。7）事務所閉鎖や職務廃止の場合も解雇回避のため配置転換を可能限りで行う。

(ii) いわゆる正社員と多様な正社員の**均衡待遇**のポイント（賃金について）

1) 勤務地限定正社員：職務内容変らず，正社員に転勤しない者がいる場合は賃金差は小さくする。海外転勤等負担が大きい場合は差を設ける。

2) 職種限定正社員：**職務給**または職務給要素の強い賃金とすることができる。職務の難易度に応じた水準とすることが望ましい。

3) 勤務時間限定正社員：職務内容同一でフルタイムに近く，残業が免除されている場合は正社員と同一の賃金テーブルが望ましい。勤務時間が短い場合は，フルタイム正社員の時間当たり賃金に比例した水準が望ましい。

(iii) 事務所閉鎖・職務廃止等への対応（解雇回避努力の扱い）

勤務地限定の事務所がなくなったり，職種限定の職務が廃止されるからといって，**整理解雇4要素**の解雇回避努力等の適用を否定している裁判例はなく配置転換等の配慮が求められる傾向にある。しかし，高度な職種限定型や他の職務と明確に区別される職務がなくなった場合には，再就職支援や退職金上乗せを行えば解雇回避努力を尽くしたとされる場合がある。

労働者の能力不足を理由とする解雇で，高度な専門性が伴わない場合は，改善の機会を与える警告をした上で，解雇前に教育訓練，配置転換，降格等の措置をとることが求められる。高度な専門性が伴う場合でも，改善の機会を付与するための警告は必要である。

5.3　同一労働同一賃金議論

2015年派遣労働法の改正の一つの条件として，議員立法で「労働者の職務に応じた待遇の確保等に関する施策の推進に関する法律」が成立した。その内容は正規，非正規といった雇用形態が異なる労働者についても職務に応じた待遇が確保されるよう，政府に必要な政策を講じることを求めるものであった。

安倍首相は2016年2月23日に開かれた「一億総活躍国民会議」で**同一労働同一賃金**に向けた指針策定を指示した。2016年3月からは，厚生労働省の職業安

定局に「同一労働同一賃金に向けた検討会」が置かれ，有識者による日本やEUの状況，経済界や労働団体のヒアリングなどの何らかの指針策定に向けた検討が始まっている。

同一職務という場合仕事の業務内容とともに責任の重さも含まれていることや，EUでも学歴，資格，在職期間等の違いによる賃金の差は合理的とされることから，一気に同一賃金となるわけではないが，通勤手当等非正規というだけで除かれている給付の格差縮小や前述の多様な正社員の均衡処遇のポイントで示されているような賃金の不合理な格差を正す指針に関する議論が進むことに期待したい。

6　まとめ：正規と非正規の非合理な格差是正への期待

以上の議論を総括すると，非正規雇用が増加した背景には，経済のサービス化，グローバル競争，業務のIT化等，経済的必要性による部分も大きい。しかし，日本の非正規は雇用が不安定で賃金その他の労働条件や教育訓練の水準が低いなど格差が大きい。

非正規雇用に関する規制の見直しでは，有期雇用について5年以上継続した場合の**無期雇用契約への転換**と**不合理な差別禁止**が定められ，パートタイム労働については，正規との差別を禁止する**均等待遇**の対象は極めて限定的ではあるが，**通常労働者への転換措置**の努力義務や不合理な差別禁止が定められた。派遣については，派遣元企業の許可制による規制強化や派遣労働者の3年単位の派遣労働，その期間を超えた場合の派遣元での無期雇用への転嫁等の雇用確保措置が定められたが，派遣先企業の3年間の受入れ期間制限については，労働者代表の意見を聞くことやその異議に対する事業主の説明義務を果たせば，受入れ更新が可能となる等，使用者側の意見が取り入れられた部分も多い。

EUにおいては，非正規の導入規制を減少する代わりに正規との均等待遇や不合理な差別禁止を求める方向にある。ただ日本では正規の年功的な処遇改善もあり，職務が同じなら非正規との時給を同じにする措置がとりにくい点が問

題である。

　このため，多様な正規雇用という無期契約だが昇給・昇進スピードに差をつけた形態を普及させ，非正規からの転換を図ったり，「同一職務」の解釈指針として何が合理的で，何が不合理かの議論を深めようとしている。

　労使の対立もあろうが，建設的な議論により，合理的でない格差の縮小やその説明責任が事業主側に求められる改善が進むことを期待したい。

注
(1) 厚生労働省「平成26年度能力開発基本調査」(2015)。
(2) 厚生労働省「就業形態の多様化に関する総合実態調査」(2014)。
(3) 厚生労働省「平成26年版労働経済の分析」(2014) 第2章，第2-(1)-1 図及び第2-(1)-4 図。
(4) 厚生労働省「平成26年版労働経済の分析」(2014) 第2章，第2-(1)-14 図。
(5) 高度専門知識を要する業務は厚生労働省告示（平成15年10月22日 厚労告356号）で①博士学位を有する者，②公認会計士，医師，弁護士，社労士等専門職業資格の者，③システムアナリスト，アクチュアリー資格試験合格者，④特許発明者等，⑤機械・電気・建築等の技術者やシステムエンジニア・デザイナーで大卒後5年等の実務経験があり，年収1075万円以上の者と定められている。
(6) EUTC, UNICE 及び CEEP によって締結された有期労働に関する枠組み協約に関する閣僚理事会指令（1999年6月28日）(1999/70/EC)。
(7) 荒川創太・渡邊木綿子「改正労働契約法に企業はどのように対応しようとしているのか──高年齢社員や有期契約社員の法改正後の活用状況に関する調査」労働政策研究・研修機構（2014）。
(8) UNICE, CEEP 及び ETUC によって締結されたパートタイム労働に関する枠組み協約に関する閣僚理事会指令（1997年12月15日）(97/81/EC)。
(9) 濱口桂一郎『労働法政策』ミネルヴァ書房（2004）309頁。
(10) 萩野登・渡辺木綿子「「短時間労働者実態調査」結果──改正パートタイム労働法施行後の現状」労働政策研究・研修機構（2011）。
(11) 26業務は①システムプログラム設計，②機械の設計製図，③放送番組制作の機器操作，④放送番組演出，⑤事務機器操作，⑥通訳・翻訳・速記，⑦秘書，⑧ファイリング，⑨市場調査，⑩財務処理，⑪取引文書作成，⑫高度機器の紹介説明，⑬旅行者添乗，⑭清掃，⑮建設設備運転・点検・整備，⑯受付・案内，⑰研究開発，⑱事業企画立案，⑲書籍制作編集，⑳デザイン，㉑インテリアコーディネイト，㉒放送番組司会，㉓OA インストラクション，㉔テレマーケッティング，㉕セールスエ

第Ⅲ部　就労年齢層の政策：雇用・所得保障・租税等

ンジニア営業，㉖放送番組大道具・小道具。
(12)　港湾運送は，港湾労働者法に基づき別の派遣事業の許可制がある。建設は請負形態で行われている。警備，医療は外部からの人材が入ることのリスクを考慮して禁止とされている。製造業は2003年改正で禁止から外された。
(13)　Directive 2008/104（2008年11月19日）。この部分の解説は濱口桂一郎「EU 労働者派遣指令の成立過程と EU 諸国の派遣法制」『季刊　労働法』第225号（2009）によっている。
(14)　労働政策審議会雇用保険部資料「雇用保険二事業について」（2014年12月15日）及び（2015年11月11日）。

第 8 章　労働時間規制をめぐる政策

現在，労働者の二極化があると言われている。一方では非正規労働者は雇用が不安定で賃金が低い処遇にあり，格差拡大に影響をもたらしている。他方，正規労働者は比較的安定し賃金等処遇は高いが，長時間労働を強いられることが多い。

本章では労働時間規制の経緯と現行規制の概要を見た後，労働時間管理の実態と課題を検討し，次に国際比較と直近の労働時間と働き方をめぐる規制見直しの議論を取り上げたい。

1　現行の労働時間規制の概要

現行制度の説明の前に，労働時間規制をめぐる過去の経緯を概観したい。

1.1　労働時間規制の経緯

産業革命後，欧米でも労働者の地位は低く1日16〜18時間労働も通常であった。日本でも明治維新後の繊維工業の女工の長時間労働や商家で雇われている者の休日なしの長時間労働が多かった。

こうしたことから，各国で工場法が定められ，1日の労働時間の上限を定めたが，日本の1911年の**工場法**は，女子や15歳未満の者の労働時間の上限（1日12時間）や深夜労働を制限するだけであった。その後1937年以降，成人労働者も原則12時間とされた。他方，欧米では，1919年にILO第1号条約を批准し[1]，1日8時間・週48時間を規定する国が多くなっていった。

戦後，欧米にならう形で1947年に労働基準法が定められ，1日8時間・週48

時間を原則としたが,労働基準法第36条に基づく労働協約(**36協定**＝サブロク協定)を労使が結ぶとこの規制を超えて残業させられるという諸外国に例のない柔軟な規制であった。

しかし,欧米で週休2日制が普及し,1日8時間・週40時間が一般化すると,日本の貿易黒字に対する欧米の日本異質論批判にこたえるため,1986年前川前日銀総裁を座長とする「国際協調のための経済構造調整研究会」が報告書を政府に提出したが,その中で「欧米先進国並みの年間総労働時間の実現と週休2日制の早期完全実現」が求められた。そして1987年に労働基準法が改正され,法律の本則上は週40時間と定められながら,附則で当面46時間とされた。その後1993年改正で大企業に週40時間制を導入したが,中小企業は経過措置により,1997年にようやく週40時間制が原則となった。

しかし,36協定を結び25％の割増賃金さえ払えば合法的に残業させることができ,しかも**日本型雇用**で雇用を守る代わりに繁忙期は残業に応じる労使関係が維持され,残業時間を実態より少なくつけたり割増賃金を払わない「**サービス残業**」が横行するようになった。このため,1983年には労働大臣告示で一定期間当たりの時間外労働の限度に関する目安が定められたが,指導の目安にとどまった。1998年にこの告示が改正され,限度時間を超える場合特別条項付き時間外労働協定を結ぶこと等の規制強化が行われたが,協定を結べば限度時間を超えられ,上限以上の時間外労働時間を禁止する機能はない。90年代後半以降,リストラや非正規雇用化で日本型雇用は揺らいだが,コスト削減と雇用状況悪化の中で残業手当不払いなど労働基準法を遵守しない「**ブラック企業**」が増加した。

他方,経営側には労働時間をより弾力的に管理したい要望がある。1947年の労働基準法制定時から,後述の**変形労働時間制**が導入され,その後,**事業場外みなし労働時間制**,**フレックスタイム制**,**裁量労働制**も導入され,残業手当を減らす機能を果たしている。

さらに経済界はアメリカにおいて管理,専門,事務の非肉体的業務を行うホワイトカラーで一定収入以上の者について,週40時間を超える労働でも割増賃

金（アメリカ50％割増）を払わなくてよい**ホワイトカラー・イグゼンプション**という規制適用除外制度があることを踏まえ，2001年頃から総合規制改革会議において，裁量労働制の規制緩和や「ホワイトカラー・イグゼンプションなどの考え方も考慮しながら制度改革を検討すべき」(5)と主張した。

労働側はブラック企業による濫用を恐れ反対したが，2008年の労働政策審議会労働条件分科会の報告書(6)を得て，年収が相当高い業務について「自由度の高い働き方にふさわしい制度」を創設することが報告された。しかし，2008年リーマンショック後の厳しい状況や「残業代0法案」と呼ぶ反対世論の高まりで，2008年12月に成立した労働基準法改正は，月60時間を超える時間外労働の割増賃金率を中小企業を除き50％に引き上げる改正のみが残り，一部ホワイトカラーの労働時間規制を適用除外する制度は見送られた。

1.2 労働時間と時間外労働の規制の原則

労働時間は1日8時間・週40時間が原則である。しかし，**36協定**を結び，労働基準監督署に届ければこの法定労働時間を超えて時間外労働をさせられる。その場合，時間外労働は25％以上，午後10時〜午前5時までの深夜労働は25％以上の割増賃金，休日労働は35％以上の割増賃金を払わなければならない。

また，2008年改正で1か月60時間を超える時間外労働を行う場合の割増賃金率は50％とされたが，中小企業は25％のままとされている。さらに大臣告示で**表8-1**の時間外労働の限度時間が定められ，これを超える場合は特別条項付きの労使協定を結ばなければならない。

これらの規定は，労使協定を結べば上限なく時間外労働をさせられることを意味しており，労使協定といっても**労働組合組織率**は低い（18％）ので，労働組合がない場合は，労働者の過半数代表と会社の間で協定は結ぶが，労働政策研究・研修機構の調査(7)によれば，1000人未満の中小企業の労働者の過半数代表の選出方法について，労働者の選挙・信任・全従業員の話合いで決めるは40.3％，社員会・親睦会代表がなる11.2％，会社の指名28.2％であり，代表者の職種は一般従業員22％，係長・主任・職長・班長49.5％，課長以上23.8％と

表8-1 「時間外労働の限度基準」の内容

(1998年労働省告示154号)

期間	限度時間	1年単位の変形労働時間制度限度時間
1週間	15時間	14時間
2週間	27時間	25時間
4週間	43時間	40時間
1か月	45時間	42時間
2か月	81時間	75時間
3か月	120時間	110時間
1年間	360時間	320時間

役職者が多く、会社の意向が反映されやすい。ただし、労働基準法施行規則第6条の2では、労働者の過半数代表は、後述の**管理・監督者**であってはならず、「投票、挙手等の方法」により選出されなければならないとあり、これに反する協定は、裁判で争われれば無効とされ、違法な残業となるおそれがある。[8]

では労使協定に基づく残業命令に労働者は従わなければならないのか。学説上少数説では、時間外労働を実際にさせるには労働者の個別同意がいるという個別的同意説があるが[9]、判例通説では、①適切な**36協定**や、その協定に基づく残業についての就業規則の規定があり、②業務の必要があり、③労働者にやむを得ない事情がない時には、命令に従う必要があり、従わないと勤務評価や懲戒等で不利益な評価を受けてもしかたがないとされている。他方、必要性がない時、表8-1の限度時間を超える等労働時間が過重な時、労働者の体調や家族の病気・育児・介護の必要等やむを得ない事情があるのに出される命令は権利濫用で無効となり、限度時間告示もその意味で法的効果がある。

また、割増賃金不払いや36協定を結ばない**サービス残業**は労働基準法違反であり、民事上無効なだけでなく、労働基準監督署の是正指導・命令の対象となり、悪質な場合は刑罰（6か月以下の懲役または30万円以下の罰金）の対象となる等強行規定や刑事罰の対象となっている。

表8-2　年次有給休暇の勤続年数に応じた付与日数

勤続年数	6月	1年6月	2年6月	3年6月	4年6月	5年6月	6年6月
年休付与日数	10日	11日	12日	14日	16日	18日	20日

1.3　休憩・休日に関する規制

　1日の労働時間が6時間を超える場合45分以上，8時間を超える場合は1時間以上の休憩時間を与えなければならない。また，週40時間は週休2日を意識した規制だが，労働基準法上は週1日休日を与えると定めるだけで，就業規則で4週間内に4日以上休日を与える変形週休制を定めれば週1日以上の原則も適用しなくてよいとされている。年次有給休暇は6か月以上勤務し，労働日の8割以上出勤すれば**表8-2**の年休法定付与日数を与えられる。

1.4　労働時間規制の例外(1)：管理・監督者

　労働時間・割増賃金規制の例外として，労働基準法は①自然相手で時間管理が難しい農業・畜産・水産業，②守衛・学校用務員・団地管理人・高級職員の自動車運転者等，監視や断続的業務で心身の負担が少ないとして行政官庁の許可を受ける場合，③経営者と一体の立場にある**管理・監督者**を定めている。このうち全業態に存在する③について，**名ばかり管理職**として管理職の名称を与えられつつ，長時間割増賃金なしで働かされる労働者が問題となっている。

　判例では担当する組織部分について経営者の分身として管理に当たる者とされ，①経営決定に参画し労務管理の指揮監督権限が認められているか，②自己の出退勤等労働時間の裁量権があるか，③地位・権限にふさわしい賃金を受けているか，が判断基準とされ，銀行支店長代理，ファミリーレストラン店長について管理・監督者に当たらず割増賃金支払いを求める判決が出された。他方部下はなくても経営に参画し高い処遇を受けるスタッフ管理職は対象とされる。

　日本労務研究会のアンケート調査によると各職位のうち労働基準法の管理・監督者とされている者の比率は**表8-3**のとおりであり，課長クラス以上で4分の3程度が管理・監督者とされている他，それ以下のかなり低位の職位でも

表8-3 各職位クラス別の労働基準法の管理・監督者該当者の比率
(単位:%)

	ライン職	スタッフ職
支社長等クラス	89.4	87.6
部長クラス	85.9	82.7
部次長クラス	79.0	75.6
課長クラス	73.7	74.0
課長代理クラス	42.4	42.8
係長クラス	13.6	21.8
一般社員クラス	6.1	10.4

(出典) 日本労務研究会「管理監督者の実態に関する調査研究報告書」(2005)。

管理・監督者として割増賃金が払われていない実態が見られる。

1.5 労働時間規制の例外(2):変形労働時間制,裁量労働制等

①変形労働時間制

一定期間で平均すれば週・1日の法定労働時間に収まる場合,1日や週当たり法定時間を超えている日や週があっても時間外労働と見ない。

1) 1週間単位:30人未満の小売,旅館,料理店,飲食店に限り認められる。1日10時間まで労働させられる。

2) 1月単位:1月平均で週当たり40時間を超えなければよい。

3) 1年単位:1年平均で週当たり40時間を超えなければよい。連続労働日は原則6日(繁忙期12日)。1日10時間以内,週52時間以内等の制限がある。

②フレックスタイム制

1か月以内の単位時間内の契約労働時間だけ働くことを条件に労働者が始業・就業時間を自分で選択して働ける。会議や意思疎通のため全員が勤務する時間帯であるコアタイムを定めることが多い。

③事業場外みなし労働時間制

記者,外勤営業等,事業場外で働き労働時間を管理しにくい職種について,

一定の労働時間と時間外労働をしたとみなして賃金・割増賃金を定める。労使協定を結び，その時間が8時間を超える場合には労働基準監督署に届け出る。

④専門業務型**裁量労働制**

研究開発，情報システム分析・設計，取材・編集，デザイナー，プロデューサー・ディレクター，コピーライター，大学教授，弁護士等労働基準法施行規則と大臣告示で定められた専門的業務を行う場合で，業務遂行方法・時間配分を労働者の裁量に任せ，労使協定で定めた労働時間働いたとみなす。

⑤企画業務型裁量労働制

経営・組織・人事・教育研修・財務・営業・生産の計画策定等の企画・立案・調査・分析業務を行う場合であって，労使代表者で構成される職場の労使委員会が，①対象業務，②対象労働者，③みなし労働時間，④健康福祉を確保するため使用者が講ずべき措置，⑤労働者の苦情処理手続を5分の4の多数決で決定する制度である。この制度を個々の労働者に適用する際，その労働者の同意が必要で，同意しなかったことで不利益に扱わない。36協定よりも厳しい労使委員会の決定が必要で労働側の意思が反映しやすい。

2　労働時間管理の実態

2.1　労働時間・休日・休暇の実態

①労働時間，時間外労働，労災認定事例

年間総労働時間は，1995年以降低下傾向にあるが，パートタイム労働者の比率が増加していることによるもので，一般労働者の労働時間は減っていない。近年残業時間の増加が目立つ（表8-4）。

週60時間以上の長時間労働者は，2010年以降は横ばいであり，30代男性は2割近くが長時間労働を行っている（表8-5）。

また，厚生労働省「労働時間等総合実態調査」で2005年と2013年を比較すると，平均的な者の1か月の残業の平均時間は全体で15時間から8時間に減っているが，301人以上の大規模事業所では残業の平均時間は17時間前後で横ばい

表8-4 労働時間（一般労働者／パート労働者）と残業時間の推移

	全体総労働時間	一般労働者総労働時間	パート労働時間	パート労働者比率	所定外（残業）労働時間
1995年	1,910時間	2,038時間	1,174時間	14.5%	115時間
2000年	1,853時間	2,026時間	1,168時間	20.3%	118時間
2013年	1,746時間	2,018時間	1,093時間	29.4%	127時間
2014年	1,741時間	2,021時間	1,084時間	29.8%	132時間

（出典）厚生労働省「毎月勤労統計調査」。

表8-5 長時間（週60時間以上）労働者（全体／30代男性）の数及び比率の推移

	2004年	2010年	2011年	2012年	2013年
全体	639万人(12.2%)	502(9.4%)	476(9.3%)	490(9.1%)	474(8.8%)
30代男性	200万人(23.8%)	153(18.7%)	141(18.4%)	144(18.2%)	135(17.6%)

（出典）総務省「労働力調査」。

ではある。

　次に最長の者の残業の平均時間は全体では25時間から18時間に減少しているものの、301人以上の事業所では55時間から57時間に増加している。また1か月の上限目安である45時間を最長の者が超える事業所の比率は全体では14.8%から10.9%に減少しているが、101人以上の事業所では36.5%から40.7%に、また301人以上で52.5%から63.3%に増加し、60時間を超える事業所も36.6%が43.9%に増加している。

　労働災害の過労による脳・心臓疾患の増悪については、過労死認定基準によれば、残業が1か月で100時間を超えたり、2〜6か月で平均月80時間以上となる場合は、労災疾病と認定される可能性が高い。301人以上の事業所の最長の者の時間外労働は、80時間超では比率が減ってはいるが、それでも80時間超が15.7%、100時間超が6.8%の事業所で見られる。

　実際の労災認定状況を見ると、脳・心疾患では、2013年度で306件が支給決定され、うち133件は死亡事例である。

　精神障害の労災認定は、2013年で436件が支給決定され、うち63件は自殺事例である。

第 8 章　労働時間規制をめぐる政策

②休日・有給休暇の実態

厚生労働省「就労条件総合調査」(2015) によれば，30人規模以上の企業で週休 1 日制は6.8％，何らかの週休 2 日制は85.2％だが，うち完全週休 2 日制は50.7％で，34.5％の企業はそれよりも休日数が少ない制度となっている。

次に有給休暇取得率を見ると，1993年の56.1％をピークに直近2012年度は47.1％と減少している。労働政策研究・研修機構の従業員に対するアンケート調査によると有給を残す上位三つの理由は，「病気や急な用事のために残しておく必要があるから」64.6％，「休むと職場の他の人に迷惑になるから」60.2％，「仕事量が多すぎて休んでいる余裕がないから」52.7％となっており，とりにくい雰囲気や忙しすぎる状況が取得率の低下要因と見られる。

2.2　違法な長時間労働等の実態

36協定を結ばない，協定を超える残業を行わせる等の**サービス残業**があると言われる。これは労働基準法違反の違法な状況である。

「労働基準監督年報」(2014) によれば，定期監督を行った12万9881事業所中 9 万151事業所（違反率69.4％）で違反が認められ，労働時間に関する違反が30.4％と最も多く，割増賃金の違反22.1％は第 3 位を占めている。

厚生労働省は2014年10月に大臣を本部長とする長時間労働削減推進本部を設け，①長時間労働が認められる事業所や過労死労災請求が出された事業所への労働基準監督署の重点監査，②労働条件ホットラインや過重労働対策相談ダイヤル等の無料電話相談，③労使団体への要請等を行っている。①については，2014年11月「過重労働解消キャンペーン」として違反が疑われる4561事業所に重点監査を行ったが，2304事業所（50.5％）に違法な長時間労働があり，月100時間を超えるものが715事業所（31.0％），賃金不払い残業が955事業所（20.9％）認められた。

また，2015年 5 月18日には臨時全国労働局長会議が開かれ，違法な長時間労働を繰り返す企業の企業名を公表するように指導した。その要件は①中小企業でなく複数の都道府県に事業所を有する企業，②労働基準法違反がありかつ 1 か月の時間外・休日労働時間が100時間を超える長時間労働が，1 事業所で10

人以上または4分の1以上の労働者に認められる，③そのような違法が概ね1年間に3か所以上の事業所で認められる，という条件である。企業規模や違法状況を限定しすぎの感も否めないが第一歩として評価したい。

③ 労働時間管理に関する国際比較と成果で評価する働き方をめぐる議論

経済界は，アメリカの**ホワイトカラー・イグゼンプション**を真似た労働時間の規制を外した制度を導入したい。「日本再興戦略 改訂2014」では「世界トップレベルの雇用環境・働き方」を実現するため，時間でなく成果で評価される創造的な働き方を加える必要があるとしている。

そこで，欧米の労働時間法制とその実態を概観するとともに，2015年労働基準法改正案をめぐる労使の議論の状況を見ていきたい。

3.1 労働時間法制度と労働時間の状況に関する国際比較

経済界や内閣府主導の成長戦略の主張には日本は長時間労働に頼る生産性が低い働き方であるという認識がある。日本生産性本部の調査による OECD 加盟34か国の労働生産性（2013年）の比較では，第1位ルクセンブルク，第2位ノルウェー，第3位アメリカであり，日本は第22位で，他の主要先進国（フランス第7位，スウェーデン第12位，ドイツ第15位，イギリス第19位）を下回る。これは時間当たりの労働生産性でも同様で，第1位ノルウェー，第2位ルクセンブルク，第4位アメリカで，日本はやはり第20位である。

他方，主要先進国の年間総労働時間を比較すると，アメリカ（1790時間）が最大で，日本（1765時間）は第2位で，イギリス（1654時間），フランス（1479時間），ドイツ（1397時間）より多い。

また**表8-6**の長時間労働者の比率で見ると，週40時間未満の比率は日本とアメリカは36％前後だが，ドイツ52.6％，イギリス62.6％，フランス70.7％と過半数を占めている。日本は49時間以上の長時間労働の者の比率が23.1％とアメリカの15.4％より高く，EU 各国は日本の半分以下の11％台である。

第8章 労働時間規制をめぐる政策

表8-6 長時間労働者比率国際比較（2010年） （単位：％）

	日本	アメリカ	イギリス	フランス	ドイツ
49時間以上	23.1	15.4	11.6	11.8	11.7
40～48時間	39.5	48.8	23.9	17.3	35.7
40時間未満	36.8	35.8	62.6	70.7	52.6

（原典） ILO「ILOSTAT Database」，日本：総務省「労働力調査」。
（出典） 労働政策審議会労働条件分科会，2014年9月30日資料。

表8-7 EU・アメリカ・日本の労働時間・勤務間インターバル（休息）規制の比較

	イギリス	フランス	ドイツ	アメリカ	日本
労働時間量の上限規制	EU規制で時間外労働含め週48時間上限規制を安全衛生規制として定める。 ・週48時間上限 ・17週内で調整可能 ・個別同意で適用除外可能	・週48時間1日10時間上限 ・法定労働時間週35時間。超過勤務年220時間上限	・1日8時間 ・調整期間6か月	・法定労働時間40時間を超えた場合割増賃金支払義務が生じるが罰則はない。	・法定労働時間40時間を超えた場合罰則の対象となるとともに割増賃金支払義務が生じる。
割増賃金	割増賃金率は基本的には労働協約で決める。 ＊フランス：協約ない時，割増賃金率25～50％			割増賃金率50％	割増賃金率25％月60時間超50％ ＊中小企業除く
勤務間インターバル規制	EU規制で24時間につき連続11時間の休息期間を設ける義務がある。 ＊病院，電気，ガス等労働協約で代替措置を講じれば適用除外可能。			規制なし	規制なし

（出典） 厚生労働省労働政策審議会労働条件分科会，2014年2月3日配布資料より要約。

　次にEUとアメリカの労働時間に関する制度を**表8-7**や先行研究で概観したい。

　EU諸国では1993年の労働時間指令で原則1週間の労働時間の上限を時間外労働も含めて48時間に規制している。イギリスは当時の保守党政権がこの規制に強く反発したため，労働者と企業が個別に同意した場合はこの規制を外すことができるオプト・アウトと言われる適用除外規定が認められた。しかし，勤務間インターバル規制として週に1日の休日と24時間につき連続11時間の休息時間をとらせる規制はイギリスも含めて受け入れている。その例外として病院・電気・ガ

ス・水道等の公共的業務で労働協約で代償となる休息時間等が確保される場合はこのインターバル規制をとらなくてもいい。この結果1日13時間以上は基本的には労働させられず，週の労働時間も24時間×6日－11時間×6日＝78時間が上限となる。なお，時間外労働の割増賃金率は行政が規制せず労使間の労働協約で定める。このEU共通規制の下でEU各国では法律・労働協約で規制されている。

　ドイツでは1日8時間・週40時間が原則だが，労働協約で年間60日を限度に1日10時間まで働かせることができる。労働協約で時間外労働の場合の割増賃金率を定めたり，労働時間口座といって残業時間をためておき，必要な時に割増賃金か有休休暇として労働者が選択的に活用できる制度が普及している。

　フランスは左派政権時代の2000年に週法定労働時間は35時間まで短縮された。しかし，その後右派政権時に超過勤務時間の上限を2002年に180時間まで上げ，その超過勤務を行えば週39時間労働と同様になるようにした。2005年にはさらに220時間まで引き上げるとともに，その超過勤務にかかる所得税や社会保険料を減免することで超過勤務の利用を促している。超過勤務の割増賃金率は労働協約で定めることが通常だが協約がない場合週36時間から43時間までは25％，それ以降は50％の割増賃金率が適用される。

　イギリスでは，EUの労働時間指令を受けて労働者との個別同意によるオプト・アウト（適用除外）がない限り時間外労働も含めて週48時間を超えてはならないとされている。時間外労働の割増賃金率の規制はなく企業により異なっている。イギリスでオプト・アウトを利用した労働者の比率は19％である[18]。

　アメリカでは，法定労働時間は日本と同様40時間と定めている。日本はこれを超える場合**36協定**を結び割増賃金率を25％払えば事実上上限なしに残業させられるが，協定を結ばず残業させたり，割増賃金を払わないと違法とされ，悪質な場合罰金や懲役という刑事罰の対象となる。

　他方，アメリカでは刑事上の罰則はないが，時間外労働の割増賃金率は50％である。ただし，**ホワイトカラー・イグゼンプション**という非肉体的労働をするホワイトカラーで一定以上の賃金をもらう者には適用されない制度がある。

　この制度は1937年の公正労働基準法（Fair Labor Standards Act）によるもの

で，一定賃金以上のホワイトカラーには交渉力があり保護の必要性がないという趣旨と思われる。制度は，管理職イグゼンプト，運営職イグゼンプト，専門職イグゼンプトからなる。

管理職イグゼンプトは，①仕事が企業やその部署の管理であり，2人以上の部下を指揮・監督し，採用，解雇，昇進，昇給等に権限があること及び自由裁量権限を行使していること，②俸給が週455ドル以上であること，③労働の質・量の変動にかかわらず週や週以上の一定期間で俸給が払われるという条件が必要となる。日本の管理・監督者と同様の制度である。

運営職イグゼンプトは，①オフィス業務もしくは非肉体的労働を行い，自由裁量や独立した判断を行うこと，②俸給額，③俸給基準の要件は同じである。

専門職イグゼンプトは，①長期の専門的知識教育で得られる高度な知識を必要とする学識専門職や芸術的または創作的能力を必要とする創造専門職であること，②俸給額，③俸給基準は同じである。

なお，俸給額が年間10万ドル以上である場合は，①～③に定める要件の一つに該当すれば適用される高額賃金イグゼンプトの特例がある。

俸給基準は2004年労働省規則改正で455ドルに引き上げられた。高額の年間10万ドルは1200万円程度だが，週455ドルは年収285万円程度に過ぎない。

このため，2015年7月に労働省は週455ドルの基準を標準俸給の下位40％の水準である週給921ドルに引き上げ，高額の10万ドル基準を俸給の下位90％である年12万ドルに引き上げる案を示した。共和党議員，商工会議所等は規則改正に反発する意見を示しているが，労働省案どおりとなれば，賃金要件は原則年576万円，高額基準で年1440万円程度に引き上げられることになる。(19)

なお，この要件に当たらないのに企業が残業手当を払わない場合，懲罰的に民事賠償として2倍の額を払う義務が生じるとともに，労働省が労働者に代わって事業主を訴える措置もとられている。

3.2 労働基準法改正案をめぐる議論

「日本再興戦略 改訂2014」では，「世界トップレベルの雇用環境・働き方」

として，長時間労働是正と労働時間の長さと切り離した「新たな労働時間制度」の創設等の検討を行うとしている。

これを受けて，2014年9月から厚生労働省労働政策審議会労働条件分科会で検討が始まった。

2015年2月12日に労働政策審議会は，労働基準法改正案を国会に提出すべきとの建議を行ったが，労使双方から異なる意見が併記されている。

労働側の意見としては，①労働時間の上限規制及び勤務間**インターバル規制**を導入すべき。労働時間と切り離し成果で評価する新しい労働制度の導入等については，長時間労働となるおそれがあることから，認められないというものである。

使用者側の意見としては，労働時間と切り離した成果で評価する新しい労働制度について，幅広い労働者を対象とすべきであるというものである。

2015年に通常国会に提出された**労働基準法改正案**の主な内容は次のとおりであるが，2016年6月時点ではまだ成立していない。

①長時間の時間外労働規制

月60時間を超える時間外労働の割増賃金率を50％とすることの中小企業への猶予措置を廃止する。施行時期は3年後（2019年4月）とする。

②年次有給休暇の取得促進

使用者は，10日以上の年次休暇が付与される労働者に対し，5日については毎年時季を指定して与えなければならない。ただし，労働者の時季指定や計画的付与で取得された有給休暇の日数分は指定する必要はない。

③**フレックスタイム制**

フレックスタイムの清算期間の上限を1か月から3か月に延長する。1か月を超える場合，週の労働時間が50時間を超えない範囲で労働させられる。

④企画業務型**裁量労働制**の見直しについて

対象業務に「課題解決型提案営業」と「裁量的にPDCA（企画，立案，成果の評価，実施の管理）を回す業務」を追加するとともに，対象者の健康確保措置や手続の簡素化等の見直しを行う。

⑤特定高度専門業務・成果型労働制（**高度プロフェッショナル制度**）の創設

　高度の専門知識を必要とし，時間と成果との関連性が通常高くないと認められる業務として省令で定めた業務を，一定以上の年収（少なくとも1000万円以上で省令で定める額）の労働者に行わせる。本人の同意，労使委員会の5分の4以上の決議等の手続を経て行政官庁に届け出た場合，労働時間・休日・時間外労働割増賃金等の労働基準法の規制を適用しない。

　使用者は，時間外労働の割増賃金は払わなくてよいが，労働者の健康管理のため，労働者が事業所内にいた時間と事業所外で業務を行った時間の合計を健康管理時間として把握する。

　使用者は，次のいずれかの健康確保措置を講じる。

1）24時間単位の省令で定める時間以上の継続した休息時間を確保するとともに，1か月内に深夜労働する回数を省令で定める回数以下とすること。

2）1～3か月内の健康管理時間を省令で定める時間以内とすること。

3）休日を年104日（週2日）以上，かつ4週間に4日以上とすること。

　使用者は健康管理時間が，省令で定める時間を超える場合は，医師による面接指導を行わなければならない（労働安全衛生法改正）。

4　まとめ：長時間労働是正と労働生産性を上げる働き方をめぐる議論

　日本の労働時間は，全体の労働時間は減っているが，非正規以外の一般労働者の労働時間は減らず，直近時間外労働が増えている。さらに30代男性や大企業で労働時間が最も長い者の状況の悪化が見られ，過労による脳・心臓疾患や精神障害の労災認定事例も見られる。正規労働者の長時間労働やそれを原因とする健康被害の防止は，課題の一つである。

　また，**ブラック企業**と言われる企業や違法な**サービス残業**や過重な長時間労働を強いる企業が，労働基準監督署の重点監査や一般監督指導において高率で見られる状況が課題の第二である。

　日本には，EUのような労働時間の上限規制や業務間の**インターバル規制**は

ない。他方,割増賃金率については2008年改正で月60時間超の時間外労働について中小企業以外の企業に50％課されることとなったが,国際的に見て緩やかな規制と言える。国会提出中の法案（2016年6月時点）では中小企業にも50％割増賃金率を適用する案となっており,その早期成立が望ましい。**インターバル規制**の導入については直ちには困難だとしても,労働時間や時間外労働の実態の公表義務を課す等,長時間労働の是正を促す措置の進展が望まれる。

経済界の生産性上昇をめざす規制緩和に関しては,企画業務型裁量労働については,実際の平均的労働時間とみなし労働時間との乖離がなければよいわけだが,それが大きい場合は労働基準監督署の指導監督の下,その見直しを行う仕組を作るべきではなかろうか。

高度プロフェッショナル制度についても,アメリカの**ホワイトカラー・イグゼンプション**は昔からある制度で,近年の労働環境の変化に対応してできたものではない。EU主要先進国にはイギリスも含め日本より厳しい労働時間やインターバル規制があるが日本より労働生産性は高い。日本も第6章で見たように**役割給・職務給**要素や成果評価要素を賃金制度に導入する傾向が見られることから,現行制度の下でも企業ごとに成果評価に応じた賃金制度や,無駄な残業を制限する仕組で生産性を上げることは可能と思われる。

現行案のように収入が高い場合は,それほどの弊害はないかもしれないが,安易にアメリカ並みに広範なホワイトカラーについて,労働時間規制の適用を除外することは,長時間労働を評価されがちな日本の正規雇用においては,現在以上に健康被害を生むリスクが高まるおそれがある。さらなる拡大を検討するのであれば,年収要件をホワイトカラー全体の報酬の上位何割かにとどめるとともに,現行法案のいずれかの健康措置をとれば良いというものから進めて,過重な残業の規制や完全週休2日制分の休日の確保等を条件とすべきではなかろうか。

注
(1) ILO第1号条約について日本は労働時間の上限規制がないため,現在もこの条約を批准していない。

第 8 章　労働時間規制をめぐる政策

(2)　常時10人未満を雇用する小規模の商業，映画・演劇業，保健衛生業，接客業については現在でも週44時間である。
(3)　「労働基準法第36条第 1 項の協定で定める労働時間の限度等に関する基準」告示（1998年労働省告示154号）。
(4)　今野晴貴『ブラック企業——日本を食いつぶす妖怪』文春新書（2012）あたりから広まったが，一般的には若者を大量採用しつつ，過重労働や労働法に違反する違法労働で大量早期離職を生じる企業を意味する。
(5)　総合規制改革会議中間とりまとめ（2001年 7 月）。
(6)　労働政策審議会労働条件分科会報告書「今後の労働契約法制及び労働時間法制のあり方について」（2008年12月27日）。
(7)　労働政策研究・研修機構「中小企業における労使コミュニケーションと労働条件決定」（2006）による，正社員1000人未満企業 1 万2000社に対するアンケート調査，送付回答率20％。
(8)　東京高裁1997年11月17日判決，トーコロ事件（最高裁2001年 6 月22日は高裁判決を維持し会社の上告棄却）。役員を含む全従業員の親睦団体である「友の会」の代表者を過半数代表者と認めず，36協定を無効と判断した。
(9)　最高裁1991年11月28日判決，日立製作所事件。
(10)　東京地裁2008年 1 月28日判決，日本マクドナルド事件。店長として処遇は高かったが店長の仕事の他，シフトマネージャーとして過重労働を強いられたため管理・監督者と認められなかった。その後，和解で解決している。
(11)　日本労務研究会「管理監督者の実態に関する調査研究報告書」（2005），1 万事業所送付，有効回答率 7 ％。
(12)　厚生労働省通知2001年12月12日基発1063号。
(13)　厚生労働省「脳心臓疾患と精神障害の労災補償状況」（2013）。
(14)　労働政策研究・研修機構「年次有給休暇の取得に関する調査」（2011）。
(15)　日本生産性本部「日本の生産性の動向 2013年版」（2014）。
(16)　樋口英夫・飯田恵子・藤本玲・幡野利通「労働時間規制に係る諸外国の制度についての調査」労働政策研究・研修機構（2012）の内容を参考としている。
(17)　Council Directive 93/104/EC（1993年11月23日）。
(18)　Hogarth, T. et al., "The Business Context to Long Hours Working," *DTI Employment Relations Reseach Series*, No. 23 (2003).
(19)　労働政策研究・研修機構，国別労働トピック・アメリカ「公正労働基準法，行政規則改正残業代支給対象者から除外されていた労働者の年収が大きく増加」（2015年 9 月）。

第9章　若者・女性の雇用政策

　若者は，1990年代後半以降の就職氷河期やリーマンショック後の不況期には，新卒採用減少による就職難や非正規雇用化の対象となった。本章では，若者雇用の現状，その支援策，課題について検討したい。

　女性については，日本では結婚後は仕事より家事・育児・介護を中心に行うものといった性別役割分担意識が強く，雇用の場においても差別を受けてきた。1980年代後半から職業生活と家事・育児等の両立支援策を実現する政策や男女雇用機会均等政策が行われているが，現時点においても賃金や管理職比率の男女差は欧米先進国より大きい。本章では，女性雇用の現状，両立支援策や男女雇用均等政策，課題について検討したい。

1　若者雇用の現状と課題

1.1　欧米先進国の若者雇用との比較

　先進国の若者失業率は全体の失業率の2倍程度と高い。日本はバブル崩壊後の経済低迷で1992年の5％から2013年には7％弱に上昇した（表9-1）。

　欧米の雇用が職務内容に応じて契約し，採用も退職・転職者が出て空きが出た時に新卒・既卒を問わず応募するため，職務についての知識・経験に乏しい若者は不利となる。その中でもドイツの若者失業率が低い原因は，高校等の中等教育レベルで職業教育と職場での見習い実習を組み合わせたデュアルシステム（二重システム）と言われる制度が発達していることと，EUの中では景気が好調であること等によると思われる。欧米では，家庭が低所得，外国籍等であるため教育や職業機会を得にくい不利な状況にある「取り残された若者」の問

第9章　若者・女性の雇用政策

表9-1　先進国の若者（15〜24歳）と全体の失業率（2013年）

	フランス	イギリス	アメリカ	ドイツ	日本
若者失業率	23.9%	20.9%	15.5%	7.9%	6.9%
全体失業率	10.3%	7.5%	7.4%	5.3%	4.0%

（出典）　労働政策・研修機構『データブック国際労働比較 2015』（2015）。
（原典）　全体：OECD Employment Outlook 2014 (2014), 若者：OECD database (http://stats.oecd.org/　2014年9月閲覧)。

題と，学校から職業キャリアに円滑に移行できなかった「うまく入り込めなかった新参者」の問題があると言われている。[1]

日本は，経済成長による人手不足や**新卒一括採用**により学校から正規雇用に移行できたため，長く低い若者失業率であったが，90年代より若者失業率は高まっている。その現状と原因を次節で見てみよう。

1.2　1990年代以降の若者雇用の状況・原因・課題

図9-1で見られるように15〜24歳の失業率は1990年当時から全体失業率の2.1%の2倍以上の4.3%もあり，就職氷河期の2003年ピーク時には全体の5.3%に対して10.1%となり，直近2013年も全体の4%に対して6.9%と高止まっている。その上の25〜34歳も定年を迎え嘱託等に移行する55〜64歳や65歳以上より失業率が高い。非正規化が若者世代により浸透しているためと思われる。25〜34歳の男女計の**非正規雇用**比率は2000年の15.8%から2014年には28.0%に[2]
増加している。総務省「就業構造基本調査」によると初職が非正規であった者の比率は，就職時期が1987年から1992年の者が13.4%に対して，2007年から2012年の者は39.8%となり，景気後退と非正規化の影響を大きく受けている。

15〜24歳の非正規率も2014年には男女計で48.6%が非正規であるが，こちらは**大学等進学率**（短大を含む）が1990年の30%から2014年には53.8%まで上昇し，専門学校の17.0%も含めれば70.8%となり，高卒後就職する者が減る中で[3]
学費や生活費のためにアルバイトとして働いている者も含まれる。

高等学校卒業後の状況を見ても就職率は1992年の33%から2014年の17.5%まで減少している。厚生労働省「職業安定局業務統計」による公共職業安定所の

第Ⅲ部　就労年齢層の政策：雇用・所得保障・租税等

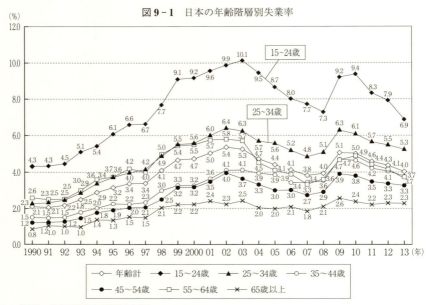

図9-1　日本の年齢階層別失業率

（出典）　総務省統計局「労働力調査」。

　高校新卒者求人数で見ると1990年3月には134万人あったが2011年は19.7万人に減り、2015年3月は31.5万人と少し増えたが、これは足元の景気回復によるもので非正規の求人も含んだものである。昔は企業と高校との関係の中で**指定校**を作り、校内選抜で求人に合う生徒を選び、学校もその生徒に対しては就職先として1か所しか推薦しないという形で高校から正規の職業への移行が行われていたが、現在では大卒や専門学校卒業生に正規の求人の中心が移る中で、家の都合で大学等に進学できない者等は不利な状況に至っている。その原因の一つは、日本の大学授業料の値上がりと貸与型奨学金が多いという問題が見られる。この**奨学金問題**は若者の雇用機会を狭めている課題の一つと言えよう。

　日本は、**新卒一括採用**制度があるため、現在でも欧米に比べれば学校から職場への円滑な移行がなされている。しかし、就職時期が不況で就職困難時期に当ると、正規の求人が少なくうまく移行できない。企業は既卒採用となるとその業界や職種の知識経験を重んじるため、就職浪人や非正規で働いていた者が

正規雇用につきにくい問題がある。

　リクルートワークス研究所の調査による大卒求人倍率を見ると，1991年の求人倍率2.86が1996年や2000年には1前後まで低下し，2011〜2014年も1.2台を低迷した後，足元2016年卒は1.73となっている。文部科学省「学校基本調査」の大卒後の状況を見ても就職氷河期の2000年の「一時的な仕事に就いた」と「進学も就職もしていない」，「その他」の者を合わせると26.6％であり，直近の景気回復を反映した2015年3月の16.3％より多く，景気によって就職に移行しにくい状況がある。

　背景には，大卒者が増える一方，正規雇用が減っていることと，中小企業も含めて求人は大卒中心に移行しているが，近年の大卒の就職活動はネットを使った就職エントリー，会社説明会，面接の経路をたどるが有名企業に応募が集中し，中小企業の求人に目がいかない**企業規模によるミスマッチ**も要因とされている。

　リクルートワークス研究所の調査（章末注(4)）によれば，企業規模別有効求人倍率は2016年3月卒で従業員300人未満の企業で3.59，300〜1000人未満の企業で1.23に対して1000人以上規模の大企業は0.92と狭き門となっている。

　また，厚生労働省の「新規大学卒業者離職状況」(2014)によれば，新卒3年目までに辞める2012年度の**離職率**は，中卒で65.3％，高卒で40.0％，大卒で32.3％となっている。中卒，高卒者は本人の未熟さの他，高卒以下の求人が非正規等不安定なケースも多いからと思われるが，離職率の高さの原因には**情報不足のミスマッチ**も多いと思われる。また，2011年頃までの不況期には，若者を大量に採用しながら長時間労働，残業割増賃金不払い等の劣悪な労働環境に置き大量離職する**ブラック企業**と言われる企業の存在が背景にあると言われる。これら学校から就職への移行円滑化や，違法な労働を強いる企業の排除が課題の第二である。

　また，移行がうまく行かない中，15〜34歳の男性または未婚の女性であって非正規雇用の職に就いているか，失業・非労働力状態で非正規雇用の職を希望する**フリーター**と言われる状態にある者が，2015年でも167万人（同年齢の労働

第Ⅲ部　就労年齢層の政策：雇用・所得保障・租税等

人口の6.4%）いる（総務省「労働力調査（詳細推計）」）。また，学校の不登校や中退，就職後の失業により15～34歳で無職で教育，職業訓練にも従事していないニート[5]と呼ばれる者が2014年で56万人（同年齢層人口の2.1%）いる。不安定な雇用や非労働・教育状態に落ち着いてしまった者を安定した仕事に就けたり，自立のきっかけをつかませるための相談・職業紹介・職業訓練・教育・職業前の生活訓練等の面で支援することが，課題の第三である。

2　若者雇用等の支援策

2.1　若者支援政策の経緯

戦後の日本は，経済成長による若者の人手不足があり，中卒者の集団就職，高卒の**指定校推薦**，**新卒一括採用**により，学校から職業生活への円滑な移動が行われていたため，若者は雇用の主要な支援対象でなかった。労働政策としては，年少者の健康管理のための労働基準法の長時間労働や危険有害業務の規制や，中卒・高卒で職業に就いた勤労青少年の福祉対策として1970年の勤労青少年福祉法に基づき，職業指導，職業訓練，勤労青少年ホーム等における相談・レクリエーションを行うものがあった。

1990年以降の景気低迷期に，新卒採用を抑制する動きから，若者失業率の高まりや**非正規雇用**に就く者が増え，若者の雇用が大きな政策課題として認識されるようになった。2003年6月には「若者自立挑戦プラン」として内閣府，厚生労働省，文部科学省，経済産業省が施策をまとめ，2004年度に80億円（2003年度は8.5億円）の予算が計上された。「日本再興戦略 改訂2014」の中でも若者の雇用・育成のための総合的対策に必要な法律を提出することとされている。これを受けて，前述の勤労青少年福祉法を2015年に全面的に改正し，**青少年の雇用の促進等に関する法律**として若者雇用対策を総合的に進める根拠法とされた。以下直近の施策について，[1]で見た課題ごとに対策を論じたい。

第9章 若者・女性の雇用政策

2.2　高卒以後の奨学金問題

　若者雇用の課題の第一として，企業の求人が大卒等に移行している中で，高等教育機関の学費上昇と，日本の奨学金について貸与型が多い問題があると述べた。学生生活支援機構の「学生生活調査」によると，1984年の年間学費は66.7万円，生活費は65.7万円だったが，2012年では学費は117.6万円（1984年価格で53％増），生活費は70.5万円（1984年価格で－6.8％）とされ，学費の伸びを賄うのに生活費を切り詰めている。この間国税庁の民間給与実態調査によると平均給与は1995年の467万円が2012年度は408万円に低下しており，学生の生活費・学費に占める親からの仕送りは2006年の68.3％から2012年度は60.8％に低下，アルバイトは15.4％から16.2％に上がり，奨学金は13.7％から20.5％に上昇している。奨学金制度の実態について学生生活支援機構の調査で見ると，返済不要の給付型が11.0％，貸与型が89.0％であり，公的資金の入っている学生支援機構の奨学金はすべて貸与型で71.8％を占める。2013年の大学学部学生数256.2万人のうち日本学生支援機構の奨学金を受けている者は98.6万人と38.5％に上り，他の貸与型の奨学金利用者も含めれば約半数の大学学部学生が貸与型奨学金を利用していると思われる。同機構の奨学金は，世帯人員数により所得650～1280万円以下の世帯で高校の平均成績が5段階で3.5以上の学生に貸与する無利子型と，所得850～1520万円以下の世帯で，高校の成績が平均以上の学生に貸与する有利子型（2015年度の利子は利率固定型0.63％，変動型で0.1％）の二つがあり，2015年度で無利子型は47万人に3125億円，有利子型は88万人に7966億円が貸し出されている。無利子でも最長20年で返還しなければならず，最多利用者の月5.4万円貸与の場合，卒業後月1万800円を20年間返還する必要がある。

　総務省調査（2007年）によると，30～50歳代の高等教育機関卒業者のうち年収300万円未満の者は33～35％に上り，月1万800円でも返済は楽ではないと思われる。延滞すれば5％の延滞利子がつき，2014年度で延滞者は32.8万人にのぼる。

　諸外国の状況と比較すると，文部科学省「学生への経済的支援の在り方に関する検討会報告書」（2014年8月29日）の資料によれば，ドイツのように州立大

学は授業料の無償が多く徴収しても年5～10万円と低額な国もあれば，アメリカは州立68.8万円，私立は220万円と高いが，学生数1114万人中800万人が給付型奨学金を，700万人が貸与型奨学金を並行利用している。イギリスは国立でも授業料は115万円と高いが学生の61％が給付型，84.6％が貸与型奨学金を利用し，貸与型は卒業後の所得が一定以下の年は返済免除，その所得を上回っても年間所得の9％程度を返済上限額とし，最長25～30年の返済期間到達後の残額は返済免除される。日本は2013年度で国公立授業料が53.6万円，私立が平均86万円だが，貸与型奨学金が大半である。日本でも2012年度から無利子型の返済について，所得が300万円に満たない場合返済を猶予する制度が導入されたが，300万円を超えれば全額返済義務が生じる。

政府は「ニッポン一億総活躍プラン」[8]（2016年）で，2017年度からの所得連動返還型奨学金制度の導入と給付型奨学金創設の方針を決定した。

2.3 学校から就職への移行円滑化

学校から就職の移行円滑化の問題点の第一は，新卒時期が不景気だった場合に新卒一括採用の利点を受けにくい点である。このため，2011年7月政府は経済団体に新卒から3年までは新卒者として対応してもらうよう要請した。

問題点の第二は，**企業規模によるミスマッチ**と3年内の若者**離職率**が高い背景として，企業の内容がわからない**情報不足**によるミスマッチと労働条件の悪さを隠し大量採用，大量離職を繰り返す**ブラック企業**の存在がある。

このため国の公共職業安定所や都道府県が事業主体であるジョブカフェでは中小企業の合同説明会を企画したり，若者が登録すればその者の担当者を決めて希望業界・業種や本人の適正に応じた就職を斡旋する個別指導を行っている。

また**青少年の雇用の促進等に関する法律**では企業側に①募集・採用の状況（採用数・離職者数・平均勤続年数），②雇用管理の状況（育休・有休休暇・残業時間の実績），③職業能力開発・向上の状況（導入研修の有無等）の情報について，応募者の求めに応じてそれぞれの項目のうち一つ以上の情報を提示するように求め，従来から存在する若者雇用に熱心な中小企業である「若者応援宣言企

業」をより発展させる制度として，新たに**ユースエール認定企業**の制度を作った。これは，上記情報をすべて開示させるだけでなく①過去3年間の離職率が20％未満，②月平均残業時間20時間以下または週労働時間60時間以上の者の比率5％以下，年次有給休暇取得率70％以上または平均有休取得日数10日以上，③人材育成方針及び教育訓練計画の策定等指標の数値が一定レベル以上である企業を認定し，それを広告・公表する仕組である。

さらに，**ブラック企業**対策としては，従来から無料電話相談等を受け付けていたが，前述の法律に基づき，公共職業安定所は①労働基準法や最低賃金法の賃金・割増賃金不払い・労働時間に関する規定違反で1年に2回以上是正指導を受けるか，1回でも社会的影響が大きく悪質な事例として公表された企業，②男女雇用機会均等法や育児介護休業法に違反し是正を求める勧告に従わず企業名を公表された企業については，一定期間公共職業安定所の**求人不受理**扱いとすることとした。

この他企業・学生の実態がわかるようにアメリカのように学生が一定日時企業での活動や労働を行う**インターンシップ**が普及しつつある。

2.4 フリーター・ニート等不利な状況に陥った若者の支援策

職業移行に失敗し，**フリーター**状態のまま数年がすぎると企業で教育研修を受けられず能力開発上不利な状況となる。彼らに対し公共職業安定所，ジョブカフェでの個別的指導相談の他，雇用保険被保険者に対する職業訓練や，被保険者資格がなくとも公共職業安定所の指示した職業教育訓練を受ける場合，訓練期間中の生活費を月10万円支援する**求職者支援制度**がある。

また，公共職業安定所での指導の下，学歴・就職歴の他，業界と連携した職業訓練を受けた結果を記入したジョブカードで本人の就職能力・資質を証明し，キャリアコンサルティングを行う制度も行われている。

学校や職業生活でつまづき時間が経過したニートの場合は，各都道府県にある**若者サポートステーション**において合宿形式で生活習慣や挨拶等就業前訓練を行ったり，生活困窮者支援法に基づき福祉的就労を斡旋する制度もある。

これらの者を正規や多様な正規として雇用する企業には，**キャリアアップ助成金**を支給したり，これらの若者を6か月間試験的に雇用する場合その賃金を補助し，双方気に入れば雇用に結び付ける**トライアル雇用**助成金を支給する制度もある。

③ 若者雇用まとめ：奨学金，情報ミスマッチ対策と非正規への支援

1990年代後半以降，若者は雇用面で不利な存在になった。

課題としては，高卒非正規雇用の不利があり，大学に進学できない者を支援するための**奨学金問題**があった。給付型や所得連動返済型奨学金の普及をどう進めるかが論点と思われる。

課題の第二は，学校から職業への円滑な移行支援を阻む**情報不足のミスマッチとブラック企業**の問題がある。新卒就職の個別指導，ブラック企業や企業実態を見分ける情報開示制度の充実や，ブラック企業の監視の他，ブラック企業の客観的基準に基づく積極的公表や就職斡旋の停止等の制裁の強化，若者雇用を支援している企業の奨励をどう進めるかが論点と思われる。

課題の第三は，**フリーター**，**ニート**等と呼ばれる非正規状態に陥った若者への支援策である。ジョブカード制度や訓練制度の充実，多様な正規の普及とそれへの移行支援，職業能力評価制度の改善充実等が論点と思われる。

④ 女性雇用の現状と課題

女性の雇用状況については，第4章で見たように（図4-1）年齢階級別の労働力率について，子どもの出産時に仕事を一旦辞めてしまうため30歳代にかけて労働力率がへこむ**M字カーブ**という現象が見られた。国立社会保障・人口問題研究所の調査によると1985～1989年出生児の母親は，出産前61.4%が就労していたが，そのうち出産後も働いていた者は39%であった。2005～2009年出生児の母親は，出産前70.7%と就労は増えたが，出産後も働いていた者の比率は

第9章 若者・女性の雇用政策

表9-2 男女別・年齢階級別正規雇用比率（2014年）

	15～24歳 (在学中除く)	25～34歳	35～44歳	45～54歳	55～64歳	65歳以上
女 性	63.8%	57.9%	44.6%	40.2%	31.9%	24.4%
男 性	74.7%	83.1%	90.3%	90.6%	67.1%	28.6%

（出典）総務省「労働力調査」。

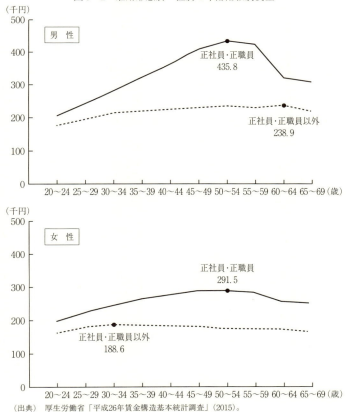

図9-2 雇用形態別・性別の年齢階級別賃金

（出典）厚生労働省「平成26年賃金構造基本統計調査」(2015)。

38％と80年代とあまり変わりがない。

また非正規雇用化は男女とも進んでいるが、1985年が男7.4％、女32.1％に

表9-3 賃金男女格差とその要因の勤続年数格差と女性管理職比率（2013年）

	賃金格差 (男100)	勤続年数 (男100)	女性の比率	
			就業者	管理職
日　本	71.3	68.4	42.8%	11.2%
アメリカ	82.1	95.7	47.0%	43.4%
イギリス	80.9	95.0	46.5%	33.8%
ドイツ	81.3	90.6	46.3%	28.8%
フランス	84.6	98.8	47.9%	36.1%
スウェーデン	88.0	105.4	47.6%	36.1%

（出典）労働政策研究・研修機構「データブック国際労働比較 2015」。

対し，2014年は男21.8％，女56.7％と女性の非正規化が著しい。正規雇用の年齢別比率は，**表9-2**のように女性は男性より低く，35歳以降も結婚・出産後のパートタイム雇用が増えるので回復していない。

年齢別賃金カーブ（**図9-2**）は，非正規の男女差は小さく正規の男女差は大きい。この結果，男女の賃金格差は労働者全体では男性100に対して女性71.3，正社員では男性100に対して女性74.0であり，約3割の差がある。これは勤続年数と管理職等昇進・昇級の格差が原因と考えられる。主要先進国の賃金格差はスウェーデン88，フランス84.6，アメリカ，イギリス，ドイツは80程度であり，勤続年数や管理職比率の差によって説明できる（**表9-3**）。

このように女性の雇用を阻む要因としては，①出産・子育てと就労の両立を難しくしている**両立支援**制度の乏しさ，②企業に残る男女の役割分担意識の差やそれがもたらす昇給・昇進の差がある。

5　両立支援策と男女雇用均等政策

5.1　女性に関する雇用政策の経緯

政策の現状を検討する前に政策の推移を概観したい。

第9章　若者・女性の雇用政策

①女子保護政策

1911年の**工場法**は，女性を年少者とともに保護対象として長時間労働と深夜労働が規制された。戦後の労働基準法でも時間外労働の上限規制や深夜労働の原則禁止と危険有害業務の禁止，生理休暇の規定が設けられた。その後男女雇用均等要求とともに1997年に労働基準法の妊娠出産期の母性保護以外の女性に関する時間外・深夜労働等の規定が削除された。

②母性保護，就労・育児等の**両立支援策**

戦前工場法施行規則で産後5週を経過しない女性の就労を原則禁止していたが，戦後1947年の労働基準法でも産前・産後の就業禁止が定められた。休業中の報酬は被用者健康保険制度で報酬の67％が給付される。

1972年に勤労婦人福祉法が制定され，事業主に育児休業や保育所に預ける場合の配慮が求められた。長い議論を経て1991年に育児休業法が制定され，育児休業の申出を事業主は原則拒めないこととされた。1994年雇用保険法が改正され休業前賃金の25％の**育児休業給付**を支給することとなった。

その後親の介護負担が問題となり，1995年育児・介護休業法に改正されて**介護休業**が与えられ，1998年の雇用保険法改正で介護休業給付が制定された。その後何度かの法改正で，休業要件や休業給付が充実されていった。

また，少子化対策として2003年に**次世代育成支援対策推進法**が制定され，子どもの育成環境を整備することを目的に，地方公共団体の他，常時雇用する労働者が一定以上(10)の企業は，子育てを支援する行動計画を定めて厚生労働大臣に届け出ることとされた。そして一定の基準に適合する企業は，子育てサポート企業として認定され，「くるみんマーク」を広告等で表示できることとされ，施設設備の償却促進の税制優遇が行われた。

③男女雇用均等政策の経緯

1947年の労働基準法では，男女に関しては賃金のみ差別してはならないとされた。これは，女性について長時間労働の保護規定があったことが影響している。賃金も勤続年数・職務内容・責任による違いは差別ではないとされ，昇給・昇格による格差が差別でないと解されていた。

退職・解雇に関して、1966年の判例で女性の結婚退職・35歳定年が民法第90条の公序良俗に反し無効と判示され、1981年の判決で男性55歳、女性50歳の定年が民法第90条違反で無効とされ、定年・退職差別の判例が確立した。

国連で1967年の婦人差別撤廃宣言が採択され、1975年を国連婦人年に定め、婦人年までの行動計画が定められた。日本政府も1975年に婦人問題企画推進本部を設け、1977年には国内行動計画を策定し、男女雇用平等のために労働関係法令の検討を行うとされた。しかし、労働省婦人少年問題審議会では差別撤廃を主張する労働側と漸進的改革や昇進・昇格は評価の問題で法規制になじまないと主張する使用者側が対立した。

1985年に**男女雇用機会均等法**が制定されたが、判例があった定年、退職、解雇の差別禁止や産前産後休業を理由とする解雇を禁止したが、募集・採用・配置・昇進は女性を理由に排除しないという努力規定にとどまった。

その後、1997年男女雇用機会均等法改正で①で述べた労働基準法の女性保護規定の削除とともに、保護から**均等待遇**へ方針変換が行われ、募集・採用の均等機会義務や配置・昇進の差別禁止を規定する一方、女性の機会拡大のための**ポジティブ・アクション**（女性活用促進措置）を支援すると定めた。

さらに2006年男女雇用機会均等法改正では、女性差別禁止の片面的規制から男女双方の差別を禁止する両面的規制に改め、降格・職種や雇用形態の変更・退職勧奨・雇止めも差別禁止対象に加えるとともに、性別以外の条件をつけて実質性差別となり得る**間接差別**事項を列挙して禁止する改正を行った。

5.2　両立支援策の現状と対策の方向性

育児・介護休業の育児に関する規定としては、

①育児休業について、原則1年としつつ、保育所が見つからない場合1年6か月まで延長できること、父母がともに休業する場合1歳2か月まで延長できること、有期雇用者も1年半後に更新も含めて契約が終了することが明らかでない者を対象にできることとした。また、育児休業・介護休業の申請・取得を理由に解雇等の不利益を与えることを禁止した。なお、雇用保険法の育児休業

第9章　若者・女性の雇用政策

図9-3　育児と介護の両立支援制度比較

a. 育児両立支援策	b. 介護両立支援策
出産　産後8週　　1歳　1歳半　3歳　　就学	要介護状態　　　　　　　　　93日間　要介護終了
産後休暇／育児休業	介護休業
所定労働時間短縮措置原則 代替措置・育休に準ずる措置 　・フレックスタイム 　・始業・就業時間繰上げ・繰下げ 　・保育施設設置等	（介護休業しない場合） 代替措置・所定労働時間短縮 　・フレックスタイム 　・始業・就業時間繰上げ・繰下げ 　・介護サービス費用の助成等
所定外労働制限	所定外労働制限
子の看護休暇　年5日（2人以上10日）	介護休暇　年5日（2人以上10日）
時間外労働・深夜労働制限	時間外労働・深夜労働制限

給付として，最初の6か月は賃金の67％，その後は50％が支給される。

②小学校入学までの子どもが病気の時は年5日（2人以上10日）看護休暇を与える義務がある。なお，1日未満の単位で分割取得が可能となった。[13]

③3歳未満の子を養育する者の育児休業以外の措置としては，

1）申出があれば，事業主は原則1日の所定労働時間が6時間以下の短時間勤務を与えねばならず，それが困難な場合は代替措置として，育児休業に準ずる休業，フレックスタイム，始業・終業時間の繰上げ・繰下げまたは事業所内保育所設置かそれに準ずる措置を講じなければならない。

2）申出があれば，所定外労働を免除しなければならない。つまり契約で定めた所定労働時間以外の残業を免除する。

④小学校就学前の子を養育する者の措置としては，

1）申出があれば労働基準法の法定労働時間（1日8時間・週40時間）を超える時間外労働について，1か月24時間，年150時間を超えない制限を設ける。

2）申出があれば深夜労働（午後10時から午前5時）をさせてはならない。

介護に関する労働者に対する**両立支援策**としては，

①介護休業として，要介護な家族1人に対して，93日の介護休業を与える。2016年の改正で3回に分けて分割取得が可能となった。介護休業が与えられない場合の代替措置として，短時間勤務制度，フレックスタイム，始業・終業時

間の繰上げ・繰下げ措置，介護費用の助成またはそれに準ずる措置を講じなければならない。雇用保険法の介護給付として賃金の67％が支給される。

②介護のための短期休暇も要介護家族が1人の場合年5日（2人以上の場合10日）与えることされ，やはり1日未満の単位で取得可能となった。

③介護休業以外の措置として，時間外労働及び深夜労働の制限があったが，2016年改正で所定外労働の制限も加えられた（図9-3）。

5.3　両立支援策の課題

安倍首相は2015年10月の内閣改造時に「1億総活躍社会」の実現を目標に，新三本の矢として強い経済，名目 GDP 600兆円の早期実現の他，夢を紡ぐ子育て支援（国民の希望かなえ合計特殊出生率1.8を目指す），安心につながる社会保障（介護離職0を目指す）を政策目標に掲げた。しかし，現実には第4章で見たように保育所不足があるとともに，出産を経ても仕事を継続している女性の比率は2005〜09年出生児で38％と80年代からあまり変わらない（前注(9)調査）。正規雇用では80年代後半の40.4％（うち育児休業取得13％）から2005〜09年は52.9％（うち育児休業取得43.1％）と継続率が向上しているが，非正規労働者では80年代後半の23.7％（うち育児休業取得2.2％）が2005〜09年は18.0％（うち育児休業取得4％）と改善していない。

介護離職も総務省調査[14]によれば，2007〜13年の介護離職者は8〜10万人台を推移しておりそのうち8割は女性である。また，家族を介護している雇用者239.9万人のうち職場の制度を利用している者は38万人の15.7％にとどまり，その内訳は介護休業3.2％，短時間勤務2.3％，介護休暇2.3％，その他8.2％と育児介護休業法のメインの対策の利用が少ない。

対策としては，多様な保育サービスや介護サービスの充実も必要だが，財源の制約もある。

雇用政策の問題としては，第一に，育児・介護休業法では育児休業等の措置を事業主が与えないことは違法だが，違反しても刑罰はなく，是正措置としては，都道府県労働局が事業主に助言・指導・勧告をし，勧告に従わない事業主

を公表することや，都道府県労働局の学識経験者で構成される両立支援調停会議による調停を求めることだけである。違法といっても民事訴訟に訴えないと権利が実現しにくい。そのためか，厚生労働省の統計によれば，2014年度の育児休業制度がある事業所割合は従業員規模30人以上では94.7％だが5人以上では74.7％にとどまる。看護休暇では81.2％と56.4％，介護休業は88.0％と66.7％，介護休暇制度は80.6％と62.2％となっている。また，育児のための所定労働時間の短縮制度がある事業所は61.3％，介護のための同制度がある事業所は59.5％にとどまる。看護休業や残業抑制，介護休業等の普及が求められる。

　第二に，労働者の37％，女性労働者の56.7％を占める**非正規雇用**者は，有期労働者が多く，有期労働者の85％は契約期間が1年以下である。このため，1年の育児休業を取りにくい状況にある。2016年の育児・介護休業法改正で，「子どもが1歳6月に達する日までに更新も含めて契約満了が明らかでない者」と変え，更新規定も含めると育児休業が終了するまで契約が継続する可能性があれば育児休業を取得可能とした。しかし，実際申し出た場合に更新しないと明確に言われれば休暇後の契約継続は難しくなる。

　第三に，制度を作っても**マタニティハラスメント**のように上司の無理解や同僚労働者の仕事のしわ寄せへの不満から，制度の利用がしにくい場合がある。**次世代育成支援対策推進法**のように会社で計画を作らせその状況を改善するとともに，**青少年の雇用の促進等に関する法律**の中で育休・有休休暇の実績を開示させる等の手段により，その風潮を助長することが考えられる。

5.4　男女雇用機会均等政策の現状

　男女雇用機会均等法により，①募集・採用，配置・昇進・昇格・教育訓練，福利厚生における男女差別は禁止されている。②性別とは別の要件としつつ実質男女差別につながる**間接差別**の例として，省令に募集・採用時に身長・体重・体力を要件とすること，募集・採用に転居を伴う転勤を条件とすること，昇進に転勤経験を条件とすることを規定している。③女性の機会拡大のための**ポジティブ・アクション**は適法とされ，国は助成金等で支援している。④マタ

ニティハラスメントとして婚姻，妊娠，出産等を理由とする退職規定，解雇等の不利益処分を行うことを禁止するとともに，相談・体制整備等必要な措置をとることが規定されている。⑤**セクシャルハラスメント**を防ぐため，職場でハラスメントの内容や処罰方針を明確化すること，相談窓口を作ること，被害者への配慮や行為者の処罰を適切に行うこと等の措置義務が事業主に課されている。⑥規定の実効性を確保する措置として，都道府県労働局の機会均等調停委員会による調停は当事者の一方のみの申請で開始できることとし，禁止規定に違反した悪質ケースについて企業名を公表できることとされている。

また，2015年にアベノミクスの一環で**女性の職業生活における活躍の推進に関する法律**が制定された。①国が政策の基本方針を決定し，地方公共団体には推進計画策定の努力義務を課している。②従業員規模が300人を超える企業に事業主行動計画を定める義務を課し，300人以下は努力義務とする。この計画には女性採用比率，勤続年数の男女差，労働時間，女性管理職比率等について目標や取組み内容を定めることや，それらの項目の情報を事業主が選択して公表することを求めている。③計画を定めた事業主中優良な者を厚生労働大臣が認定し，事業主はその旨公表できる。

5.5 男女雇用機会均等政策の課題と欧米の状況

日本の女性管理職比率は11.2%にとどまり，賃金は男性の71.3%と主要先進国より10%格差が大きい。この状況は女性の就労意欲を低め，経営における多様な考え方の反映（ダイバーシティ）にとっても問題である。**男女雇用機会均等法**で差別を禁止していても厚生労働省の統計（前注(15)）によれば，採用で男性のみとした企業は全体で36.6%，4年生大卒（事務・営業系）で25.7%，4年生大卒（技術系）で61.5%，他方高卒（事務・営業系）で女性のみ採用が52.7%と，コース別に名を借りた男女の差別的取扱い(17)が見られたり，昇給・昇格の差別的取扱いがある。

外国ではノルウェーのように上場企業等に限って取締役会の女性比率を4割以上に義務化したり，ドイツのように2015年3月に女性クォーター(18)法を制定し，

従業員規模2000人以上の上場大企業（108社）において，取締役選任・投資計画等に強い権限を持ち株主代表と労働者代表で構成される監査役会の男女構成比率について，女性が30％以上となることを目指し，新委員の選任に当たりその比率を守る義務を課している。また，上場企業か従業員規模500人以上の企業（約3500社）について，監査役会，取締役会，管理職（上級・中級）の女性比率の30％を上回る目標値や具体的取組みを定めることを義務づけている。

6　女性雇用まとめ：両立支援策とポジティブ・アクション

　日本の雇用には賃金，管理職比率において男女格差がある。その原因は**両立支援策**の不十分さによる出産を契機とする退職や，採用，配置，昇給，昇格の差別があると思われる。

　両立支援策の課題としては，第一に育児介護休業法の企業への強制力について，罰則規定等の強化を行うかどうかが議論としては考えられる。

　第二に，有期雇用について実質とりにくいことがある。理想は，正規・有期雇用の区別なく育児休業を義務化し休暇後の復帰を義務づけるとともに，代替労働者を雇う人件費に対する助成金を充実させることが考えられる。この場合代替雇用や有期労働者を含む復帰義務を課される企業の負担増に対する反発が考えられる。

　第三に，制度の利用に対する上司や同僚の理解であるが，**次世代育成支援対策推進法**の計画による会社の雰囲気づくりや，**青少年の雇用の促進等に関する法律**による情報開示義務の強化が考えられる。

　また**男女雇用機会均等政策**としては，現行法の規制強化やその履行確保が考えられる。さらに，**ポジティブ・アクション**の中でも管理職等に女性を一定割合充てる**クォーター制**の導入についての議論としては，賛成論として①男女差がある以上，現状の経営・管理職構成ではその差を固定する力が働くので，格差を解消する政策は必要である。②消費者の半分，就業者の4割以上が女性である以上，男女の多様な考え方が反映されることは，企業経営にとってもプラ

スとなる等がある。反対論としては，①家庭生活との両立等様々な要因が女性の就業意欲に影響し，男女の格差が生じている，②昇給・昇格は能力主義に基づくべきでクォーター制はそれに反し，不公平や成長阻害の要因となる，等が考えられる。

海外に比べ，管理職比率や賃金格差が大きい以上，ドイツのように一定の企業について30％等の目標を上回る目標値の設定やその具体化への取組みを計画として定めることを求めることは，考慮に値するのではないかと考える。

注
(1) OECD 編「世界の若者と雇用——学校から職業への移行を支援する」濱口桂一郎監訳・中島ゆり訳，明石書店 (2011)。
(2) 総務省「労働力調査」(2014)。
(3) 文部科学省「学校基本調査」(2014)。
(4) リクルートワークス研究所「ワークス大学求人倍率調査」(2014)。
(5) ニートとは Not Education（教育），Employment（就職），Training（職業訓練）の頭文字をつなげた用語。ニート数は内閣府「子供・若者白書」(2015) 38頁。
(6) 学生生活支援機構「奨学金事業に関する実態調査報告」(2010年度)。
(7) 総務省「就業構造基本調査」(2007年度)。
(8) 「ニッポン一億総活躍プラン」(2016年6月2日閣議決定)
(9) 国立社会保障・人口問題研究所「第14回出生動向基本調査」(2010)。
(10) 当初従業員規模300人以上の企業とし，その後100人以上の企業に拡大した。
(11) 東京地裁1966年12月20日判決，住友セメント事件。
(12) 最高裁1981年3月24日判決，日産自動車事件。
(13) パートタイム労働者は看護休暇も介護休暇も1日単位でしか取得できない。
(14) 総務省「平成24年度就業構造基本調査」(2012)。
(15) 厚生労働省「平成26年度雇用均等基本調査」(2015)。
(16) ポジティブ・アクションの例として，女性が相当程度少ない場合に，女性の優先採用，配置・役職昇進の女性優遇，女性のみの研修を行うこと等が示されている。
(17) コース別の採用でも特定の性に限定するものは原則違法である。
(18) 正式名称の日本語訳は「民間企業及び公的部門の指導的地位における男女平等参加のための法律」である。

第10章　就労年齢層のセーフティネット
―― 最低賃金・雇用保険・生活保護 ――

　就労年齢層の生活保障は，就労による自立を促すことが政策の基本である。前章までは雇用政策について見てきたが，本章では就労年齢層のセーフティネットという観点で，最低賃金制度，雇用保険制度，そして所得保障のラストリゾート（最後の頼みの綱）である生活保護制度についての政策議論を見ていきたい。

１　最低賃金制度の現状

1.1　最低賃金制度の経緯

　1947年に制定された労働基準法では労働大臣は最低賃金を定めることができると規定していたが，戦後の復興の必要性を理由に定められなかった。1956年に静岡県労働基準局長が管下の業者を指導して業者間協定で最低賃金を定めることを奨励し，缶詰業界を中心に最低賃金の取決めが広まった。この動きを踏まえて1959年**最低賃金法**が制定されたが，専ら業者間最低賃金のみが実施されていた。1968年の法改正で都道府県最低賃金審議会による地域別最低賃金と地域別の特定産業の労使の申出により，地域別最低賃金に上乗せして定められる特定最低賃金とに整理された。特定最低賃金は地域の特定業種について2016年３月時点で全国235件，316万人の労働者に適用されている。

1.2　最低賃金制度の概要

　最低賃金制度の中では，都道府県別に県内労働者を原則すべて対象とする地域別最低賃金制度が重要である。

表10-1　最低賃金の国際比較（2016年）

	アメリカ	フランス	イギリス
最低賃金額	7.25ドル（754円）	9.53ユーロ（1,131円）	6.70ポンド（1,005円）

（出典）　労働政策研究・研修機構「データブック国際労働比較 2016」。

　時給の最低水準として定められ，賃金・物価を反映するため都道府県別に定められている。2015年度の全国加重平均は798円だが，最高の東京都907円，神奈川県905円，大阪府858円から京都府807円までの大都市圏5府県の800円台，その他多くは700円台だが，賃金が低かった山形県・島根県・愛媛県696円から高知県・宮崎県・沖縄県693円までの16県は600円台である。

　この地域別最低賃金を下回る賃金の労働契約は無効となり，最低賃金を受け取る権利が労働者に生じる。下回る賃金しか受け取っていない場合，労働基準監督署は事業主に最低賃金との差額を払うよう指導・勧告し，悪質な場合は事業主を刑事摘発（罰金50万円以下）できる。

　最低賃金水準は，毎年の賃金・物価・生産性の増減等の経済資料を元に，厚生労働省の中央最低賃金審議会という公益・使用者・労働者の三者構成の審議会で各都道府県の最低賃金の値上げの目安を示す。これを受けて各都道府県労働局の地方最低賃金審議会という公益・使用者・労働者の三者構成審議会の議論を元に各都道府県労働局長が地域別最低賃金を決定する。

　なお，生活保護制度水準が最低賃金で法定労働時間をフルに働いた水準を上回る都道府県があることが問題になり，2007年の最低賃金法改正で生活保護施策との整合性にも配慮すると規定された。生活保護水準より最低賃金が低いのでは労働意欲にかかわるという考え方に基づく。

　最低賃金は，他の主要先進国でも存在している（表10-1）。

2　まとめ(1)：最低賃金制度の議論

　最低賃金をめぐって，肯定的意見としては，労働者の生活を保障し，また働き甲斐のある賃金とするためにも**最低賃金制度**は必要というものがある。

他方，否定的意見としては，第2章で述べたようにミクロ経済学の理論から市場に任せれば得られる賃金より，人為的に高い最低賃金が定められた時には，雇用減少による余剰の減少という経済的非効率が生じるという（図2-3）。

しかし，労働者はどんなに低い賃金でも働くとは限らず，最低賃金で一定以上の賃金とすることで雇用が増える可能性もある。実証的調査でも，高すぎない最低賃金は雇用を増やす場合があり，雇用に影響なしとする結果も見られる（第2章末注(4)）。

こうしたことから現在の公益・使用者・労働者代表委員による決め方は企業の生産性を無視した水準にならない利点はあるが，なかなか上昇しないおそれがある。最低賃金は，経済指標等客観的データを参考に上昇を求めていくことが妥当と思われる。

3 雇用保険の概要

就労年齢層の最大リスクは，失業である。以下雇用保険の創設以来の経緯，現行制度の概要と実態，その問題点と改善をめぐる議論を見てみたい。

3.1 雇用保険の経緯

戦後，1947年に失業保険法が創設された。給付内容は，給付日額を賃金の40〜80％とし，給付日数は一律180日だった。その後短期間に失業と就職を繰り返すモラルハザード防止のため，1955年の改正で給付日数は継続雇用期間に応じて90日，180日，210日，270日の4段階とした。1973年の石油ショック以降失業率が2％台になったので，1974年に失業保険法を**雇用保険法**に改め，事業主保険料を財源に雇用調整助成金や職業訓練等を助成する**雇用保険事業**を行うようになった。1984年の改正で被保険者期間と年齢階層，就職困難者の組合せで給付日数を決める現在の方式とした。1990年代後半以降，失業率は4〜5％となり雇用保険積立金の枯渇が心配されたため，2000年改正で自己都合退職の給付日数は180日とし，倒産・解雇等会社都合退職を最大330日に増やした。

また被保険者とされない非正規雇用が増加する事態が生じたため，2009年改正及び2010年改正で適用対象を最終的に31日雇用見込みの者にまで拡大した。

3.2　現行制度の概要

　雇用保険の保険者は国で，出先機関の公共職業安定所が失業者への職業紹介と雇用保険の適用・支給事務を行う。

　雇用保険は原則(2)としてすべての事業所に適用される。被保険者は適用事業所に雇われている労働者が対象となるが，次の者は除く。

1) 65歳以降に雇用された者。ただし，高齢者雇用促進の観点から2016年に法改正をして対象とされた。（2017年1月施行予定）
2) 週の労働時間が20時間未満の者。
3) 31日以上の雇用が見込まれない者。31日未満の契約でも更新規定がある者や，事業所内に同一契約で31日以上雇用された者がいる場合は適用される。以上に当たらない場合も31日経過すればその日以降被保険者となる。
4) 4か月以内の期間契約または週労働時間が30時間未満の季節労働者。
5) 学生は原則(3)対象外とされる。

　失業給付に関する保険料率は2016年時点で0.8%とされ，事業主と被保険者が半分（0.4%）ずつ負担するが，雇用保険事業の財源として事業主は0.3%の保険料も負担する。なお，失業給付の財源の13.75%(4)を国庫が負担している。

3.3　基本手当等の失業給付

　失業とは，次の要件に当たると公共職業安定所で認定されることである。

1) 離職：通常事業主が出す離職票でその理由とともに認定されるが，離職理由につき労使間で争いがある時は，双方の申立てや証拠に基づき認定する。
2) 就職できる能力があること：被保険者の病気，子どもの養育，家族の看

護・介護等ですぐには就職できない場合は対象とならない。
3）就職の積極的な意思があること：公共職業安定所に求職者として登録し，以後4週に1度ずつ就職活動状況を報告しないと給付が止められてしまう。

　給付要件として，自己都合退職等の場合は離職前2年間に12か月以上被保険者期間があること，倒産・人員整理・有期雇用の雇止め等被保険者の都合でなく退職した場合については，離職前1年間に6か月以上被保険者期間があることが必要とされる。[5] このため就職後短期間で職を失った新規採用者や短期有期雇用の非正規労働者については給付されない。

　失業給付の基本手当は，離職前の従前賃金の平均日額の50～80％（60～64歳は45～80％，賃金が低い場合は80％とされ，高くなるにつれ下がっていく）として計算される給付日額に，退職理由・年齢・被保険者期間等に応じた給付日数（**表10－2**）を掛け合わせた額が給付される。

3.4　その他の給付と雇用保険事業

　被保険者の職業能力を高めるために，被保険者が失職時または就職を続けながら，厚生労働大臣が指定する教育訓練を受けた場合に，訓練費用の一部（原則20％，10年以上被保険者期間の場合40％）を支給する教育訓練給付がある。

　また，60歳以降定年となり，25％以上下がった賃金で継続雇用された場合に最大賃金の15％まで支給する高齢者雇用継続給付や育児・介護休業期間中の賃金の一定割合を支給する**育児・介護休業給付**がある。

　さらに事業主保険料を財源とする**雇用保険事業**としては，**雇用調整助成金**や**労働移動支援助成金**（第6章），**キャリアアップ助成金**（第7章），フリーター，ひとり親等雇用困難者を試験的に雇用する場合の**トライアル雇用**（第9章）等，失業の予防や雇用条件の改善につながる事業主の行為に対して助成する雇用安定化事業と，事業主や公的訓練施設が行う職業訓練の費用を賄う能力開発事業がある。

表 10-2　雇用保険給付日数

ア）自己都合退職の場合

	被保険者期間		
	10年未満	10年以上20年未満	20年以上
全年齢共通	90日	120日	150日

イ）会社都合（倒産・人員整理・リストラ・雇止め等）

	被保険者期間				
	1年未満	1〜5年未満	5〜10年未満	10〜20年未満	20年以上
30歳未満	90日	90日	120日	180日	—
30〜35歳未満	90日	90日	180日	210日	240日
35〜45歳未満	90日	90日	180日	240日	270日
45〜60歳未満	90日	180日	240日	270日	330日
60〜65歳未満	90日	150日	180日	210日	240日

ウ）障害者や社会的事情で特に就職が困難な者

	被保険者期間	
	1年未満	1年以上
45歳未満	150日	300日
45〜65歳未満	150日	360日

エ）**65歳以上で離職した場合（2017年1月1日施行予定）**
・被保険者期間1年未満は30日分，1年以上は50日分が一時金として支給される。

4　雇用保険の現状

4.1　雇用保険制度の現状

　2014年の雇用保険の被保険者は4014万人であり，労働者は5240万人であり，被保険者はその76.6％をカバーしている。高齢労働者，季節労働者，短期間・短時間非正規雇用，学生アルバイトが適用外なことや，本来適用すべき者の適用漏れがあるためと思われる。カバー率は被保険者要件の緩和もあり近年上昇している。

第10章　就労年齢層のセーフティネット

表10-3　労働者数・完全失業者数と雇用保険被保険者数・年度平均受給者数の推移

	役員除く雇用者数	雇用保険被保険者数 b	b/a	完全失業者数 c	雇用保険受給者数 d	d/c	参考失業率
2005年	5,008万人	3,530万人	70.5%	294万人	63万人	21.4%	4.4%
2008年	5,175	3,782	73.1	265	61	23.0	4.0
2009年	5,124	3,766	73.5	336	86	25.6	5.1
2010年	5,138	3,824	74.4	334	65	19.5	5.1
2011年	5,163	3,863	74.8	302	63	20.8	4.6
2012年	5,154	3,901	75.7	285	58	20.4	4.3
2013年	5,201	3,949	75.9	265	53	20.0	4.0
2014年	5,240	4,014	76.6	236	47	19.9	3.6

(出典)　役員除く雇用者数,完全失業者数は総務省「労働力調査」,雇用保険被保険者数,年度平均受給者数は厚生労働省「雇用保険事業年報」。

　雇用保険の受給者数は直近ではリーマンショック後の不況期の2009年度に86万人となり,支給総額は1兆4801億円に達したが,2014年度は受給者数47万人,7248億円と低下している。完全失業者も受給者数も失業率が悪化すれば増加し,好転すれば減少するが,完全失業者数に対する受給者数の比率は,多くても20%台しかカバーしていない。これは,基本手当を受給するには倒産・リストラ等の会社都合退職でも離職前に6か月の被保険者期間が必要であるためと,給付日数が190～360日と限られ,失業が長期になると給付期間が切れてしまうためである（表10-3）。

　2014年の厚生労働省「雇用保険事業年報」によると,給付日数が90日の者が45.5%と最大であり,180日以下の者を合計すると76.7%と4分の3以上を占める。他方,総務省「労働力調査」の完全失業者のうち1年以上失業の長期失業者は同年で39.0%と4割弱が長期失業者となっている。

　政府もリーマンショック後の大量失業の発生を踏まえ,2009年7月に時限措置として**求職者支援制度**を設け,2011年「職業訓練の実施等による特定求職者の就職支援に関する法律」を制定して恒久的制度とした。

　その内容は,雇用保険法の被保険者でない者や失業給付が切れてなお失業している者のうち,所得要件（本人所得月8万円以下,生計同一世帯の所得月25万円以下）,資産要件（世帯金融資産300万円以下,居住している家・土地以外に不動産が

表 10-4 失業保険の給付内容の国際比較

	日本	アメリカ	イギリス	ドイツ	フランス
給付水準	賃金の50〜80%	州で異なるが概ね平均週給の50%	16〜24歳 週57.35ポンド 25歳以上 週72.4ポンド	手取賃金の67%（扶養する子がない時60%）	賃金月額に応じて 1) 1143ユーロ未満 賃金日額の75% 2) 1143〜1251ユーロ日額28.58ユーロ 3) 1251〜2118ユーロ賃金日額の40.4%＋11.64ユーロ 4) 2118〜12680ユーロ賃金日額57%
給付期間	年齢層・被保険者期間に応じ90〜330日。障害者等は360日	最長26週 ＊失業が悪化した州では最長59週	最長182日（26週）	被保険者期間、年齢で6〜24ヶ月	50歳未満 4月（122日）〜24ヶ月（730日） 50歳以上 4月（122日）〜36ヶ月（1,095日）

（出典）労働政策研究・研修機構「データブック国際労働比較 2015」。

ない）に適合する者であって、公共職業安定所の指定する職業訓練を受講している者に対して、訓練費用を支給するとともに、生活費として月10万円の職業訓練受講給付金を支給する。原則12か月以内、特に長期の教育訓練が必要な場合は2年間まで支給する。その費用は事業主と被保険者の保険料を財源とするが、国庫が財源の13.75%を負担する。

　この求職者支援制度の訓練受講者数は2014年度で5.5万人であり、2011年10月から2015年9月までの受講者総数は30.7万人となっている。また、訓練終了後3か月経過で就職した者の率（2014）は基本訓練コースで53%、実践訓練コース（一定の職種を念頭に置いた実践的訓練）で58%となっている。

4.2　他の先進国の雇用保険制度

　保険料を財源とする失業保険の概要は**表10-4**のとおりだが、アメリカ、イギリスでは給付期間は最大26週（半年）と短いのに対して、ドイツ、フランスでは最長2年（フランスの50歳以上は3年）と長い。

さらに EU に属するイギリス，ドイツ，フランスでは失業保険の給付期間が過ぎても失業している者について所得・資産が一定以下である場合に国の税金を財源として失業給付が支給されている。イギリスでは所得調査制求職者手当，ドイツでは失業給付Ⅱ，フランスでは連帯特別手当という。これらは生活保護とは別制度であるが各国の生活保護に準じた定額給付であり，医学的に就労能力があることや求職活動を行うことが条件とされている。そして，イギリス，ドイツでは公共職業紹介所と給付を行う機関を一本化し，合理的理由なく職業紹介に応じない場合に給付の一部または全部停止等の措置を行う。

5 まとめ(2)：雇用保険の課題と改革方向

失業リスクをカバーすべき制度としての問題点は，非正規等短期雇用者の給付漏れと，長期失業者にとって，失業中に給付がなくなり生活保障のすべがなくなることである。

第一に，対象漏れ問題については，被保険者資格は，31日雇用見込みとしつつ，それより短い雇用契約でも更新規定や同一契約で31日以上雇用した実績がある場合も適用する等柔軟に対応している。しかし，給付要件として倒産・解雇等会社都合退職の場合でも6か月の被保険者期間を要することが，低いカバー率の最大の原因と思われる。

対策としては，被保険者期間の短縮化等要件の緩和が考えられるが，問題点としては，①求職と退職を繰り返すモラルハザードが生じるおそれがあること，②保険財政が悪化し保険料引き上げが必要になること，が考えられる。

第二に，長期失業者の生活保障問題については，日本では訓練受講中に月10万円の給付を出す**求職者支援制度**の創設を行ったが，すべての失業者が訓練を受けているわけでなく，給付期間も原則1年と限定されており，給付実績は2014年度で5.5万人にとどまっている。

これに対する抜本策としては，EU 諸国のように失業保険が切れた後も所得・資産調査付きの税財源の失業扶助を出すことが考えられる。問題点は，失

業期間の長期化とともに再就職意欲が低下し給付に依存する**福祉の罠**，**失業の罠**が生じやすいことや，財源を税に頼るため財政負担が重くなることである。

　日本の財政状況で EU のような失業扶助を作る可能性は低いかもしれないが，失業保険のセーフティネットがなければ生活保護に流れ，その制度の中で職業自立支援の強化を行う必要が生じる。

　また，長期失業者の中には，教育・資格等の就業能力が低かったり，従来の経験・スキルを活かす仕事が見つからない問題が多いと思われるので，**求職者支援制度**等の教育訓練を充実させ，より多くの失業者が職業訓練とその間の生活保障を受けられるようにすることが必要と思われる。

[6] 生活保護制度の概要

6.1 生活保護制度の経緯[6]

①戦　前

　貧民保護のため1874年に恤救規則が創設されたが，地方政府の取扱い標準を示すもので，対象者も貧困な上に障害・老齢・疾病・13歳以下である者に限定し，給付額も一定の米が買える金額程度とした。その後第一次世界大戦後の不況と物価高もあり，日本初の貧困者救済法である**救護法**が1929年に成立した。この法律は，市町村が扶助を行った費用について，国2分の1，都道府県4分の1の補助を行うものである。対象は貧困の上に65歳以上，13歳以下，妊産婦，傷病・障害で就労できない者でかつ家族が扶養できない者に限定された。このため救済の網から落ちる者への特別立法として，児童虐待防止法（1933），母子保護法（1937），軍事扶助法（1937），医療保護法（1941）が制定された。[7]

②終戦後から（新）生活保護法制定まで

　終戦後の生活困窮者救済のため，生活困窮者緊急生活援護要綱（1945年決定，1946年4月実施）により，困窮者を対象に生活必需品の支給を行った。[8] その後1946年に旧生活保護法を制定した。この法律は，国家責任による保護を規定し，経費の8割を国が負担した。[9]

日本国憲法が1946年に制定され，第25条で**生存権**を規定したことを契機に1950年に新**生活保護法**が制定された。目的に憲法第25条の理念に基づきと明記するとともに，国民はこの法律による保護を無差別平等に受けることができると規定し，保護受給権を国民の権利とした。

③その後の保護水準決定方式の変化・生活保護適正化・自立支援

保護の水準は，厚生労働大臣の告示[10]で定め，その基準は毎年見直されている。この水準は1948～60年までは**マーケットバスケット方式**と言い，必要な品目の経費を足して算定したが，生活水準向上とともに必需品が量・質ともに変化したため，1961～64年までは必要な栄養量を満たす食費を算定し，それを低所得層の所得に対する食費の割合を示すエンゲル係数で割り返す方法で決定する**エンゲル方式**に変更された。また，生活保護水準の低さが批判され，1965～83年までは平均的な生活水準との格差を縮小するために前年の何割増しという形で水準を決定する**格差縮小方式**とした。

石油危機以降の成長率の鈍化を受け保護率は横ばいとなり，保護人員は人口増により1975年の135万人から1984年の147万人に増加した。このため，資産や収入の未申告による不正受給への批判が高まり，1981年に厚生省は通知[11]で申請時の資産・収入申告に誤りがないことや関係先への照会調査に同意する旨の書面を求める**生活保護適正化**と言われる審査・調査の強化を行った。

生活保護水準についても一般勤労世帯中央値の消費水準の66.4%（1983年）となったことから，その水準を妥当と判断して，1984年以降の保護基準は，物価伸び率に応じて水準を維持する**水準均衡方式**に変更された。

生活保護水準をめぐり，度々訴訟で最低生活に達しない違憲，違法があると争われたが，1967年の最高裁判決（**朝日訴訟**[12]），1982年最高裁判決（**堀木訴訟**[13]）では，健康で文化的な最低限度の生活は抽象的・相対的な概念で，具体的内容は文化発達程度，経済的・社会的条件，一般的な国民生活の状況との相関関係で判断され，国の財政事情も無視できず，高度の専門技術的な政策判断を必要とし，どのような立法措置を講じるかは立法府の広い裁量に委ねられていると判示されている。つまり，憲法第25条の生存権は国の政治的責務を規定したプ

ログラム規定か，生活保護法等の立法によって具体化される**抽象的権利**であると解されている。またその水準の具体化は行政や立法府の専門技術的な**裁量**に委ねられ，憲法や生活保護法の趣旨目的に反する裁量の逸脱・濫用があったと言えない限りは，裁判所は違法と判断しないというものである。

　1995年以降の不況深刻化で，1995年の保護受給者88.2万人，保護率0.7％を底に，以後上昇に転じた。小泉政権の社会保障の見直しの中で生活保護の在り方も検討された。まず2003年12月に70歳以上の保護受給者に出されていた**老齢加算**が廃止された。これは1960年に70歳以上の低所得高齢者に老齢福祉年金が出され，その相当額を保護基準に加算したことが始まりで，福祉年金がなくなった後も維持されていた。政府は全国消費実態調査の生活扶助相当の消費額を見ても60～69歳の7万6761円に対して70歳以上は6万5843円と低くなることから70歳以上の加算は不要として，老齢加算を廃止した。

　また，母子家庭の保護水準が保護を受けない低所得家庭の消費額より母子加算分だけ高かったことから，2005年に**母子加算廃止**を行うとともに，就労自立支援員による就労自立支援を中心に，保護家庭の中学校3年生の子弟に対する教育支援等の日常生活自立支援，高齢者の社会生活自立支援等を行う**自立支援プログラム**を行うこととした。その後母子加算廃止は弱い者いじめだとする世論もあり，2009年の民主党政権により復活した。

6.2　生活保護制度の概要

①目的・理念

　法の目的は，憲法第25条に基づき，最低限度の生活保障を行うとともに，自立を助長することである。さらに理念として，国民に理由の如何を問わず無差別平等に保護を行うことを規定するとともに，生活困窮者は利用し得る資産，能力等の活用を要件に支給するという保護の**補足性原理**がある。このため医学的に就労可能であれば就労が求められ，一定の経費として認められる就労控除額以外は，最低生活に必要な保護基準額から，就労・年金・社会手当等あらゆる収入を差し引いた分を保護費として支給する（**表10-5**）。

資産についても，処分が求められるが，現に居住している家・土地は高い資産価値がある場合以外は原則として売らなくてよい。金融資産は，月額最低生活費の5割程度を超えればそれを先に使うことを求められる。車は原則処分が求められる。また，民法上の扶養義務のある親族がいる場合，親族に扶養できないか照会される。

表10-5　生活保護費の補足性

最低生活費	
就労・給付収入	保護費

②保護の実施原則・内容

生活保護の事務は都道府県・市等(19)の福祉事務所が行う。原則本人の申請で開始され（**申請保護の原則**），保護費用は国が4分の3，福祉事務所を設置する自治体が4分の1負担するが，自治体負担分も地方交付税として所要額が国税から分配される。また，世帯単位で必要性や額が判断される（世帯単位の原則(20)）。

保護内容は，生活扶助，住宅扶助，教育扶助（義務教育学用品等），医療扶助，出産扶助，葬祭扶助，生業扶助（就労必要経費，子弟の高校費用），介護扶助により必要額が支給されるが，具体額は前述の大臣告示で地域物価水準，世帯構成等の要素に基づき定められている（基準及び程度の原則）。生活扶助額は**表10-6**のとおりである。

③被保護者の権利・義務

被保護者の権利としては，申請から原則14日以内に保護を受けられるかどうか通知される。受給後は正当な理由がなければ，減額・変更・停止・廃止等不利益に変更されず，変更時には，書面で理由を記した指導・指示を行った上に，弁明・聴聞機会が与えられ，その処分に不服がある時は審査請求ができる。

被保護者の義務としては，能力に応じた就労等に努め，その状況の変更は速やかに福祉事務所に届け出なければならない。保護実施機関からの報告の求め，居宅への立入調査，医療機関受診指示等の指示に従わなければならない。収入・資力があるにもかかわらず，受給した場合は返還しなければならない。多額の不正受給等悪質な場合は，3年以下の懲役または罰金の対象となり得る。

第Ⅲ部　就労年齢層の政策：雇用・所得保障・租税等

表 10-6　生活扶助基準額（2016年月額）の概要

	大都市（東京23区等 1 級地-1）	地方郡部（3 級地-2）
標準 3 人世帯（33歳, 29歳, 4 歳）	160,110円	131,640円
高齢単身世帯（68歳）	80,870円	65,560円
母子 2 人世帯（30歳, 4 歳）	145,040円	120,630円

（出典）　厚生労働省「社会・援護局主管課長会議資料」（2016年 3 月 3 日）。

表 10-7　被保護世帯の種別による比率の推移

	高齢者世帯	傷病・障害世帯	母子世帯	その他世帯
2005年度	43％	37％	9 ％	10％
2016年 2 月	50％	27％	6 ％	17％

（出典）　厚生労働省「福祉行政報告例」（2005年），「被保護者調査」（2016年 2 月）。

7　生活保護の実態と近年の政策

7.1　生活保護の実態

　2008年秋のリーマンショック以降，就労年齢層の受給者が増加し，保護率は2016年 4 月で1.69％となった。保護額は2016年度予算で 3 兆8281億円に達し，2014年度の実績で見ると，医療扶助46.9％，生活扶助33.7％，住宅扶助16.1％，介護扶助2.2％，その他の扶助1.1％となっている（厚生労働省「社会・援護局主管課長会議資料」（2015年 3 月 9 日））。

　被保護世帯の内訳を見ると，高齢者世帯が50％を占め，高齢化でその比率は上昇している。高齢者世帯と傷病・障害世帯を合わせると77％となり，就労能力が乏しい世帯が全体の 4 分の 3 を超える。母子世帯は 6 ％である。その他世帯は就労年齢層に属するが，リーマンショック以降比率が増加し，2005年の10％から17％に上昇している（表 10-7）。ただ2012年度厚生労働省「被保護者調査」によると50歳以上64歳未満が54％を占め，非正規以外では雇用が見つけにくい状況もある。

　他方，2015年度の地域別保護率を見ると，全国平均1.67％に対して，上位 5

番の関西と北海道の政令指定都市・中核市では4〜5％程度となり，下位は北陸・東海の中核市・都道府県が0.3〜0.5％となっている。大阪市は富山県の17倍である。東京都の保護率は2.20％であり，都会だけが要因ではない（**表10-8**）。

表10-8 保護率上位・1〜5位の都市・都道府県（2015年度）

上位5都市・都道府県と保護率		下位5都市・都道府県と保護率	
1 大阪市	5.45%	1 富山県	0.33%
2 函館市	4.69%	2 富山市	0.43%
3 尼崎市	4.13%	3 岡崎市	0.53%
4 東大阪市	4.02%	4 福井県	0.53%
5 旭川市	3.95%	5 長野県	0.54%

（出典）厚生労働省「被保護者調査」(2015)。

　この原因は福祉給付を受けることへの恥辱感（スティグマ）の差によると考えられている。関西都市部は比較的金銭に合理的であり，北海道も明治以降の移住で家・親族のしがらみが少なく合理的とされる。他方，北陸・東海地域は，親族や近隣のつながりが強く，保護受給を恥ずかしいと感じたり，親族間で扶助する傾向が強いと言われている。

　日本の相対的貧困率は16％で先進国の中でも高い。**表10-9**でEU先進国の保護率は4〜9％となっており，低所得者中保護を受給している者の割合である捕捉率が高いが，日本は申請をためらうため捕捉率が低い。

　また，地方自治体の中には，受給額の増加抑制のため申請を思いとどまらせる指導をする「水際作戦」と呼ばれる違法または不適切な事例が，過去問題となったケースもある。

　生活保護について社会的に問題とされることが多い**不正受給**については，総務省行政監察によれば，不正受給発覚件数は2002年度8204件，53.6億円から2011年度3万5568件，173億円と10年間で件数が4.3倍，金額が3.2倍に増加している。保護世帯全体に占める不正受給件数は2011年度で2.2％，高齢者世帯の1.1％，障害世帯の1.5％，傷病世帯の2.0％に対して，母子世帯4.5％，その他世帯4.4％と，就労能力がある世帯で多い。生活保護受給額に対する不正受給額の比率は0.5％である。

　その内容は，稼働収入に関する不正が54.7％等収入の無申告，過少申告が多い。2012年4月頃高収入家族の扶養義務が問題となった。民法上も強い生活保

表10-9 各国の生活保護率・捕捉率比較（2010年）

	日本	ドイツ	フランス	イギリス	スウェーデン
人口	1億2,700万人	8,177万人	6,503万人	6,200万人	941万人
生活保護受給者数	199万人	793万人	372万人	574万人	42万人
保護率	1.60%	9.70%	5.70%	9.27%	4.50%

（出典）生活保護問題対策全国会議監修『生活保護「改革」ここが焦点だ！』あけび書房（2011）。

持義務が求められる夫婦や未成年の子どもについて離婚偽装で扶養を免れることは不正受給の一類型だが，成人して別世帯を形成する子どもは，自分の家族の生活保持が第一で，扶養照会で余裕のある範囲で家族に援助を求め，高収入があるのに全く援助しない場合に扶養責任に関する調停を家庭裁判所に求めるにとどまる。

7.2 近年の生活保護をめぐる政策

民主党政権時代，保護受給者の増加や不正受給に対する世論の批判が強まった。このため，社会保障審議会に生活保護基準部会を設け2011年4月から検討を始めた。他方，**スティグマ**等により生活困窮者が支援を受けていないという問題意識から，2012年4月より生活困窮者の生活支援の在り方に関する特別部会で検討を始めた。

安倍政権になると，年金や児童扶養手当とともに生活保護もデフレ期に物価に応じて下げていなかったという問題意識から，2013年度から3年間で額を引き下げる決定をしたが，前政権から上記の結果，2013年**生活保護法改正**を行うとともに，生活困窮者を支援する**生活困窮者自立支援法**を制定した。

2013年生活保護法改正の主な内容は次のとおりである。

①就労支援等自立支援対策として，

1) 被保護者就労支援事業を創設し，国の4分の3の負担の下保護実施機関がNPOと連携しながら就労相談・情報提供等，求職活動の支援を行う。

2) **就労自立給付金制度**として，就労収入のうち収入認定で減額される分の一部を計算上積み立て，自立時にその額を支給し，保護脱却とともに生じる社

会保険料等の負担財源にできるように支援する。

②**不正受給**対策としては，就労活動を調査可能とすること，官公署の回答義務を課すこと，扶養義務者に報告を求めること等福祉事務所の調査権限を強化した。また，保護申請とともに提出する文書内容等手続を明確化したが，文書がないことを理由とする「**水際作戦**」を助長するおそれがあるので，文書が容易に得られない場合は口頭でも申請できる旨国会で修正された。また，不正受給の制裁強化として，故意の収入隠しや偽りの場合の返還額を4割増しで返還できることとし，罰金を30万円以下から100万円以下に引き上げた。

③医療扶助の適正化のため，取扱い医療機関の指定・取消要件を明確化するとともに，更新制を導入した。さらに後発医薬品の使用指導を強化する。

生活困窮者自立支援法の内容は，生活保護に至らない生活困窮者を対象として次の事業を行う。

①福祉事務所設置自治体が必ず行う必須事業として，国の4分の3の費用負担の下就労等の相談支援を行う自立相談支援事業を行う。

②リーマンショック後失業と同時に住宅も失う者が出たことから，2009年から就職活動や所得制限・資産制限を要件として3か月（最大9か月まで延長可能）間生活保護の住宅扶助の上限額の範囲で家賃を補助する**住宅手当**が支給されていたが，その事業を**住宅支援給付事業**として恒久化し，国が4分の3負担する。

③福祉事務所設置自治体が次の事業を実施した場合，国が補助する。

1）就労準備支援事業として，就労訓練を日常・社会生活上の訓練から実施する。国は3分の2以内補助。

2）一時生活支援事業として，住居がない困窮者に宿泊場所・衣食を提供する。国は3分の2以内補助。

3）家計相談支援事業として，家計相談・家計管理指導・福祉的資金貸付の斡旋を行う。国は2分の1以内補助。

4）学習支援事業として，保護世帯の中学生に行っている事業を生活困窮者の子弟に拡大し，ボランティアが課外教育を行う。国は2分の1以内補助。

5) その他自立促進事業を行った場合も，国は2分の1以内補助。

④都道府県知事等（政令市・中核市長）は，生活困窮者（保護受給者も含む）に就労の機会を与えるとともに必要な訓練を行う事業者のうち，一定の基準に該当するものを「中間的就労」事業者として認定する。

8 まとめ(3)：生活保護の課題と改革提言

8.1 課題

以上のことから生活保護の課題をまとめると次のようになる。

①高齢化の進行と無年金，低年金問題により，高齢者世帯比率が増加しているが，これは高齢者の所得保障の問題であるので第13章で検討したい。

②その他世帯と母子世帯等就労年齢層は23％となる。教育・能力の低さ，非正規雇用で低収入等自立のハードルは多いが就労支援の充実が望まれる。

③保護受給に対する恥辱感（スティグマ）から生活保護の貧困世帯に対する補足率が低い。また一部自治体には，「**水際作戦**」と呼ばれる事例もあった。不適切な運用の改善が必要であるとともに，保護受給とのボーダーライン層の生活困窮者に対する相談や就労支援等の各種支援が必要である。

④国民の生活保護への最大の批判である**不正受給**事案は，就労年齢層の増加とともに増えており，その防止策等が求められている。

8.2 いくつかの提言

生活保護を巡っては，研究者や保護受給者の対応に追われる都市部の政令指定都市等の提言として，より入りやすく，かつ就労等により制度からの退出を促す制度を求め次のような提案がなされている。

第一は，高齢者・障害者・就労能力が長期に失われる傷病者と，就労年齢層の母子世帯・その他世帯の制度運営を区別し，後者について，資産保有の取扱い（自立を容易にするよう保有できる金融資産の上限を上げる。自動車保有を認める）を緩和しつつ，6か月以内の保護からの自立を目指して就労支援を強化すると

いう提言である。非正規雇用の増加で6か月内の完全自立は困難なケースも多いと思われるが、資産保有要件の緩和や就労等自立支援の強化は、検討に値すると思われる。

第二に、雇用保険で見たドイツ、イギリスの税財源の失業扶助の実施体制のように、公共職業安定所の就労斡旋の体制を地方自治体に移し、就労可能な者への生活保護給付と就労斡旋・支援の窓口を一本化して保護実施機関の就労支援体制を強化するとともに、一定の期間以上就労が決まらない場合、求職職種の範囲を拡大した上で就職斡旋を行い、合理的理由なく斡旋に応じない場合は生活保護の減額・停止・廃止を求めるべきというものである。

問題点の第一は、就労支援は広域的対応が必要で国が実施すべきという厚生労働省の反論があるが都道府県側は職業紹介業務の権限移譲を要望している。

問題点の第二は、非正規雇用で自立可能な収入を得られにくいことや、斡旋＝採用ではないので斡旋に従わないことで即減額停止はできない。

いずれにしても国と都道府県の連携による保護受給者・生活困窮者の就労支援の強化、就労経験を積むための中間的就労事業の充実は重要と思われる。

注
(1) 職業能力がかなり低い障害者等について、適用するとその雇用が守られないことがあるため、事業主が都道府県労働局長の許可を得て適用されない制度がある。
(2) 常時5人未満の従業員の農林水産事業は任意適用。また国・地方公務員は原則対象外となり、船員も別制度があるので対象外である。
(3) 卒業後も同一事業所で雇用される者、休学中の者等は対象となる。
(4) 失業給付の保険料は給付が多い農林水産・清酒製造、建設業は1.0%で労使が0.5%ずつ負担するが、建設業の雇用保険事業に係る事業主保険料は0.4%である。
(5) 賃金不払い、セクシャルハラスメント等退職してもやむを得ない事由が認められる場合も含む。
(6) 小山進次郎『改訂増補 生活保護法の解釈と運用』(復刻版) 中央社会福祉協議会 (2004) を参考とした。
(7) 戦前の特別立法による救済人員は1945年 (昭和20年) で556万人 (人口の7.7%) に及んだが、その中で救済法の救済人員は9.3万人 (人口の0.1%) にすぎなかった。
(8) 1946年の実施当時の援護人員は126万人 (人口の1.7%) であった。

(9) 旧生活保護法の保護人員は1946年270万人（人口の3.5％）から景気の動向を受けて1950年12月には211万人（人口の2.6％）となった。
(10) 現在の基準は昭和38年4月1日厚生省告示第158号に基づき，毎年見直している。
(11) 「生活保護の適正実施の推進について」（社保第123号厚生省社会局保護課長・監査指導課長連名通知）（1981）。
(12) 最高裁1967年5月24日（朝日訴訟）判決。
(13) 最高裁1982年7月7日（堀木訴訟）判決。
(14) 厚生労働省社会保障審議会福祉部会「生活保護制度の在り方についての中間取りまとめ」（2003年12月16日）。
(15) 厚生労働省社会保障審議会福祉部会「生活保護制度の在り方に関する専門委員会報告書」（2004年12月15日）。
(16) 生活保護法の受給権は，外国人はその本国が対応すべきとの考え方から，日本国籍を有する者のみに認められているが，行政通知で永住権を持つ者や定住者には準用されている。不法滞在者は退去が原則で対象とされない。
(17) 勤労控除額は，就労収入から1.5万円は基礎的経費として控除し，それを超える額の10％も控除する。また，新規に就労した後6か月間は月額1.1万円を新規就労控除として控除する。
(18) 住宅ローンがある場合は，資産形成の手段とされ，原則生活保護は受けられない。65歳以上の高齢者は長期受給が見込まれるので，土地・家が500万円程度以上の価値がある場合は，その土地・家を担保に社会福祉貸付を受け，貸付で生活費を賄わせる。貸付額が担保価値を超えたら生活保護に移行する。高齢者が死亡したら土地・家は処分し貸付金の返済に当てる。
(19) 市は福祉事務所を必ず設置しなければならない。町村は設置した場合に事務を行うが，設置していない町村では都道府県の福祉事務所が事務を行う。
(20) 離婚を装っても同居・扶助の実態があれば同一世帯と認定され，戸籍上夫婦でも実態がない場合や長期入院で生計が別の場合は別世帯とされる。世帯主が現役暴力団員の場合は不法な収入を認定し難いため保護が適用されないが，家族が困窮する場合は，家族を世帯分離して生活保護の対象とすることがある。
(21) 総務省行政監察「生活保護の実態調査」（2014年6月）。

第11章　税制等の見直しによる格差是正策

　税と社会保険料は，社会政策の財源調達方法である。また，所得税等は，所得に対する累進税率をとるとともに必要経費に控除制度を設けることで，社会保険料は収入に対して比例税率をとるとともに低所得層に減免制度を設けることで，高所得者からより多くの財源をとり，低所得層の負担を軽減する格差是正の機能を果たしている。

　以下，財政赤字と，税等の現状をおさらいした後，各種の税及び社会保険料の政策課題を見た上で，横断的に，増税や格差是正機能に関する議論を検討したい。

1　税・社会保険料の現状

1.1　長期的な所得格差の推移と税制度の影響

　第1章でトマ・ピケティの『21世紀の資本』（2014）による1900～2010年の**所得十分位・所得百分位比率**による分析を見ると，先進各国とも1940～70年に格差が縮小したが1980年以降拡大し，アメリカ，イギリスでは1910年頃の格差に戻る傾向が見られた（表1-1，表1-2）。

所得上位10％の者の全体所得に対する比率

アメリカ	1900：40％→1950：33％→1980：38％→2010：48％
イギリス	1900：48％→1950：30％→1980：33％→2010：42％

所得上位1％の者の全体所得に対する比率

アメリカ	1900：18％→1950：11％→1980：8％→2010：16％
イギリス	1900：22％→1950：11％→1980：6％→2010：14％
日　　本	1900：19％→1950：8％→1980：7％→2010：9％

その要因として二つの大戦等による高所得層の資産喪失と戦時協力を国民に求めるための累進税率や最低賃金の上昇と，上位所得層の賃金抑制等の規制を行ったためとされる。先進各国では1980年代に新自由主義の考え方が強まり，所得税の高い累進税率の引き下げが行われた。特にアメリカ，イギリスではスーパー経営者の報酬増加等により格差の拡大が顕著である一方，労働組合や社会民主主義政党が強い北欧やドイツ，フランスや日本型雇用の傾向が残っていた日本では経営者の賃金は比較的抑制的であり，格差の上昇は顕著ではなかった（第1章③）。

第1章④で日本の当初所得のジニ係数では顕著に格差が拡大したが，再分配後所得のジニ係数では少しの上昇に改善されている。税による改善度は2011年には5.8％にとどまり，社会保障による改善度が1993年の11.2％から2011年の28.6％に上昇していた（表1-5）。

1.2 税・歳出の推移と財政赤字の拡大

1990年のバブル崩壊後の経済長期低迷による企業・国民の所得低下と，景気対策としての所得税・法人税の減税措置により，歳入は1990年をピークとして低迷を続けている。他方，歳出は景気対策としての公共支出の増加や，高齢化で増加する社会保障支出により増加している。

その財政赤字は図11-1の棒グラフで表す毎年新規発行の国債[1]で賄われ，近年その規模は30～40兆円台となっている。地方財政も経済低迷による地方税収の伸び悩みや国税減少による地方交付税配分額の減少，高齢化による医療・介護の地方負担等の歳出の伸びで財政赤字が生じ地方債の形で借金をしている。

2016年度の一般会計は96.7兆円の歳出（うち23.6兆円は国債費）に対して，税収は57.6兆であり不足分の大半は新たな国債の借金（34.4兆円）で先送りしている。（表3-5参照）

その結果，国・地方の累積債務残高は2016年度末で1062兆円，GDPの205％（2倍強）になると見込まれる。これは財政破綻したギリシャの190％を上回り，主要先進国（2014年アメリカ110％，イギリス98％，フランス117％，ドイツ76％）よ

第11章　税制等の見直しによる格差是正策

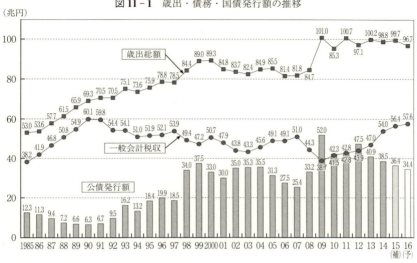

図11-1　歳出・債務・国債発行額の推移

（出典）　財務省 HP「日本の財政・税制の現状」(http://www.mof.go.jp/tax_policy/summary/condition　2016年6月閲覧)。

り高い。日本の財政が破綻しないのは，家計の金融資産残高1645兆円が累積債務残高を上回っているので日本の債務は国内で賄われていると理解されており，ギリシャのように周辺諸国から増税と支出の大幅削減をしないと国債を引き受けないと言われる状態ではないからだと思われる。しかし，年30～40兆円債務残高が増えることは放置できず，歳出見直しか増税が必要と思われる。

歳出のトップは社会保障費（2016年度32兆円）であり，歳出から国債利払費用を除いた基礎的財政支出（73.1兆円）の約半分に上るが，これをすべて歳出削減でなくすことは，社会保障が今後高齢化で増える傾向にあるので困難である（表3-6）。社会保障も含め無駄の排除による歳出見直しを図りつつ，何らかの増税が必要と思われる。

1.3　租税負担率と主な税別のシェアの国際比較

OECD 諸国の税と社会保障負担の合計の国民負担率（対国民所得比）の比較（2013）を見ると日本41.6％は33か国中第27位と負担率が低く，主要先進6か

第Ⅲ部　就労年齢層の政策：雇用・所得保障・租税等

表11-1　主要先進国の税種・社会保険料別国民負担率（対国民所得比）比較（2013）

	日本	アメリカ	イギリス	ドイツ	スウェーデン	フランス
国民負担率	41.6%⑤	32.5%⑥	46.5%	52.6%	55.7%	67.6%①
社会保障負担率	17.5%③	8.3%	10.6%	22.2%	5.7%⑥	26.9%①
租税負担率	24.1%⑥	24.2%	35.9%	30.4%	49.9%①	40.7%
資産課税等	3.7%④	3.6%	5.5%	1.2%⑥	8.7%	9.3%①
消費課税	7.2%⑤	5.5%⑥	14.6%	13.9%	18.8%①	15.7%
法人所得課税	5.4%①	2.7%	3.4%	2.4%⑥	4.0%	3.7%
個人所得課税	7.8%⑥	12.4%	12.3%	12.8%	18.5%①	12.0%

（注）　①～⑥は6か国の中の各項目の順位，日本は全部記載，外国は①と⑥を記載．
（原典）　日本：財務省調べ，外国：OECD「Revenue Statistics」「National Accounts」．
（出典）　財務省 HP「日本の財政・税制の現状」（http://www.mof.go.jp/tax_policy/summary/condition　2016年6月閲覧）より筆者作成．

国で見るとアメリカ（32.5％）に次いで低い。ただ国債で先送りしている財政赤字を国民負担で賄ったと仮定して財政赤字分を加えると50％にのぼり，第15位ドイツ（52.6％）並みの国民負担率となるべき状況と言える。

表11-1で主要先進国の国民負担率の税や社会保険料別の負担割合の国際比較を見ると，高齢化率が低く社会保障支出等の政府支出や税も少ない小さな政府のアメリカは別として，日本は他の EU 主要先進国より国民負担率は低い。社会保険料を表す社会保障負担率については社会保障の形式により高低がある。イギリス，スウェーデンが低いのは公的医療や介護を税財源で賄い社会保険は年金等であるからであり，日本の17.5％は，日本と同じ医療保険制度をとっているドイツ22.2％，フランス26.9％と比べれば低い。租税負担率では日本はアメリカより低いが，税種別に見ると個人所得課税の日本の7.8％は最も低い。法人所得課税の日本5.4％は逆に最も高い。消費課税の日本7.2％は国税に消費税がないアメリカは別として，他の EU 先進国の半分程度である。資産課税の日本3.7％は，国の税制により高低があり，ドイツのように1.2％台と少ない国もあればフランス，スウェーデンのように8～9％の国もある。

第11章 税制等の見直しによる格差是正策

2 それぞれの税等の政策

2.1 所得課税

①制度の概要

　個人の所得課税は国税の所得税と地方税の住民税があるが，所得税を中心に見ていきたい。所得税は，一定収入（基礎控除38万円＋給与所得控除最低額65万円＝103万円）以上であれば同一世帯でも個人単位で課税するが，その収入を下回る配偶者・子等は扶養親族として収入のある世帯主と一体的に課税される。収入から生活や仕事の経費を引いた所得に課税される。日本では**所得控除**と言って収入から経費を差し引き，残った所得に税率をかける方式が中心である。

　所得控除には，生活費の基礎を控除する基礎控除（38万円），家族の収入が一定以下で扶養されている場合の配偶者控除（38万円），他の親族の扶養控除（38万円）の人的控除と，収入を得るため経費を差し引く。自営業等では実際に経費を引いて申告するが，サラリーマンは一定の計算式で計算する給与所得控除（最低65万円，収入に応じその一定割合に定額を加えた額）等を引く。

　税金は，控除後の所得の高さに応じてそれぞれの部分に税率がかけられ，高額の所得部分には高い税率がかけられる**累進税率**となっている（表11－2）。

　これは，高所得者から多く課税できるので，格差是正効果がある。

　所得は，給与収入，事業収入，不動産収入，株式・公社債等を除く資産の譲渡収入等多くの収入はそれぞれ経費の控除方法は異なるが，すべて合算して上記の累進税率をかける。なお，預貯金利子，公社債等譲渡益と利子，株式譲渡益と利子については，上記の所得と分離して課税し，税率も累進税率ではなく一律20％の税率しかかけられていない。

②所得課税の課題

　内閣府税制調査会「所得課税資料」[5]（2015）を下に，格差の観点から課題について見てみたい。

表11-2 日本の所得税の累進税率 (単位:％)

所得	195万円以下	195万超、~330万円	330万超、~695万円	695万超、~900万円	900万超、~1,800万円	1,800万超、~4,000万円	4,000万円超
累進税率	5	10	20	23	33	40	45

表11-3 日本, アメリカ, イギリスの所得税累進税率推移

日本	1983年 最高75% 最低10% (19段階)	1989年 最高50% 最低10% (5段階)	現行 最高45% 最低5% (7段階)	地方税込み 最高55%
アメリカ	1981年 最高70% 最低14% (15段階)	1984年 最高50% 最低11% (14段階)	現行 最高39.6% 最低10% (7段階)	地方税込み NY市52.3%
イギリス	1978年 最高83% 最低25% (11段階)	1988年 最高40% 最低25% (2段階)	現行 最高45% 最低20% (3段階)	地方税に所得課税はない。

(出典) 財務省HP「主要国の所得税累進税率の推移」(http://www.mof.go.jp/tax_policy/summary/income 2016年6月閲覧) より筆者作成。

(i) **累進税率の推移**

　戦前1887年頃までは地租が主な税金で所得税は1～3％の累進税率だったが, 1920年に0.5～36％, 戦時体制に入った1940年には10～65％, 戦後GHQの指導下1950年には20～55％, その後1983年には10～75％の19段階になっていた。しかし, 石油ショック（1973年）以降の経済低迷と財政赤字は高福祉等による就労意欲の低下が原因として, 1980年頃からイギリス保守党のサッチャー政権, アメリカ共和党のレーガン政権等**新自由主義**をとる政権が中高所得層の就労意欲を高めるために累進税率の刻みを荒くするとともに, 最高税率を50％以下に引き下げた。これは必ずしも新自由主義ではない大陸EU諸国や日本にも波及した（**表11-3**）。

　現在日本の所得税は5～45％の7段階累進税率であり, 地方税の住民税は一律10％となっている。これは格差是正という意味では後退の動きと言える。なお, 消費税が8％に引き上げられる改正が決定され低所得層の負担が増大することへのバランスをとるために, 所得税は従来の最高税率40％の上に2015年度から45％の累進税率が加えられた。他方, 1983年当時地方の住民税も含めると

表11-4 国税・所得課税の累進税率と金融資産分離課税の国際比較

	中心収入の累進税率	金融資産の譲渡収入,配当・利子収入の分離課税
日本	5～45% 7段階累進税率	預貯金利子,公社債等譲渡益・利子,株式譲渡益・配当分離課税一律20%税率
アメリカ	10～39.6% 7段階累進税率	株等譲渡益,利子収入も他の収入と損益通算するが,配当収入,株等の長期譲渡益は0～20%の3段階累進税率
イギリス	20～45% 3段階累進税率	利子10～45% 4段階累進税率,配当収入10～37.5% 3段階累進税率,株等譲渡収入18,28% 2段階累進税率
ドイツ	0～45% 方程式で税率	株式等譲渡収入,配当・利子収入は分離課税一律25%税率
フランス	0～45% 5段階累進税率	金融資産の譲渡益・配当・利子も他の所得と合算して総合課税
スウェーデン	0～25% 3段階累進税率	金融資産の譲渡益・配当・利子は分離課税一律30%税率

(出典) 内閣府税制調査会資料,財務省説明資料「所得税①」(2015年10月1日)より筆者作成。

2000万円以上の高所得には税金が88%かかっていたので,就労意欲の低下防止という観点で1984年以降の引き下げに賛成する意見も多い。

(ii) **金融資産分離課税**

日本や先進諸国の多くは,金融資産の譲渡益,利子・配当収入を分離して,アメリカ,イギリスのように低い累進税率をかけたり,日本,ドイツ,スウェーデンのように一律の比例税率をかけている国がある。フランスは金融資産関係の収入も他の収入と損益通算し同じ累進税率をかけている。

金融資産は,高所得者が主として保有するものなので,分離して低い税率をかけることは格差を拡大する効果がある。他方,ドイツ,スウェーデンのように社会保障が手厚い国を含め,金融資産を分離課税している理由は,金融資産は労働力と異なり海外移転が容易なため,海外への資本逃避を防止し,税率を低くしても広く課税したい意図がある(表11-4)。

(iii) **家族の扶養控除**

日本は①で見たように,収入が一定以下の配偶者や扶養親族の経費は**所得控除**(38万円)という形で収入から差し引き,残った所得に累進税率をかける。この所得控除の減税効果は,かけ合わせる**累進税率**(表11-2)により異なる

ので,200万円の低所得層は38万円×10％＝3万8000円の減税効果だが,2000万円の高所得層は38万円×40％＝15.2万円の減税効果となり,高所得ほど減税効果が高いという格差是正にとって逆の効果がある。

他に,夫婦2人の所得を二等分した額に累進税率をかけ,それを2倍する等の方法もある。ただ,日本では税率10％以下が適用される納税者が83％を占めているため,財務省試算ではこの2分2乗方式をとっても世帯所得500万円の世帯では納税額に大きな変化はなく,1000万円の世帯では夫婦片働きで23.3％,共働きで5.4％の減税効果があり,高所得層の方が恩恵を被るようである。

この他,アメリカ,イギリスでは中低所得世帯が子どもを養育する場合,一定額を所得税額から税額控除し,引き切れなかった額は逆に還付するという方式をとっている。これは,**給付付き税額控除**と言われるが,中低所得層の格差を縮小する機能を有する。

2.2 法人課税

①制度の概要

法人課税は,国税である法人税(2015年度税率23.9％),地方税として国の法人税額に17％をかける法人住民税,事業税(2015年度大法人の税率6％)がある。法人税は経費を差し引いた利益に課税されるが,基本的仕組以外に様々な経済団体,事業団体の年々の要求を与党の税制調査会が聞いて制度化した**租税特別措置**という機械設備や様々な経費の償却上の特別措置等の減税措置を行っている。また,景気低迷対策として,ある年度に出た損失を10年程度にわたり翌年度以降の利益から差し引いて法人税を減額する**欠損金繰越控除**制度があり,法人税の課税範囲を狭めている。

②法人課税の課題

(ⅰ)**国際的税率引き下げ競争**と国際間協力の動き

多国籍企業は各国の法人課税の差を利用して,企業拠点を実際にまたは書類上低い税率の国に移して税負担を免れようとする。このため,先進各国では企業の国外逃避を避けるため法人税率の引き下げ競争が生じている(**表11-5**)。

表11-5 主要先進国法人税（基本税率）の推移（1980～2014年）

ドイツ 56％→15％	イギリス52％→23％	フランス50％→33 1/3％
日 本 40％→25.5％	アメリカ46％→35％	

（出典）内閣府税制調査会法人税ディスカッショングループ資料，財務省説明資料「参考資料（法人課税関係）」（2014年3月31日）より筆者作成。

日本では，安倍政権がアベノミクスの一環として，租税特別措置や欠損金繰越控除制度を一部見直すことで課税対象を広げつつ，法人税率を2013年度の25.5％以降も，2015年度23.9％，2016年度23.4％，2018年度23.2％と引き下げていく法改正を行っており，同時に地方税の大法人向け事業税を2015年度6％から2016年度には3.6％に引き下げる改正を行っている。国税・法人税を合わせた実効税率を2015年度の32.11％から2016年度29.97％，2018年度29.74％と20％台に下げることとしている。ちなみに国・地方の法人実効税率（2016年）を比較すると，日本の29.97％は，アメリカの40.75％（カリフォルニア州），フランスの33.33％に次いで高く，ドイツの29.72％（全国平均），イギリスの20.0％を上回っている。OECD諸国ではこのような多国籍企業の行動による法人課税財源の浸食に対抗するため，各国の企業拠点に対してどのように納税のための利益・経費が配分されるべきかという国際的取決めの策定とその適正な執行について協議と国際協力を強めている。

(ii) 格差・大企業批判をめぐる議論

格差の観点からは，昨今の財政赤字解消のため政府与党が目指す消費税増税が次に検討するように低所得層に逆進的であることから，野党の中には批判がある。民進党の立場は必ずしも明確ではないが，そのHP上の2016年度政府税制改正大綱への批判では，雇用や設備投資の増加の効果が必ずしも明確でないので，これ以上の法人税率の引き下げに反対している。2014年の選挙マニフェストによると，社会民主党は中小企業を除く法人税率を引き上げるべきとしている。共産党も法人税率引き下げに反対で，租税特別措置の廃止等で企業増税をすべきとしている。これらの主張に共通するものは，2012年以降の大企業中心の業績好転が設備投資や雇用拡大・賃上げに十分向かわず，企業に内部留保されているので，優遇措置廃止や内部留保へ課税強化すべきというもので

ある。

　これに対する反論は，企業が日本の高税率を嫌って海外に拠点を移すことは，税源や雇用の観点から望ましくないこと，内部留保は法人課税の対象である法人利益が投資や労働者・株主に還元されず残ったものなので，それにさらに課税することは二重課税であること，等がある。

2.3　消費課税（付加価値税）
①制度の概要

　戦前から酒，たばこ等個別物品には課税されていたが，1937年に宝石等ぜいたく品に課税される特別物品税が創設され，1940年物品税となり，戦後もぜいたく品・趣味用品の課税として残った。しかし，ぜいたく品の線引きは微妙で毎年度の与党税制大綱に向けた業界団体の政治的要望対象となっていた。

　他方，EU諸国では経済活動の基礎となる土地の譲渡・貸借，金融・保険サービス，公益性が高い住宅貸付，教育・医療・福祉等を除き全製品・サービスの国内取引について，各段階の付加価値(8)（売却・消費の価格から仕入れ価格を引いた額）に広く税率をかける付加価値税が普及しており，EU諸国では15％以上の税率がかけられている（**表11-6**）。アメリカは国税にはなく州・郡・市の地方税として小売売上税が課される地域がある（ニューヨーク州とニューヨーク市合計2015年8.875％）。日本も所得税の減税で減った税収や社会保障費の増大による財政赤字の対策として消費税が1989年に創設され，当初3％から1997年5％，さらに2012年民主党政権末期に年金・医療・介護・少子化対策の社会保障財源にしか使わないという制約をつけ当時野党だった自民・公明党と合意の上，2014年4月に8％，2015年10月から10％に引き上げることを内容とする法改正を行った。しかし，その後自民・公明連立の安倍政権は景気回復が思わしくないことを理由に2015年初めに法改正し，10％引き上げ時期を2017年4月まで延期した。現在の消費税8％のうち国の財源は6.3％で，1.7％は地方消費税として地方の財源に配分されている。この本を執筆中の2016年6月に更に増税時期を2019年10月まで延期する方針が決定された。

表11-6 主要先進国付加価値税の概要（2016年1月現在）

	日本	フランス	ドイツ	イギリス	スウェーデン
標準税率	8%	20%	19%	20%	25%
非課税対象	土地譲渡貸借，住宅貸借，金融・保険，医療・教育・福祉等	不動産取引・貸借，金融・保険，医療・教育・福祉，郵便等	不動産取引・貸借，金融・保険，医療・教育・福祉，郵便等	土地・建物譲渡・貸借，金融・保険，医療・教育・福祉，郵便等	不動産取引・貸借，金融・保険，医療・教育・福祉，郵便等
ゼロ税率	なし	なし	なし	食料品，水道，新聞，雑誌，書籍，国内旅客輸送，医薬品，居住用建物建築，障害者用機器等	医療機関による医薬品処方等
軽減税率	なし	旅客輸送，肥料，宿泊・外食サービス 10% 書籍・食料品 5.5% 新聞・雑誌・医薬品 2.1%	食料品，水道，新聞，雑誌，書籍，旅客輸送，宿泊施設利用等 7%	家庭用燃料，電力等 5%	食料品，宿泊施設利用，外食サービス等 12% 新聞，書籍，雑誌，スポーツ観戦，映画，旅客輸送等 6%

（出典）財務省HP「主要国の付加価値税の概要」（http://www.mof.go.jp/tax_policy/summary/consumption 2016年6月閲覧）より筆者作成。

②消費課税の課題：逆進性と対策

　消費課税は消費にかかるので，収入すべてを消費に回さざるを得ない低所得者は，収入の8％が消費税負担率となるが，収入の半分を貯蓄・金融投資に回せる高所得者は収入の4％が消費税負担率となり，低所得層の負担率の方が高くなる**逆進性**がある。日本でも最低限公益性の高い，住宅貸借，公的医療・福祉・教育は非課税としているが，税率が高くなるにつれ対策が求められる。

　これに対する対策は二つある。第一に，食料品等低所得層として消費せざるを得ない物・サービスの税率をゼロないし軽減する**軽減税率**がある。EU諸国でも食料品の他，新聞，旅客輸送等を軽減税率の対象としている。

　この対策の問題点は，①広く軽減すると税収が下がるため，税率を高く設定

せざるを得なくなる。②高所得者も減税対象となり，ぜいたくな食品を消費した場合も恩恵を受ける。それを防ぐためにぜいたくな食品を除く線引きをすると昔はぜいたく品だったが今はそうでもない食品(9)が対象にされたり，物品税の時のような政治的要望対象となり，混乱や不公平が生じるおそれがある。

　第二に，**給付付き税額控除**制度を利用して一定以下の所得の者には消費税負担に相当する収入の○％の額を所得税から引ける税額控除額とし，引き切れなかった分は還付し，消費税負担が及ばないようにする。カナダで行われており，必要な層に限り負担軽減するので，税収減が限定されて引き上げ率が抑制されること，高所得層は対象とならないこと，何がぜいたく品かといった不要な議論をしなくていいことの利点がある。問題点は，①どの所得階層以下を対象とするかで，中所得層に増税の不満が生じること，②軽減措置を受ける還付手続が必要で，消費時には低所得層も負担をしなければならないことがある。

　個人的には第二の給付付き税額控除が望ましいと考えるが，2016年度政府税制大綱で10％に引き上げ時に，酒・外食を除く飲食料品と週2回以上発行される新聞購読料は8％に据置く**軽減税率**をとる方針が決定された。その結果当初の14兆円の税収増から1兆円が減収となる見込みである。

2.4　資産課税

①制度の概要

　日本では保有資産にかかる税は，地方税の固定資産税で土地・家屋や事業者の事業用償却資産に対してその価格の1.4％の税率がかかっており，市町村等の財政の8％程度を賄っている。

　国税としては，資産を相続した場合に相続人にかかる相続税と，それを生前に贈与された場合にかかる贈与税がある。1987年には基礎控除2000万円＋400万円×法定相続人数を上回る相続財産について，10〜75％（14段階）の累進税率がかけられていたが，土地バブルにより「普通」の所得層にまで課税されることを防ぐため，1988年に課税資産最低水準の引き上げ，最高税率引き下げ等の軽減措置を行った。バブル崩壊で三大都市商業地の公示地価は下がり2000年

には1983年の水準を下回っていたが，2003年に基礎控除5000万円＋1000万円×法定相続人数まで課税対象の最低資産額は引き上げられ，税率も10〜50％（6段階）の累進税率に緩和されていた。その後，消費税が8％に引き上げられることが決まった際に，低所得者層の負担増とのバランスをとるため，2015年から課税対象最低資産額を基礎控除3000万円＋600万円×相続人数に引き下げ，税率を10〜55％（8段階）に引き上げている。

②資産課税の課題

(i) 老親扶養の社会化に伴う相続税見直しの主張

相続財産は，相続人が相続前に資産拡大に一部寄与した可能性はあるとしても，不労所得の要素が強く，資産を持つ者と持たざる者の子孫で相続を通じて譲り受ける資産が異なり，スタートラインの格差（**機会の不平等**）につながる。また，昔は老親の扶養・介護は同居する子どもが担い，相続は子どもの扶養に対する後払い対価の要素があったが，現在は3世代同居率が15％台に低下し，公的年金・介護保険等老親扶養を社会保障が担っている**老親扶養の社会化**が見られる。そしてその財源は，相続財産を譲り受けない中低所得も含む就労年齢層の社会保険料・税で賄っている。こうしたことから，相続税の対象拡大や税率の引き上げにより，年金・介護等の社会保障費用や社会保障の支え手を生み育てる子育て支援策の財源にすべきではないかという意見がある。

これに対して，土地・家や小規模事業の事業用資産が相続税対象となると，残された妻・子どもの住居や事業継続が確保されなくなること，事業や子孫繁栄のために苦労して築いた資産の処分は，その被相続人や相続人の自由に任せるべきで，それが事業拡大のモチベーションにつながるといった反論がある。

個人的には，現在も相続人である配偶者には最低1億6000万円の控除額があること，小規模宅地（330㎡以下），小規模事業用地（400㎡）には相続税を80％軽減する措置があること，所得税は200万円未満の所得にも課税されるていることのバランスから，相続資産は，社会保障財源として課税対象を広げ，税率を上げてもよいのではないかと思う。

(ii) **ピケティの資産保有税の導入**

　ピケティは『21世紀の資本』(2014) の中で，一定額以上の資産保有に対して，高くなくてもいいから数％の資産保有税を導入することを提案している。その理由は第2章で紹介したように，格差縮小に資する主要先進国の経済成長率 g が 1〜2％台に低下する一方，高所得者の資産収益率 r は 5〜6％であり，格差が拡大するためである。これへの反論は，資産の途上国等への国外逃避が始まり，提案に実効性がないばかりか，先進国への投資が阻害されるという。

　その反論としては，法人税で始まっている先進国間の連携で金融機関に金融取引の報告義務を課すことで，課税逃れをある程度捕捉できるし，協力しない途上国の金融機関には先進国との取引を制限する等の対抗策が考えられること，先進国経済が安定的に成長するなら，安全で有力な投資先として先進国投資は続くこと等，が考えられる。

　確かに，国際連携は交渉等が必要で直ちに実行することは難しいが，2016年に話題となっている「パナマ文書」に見られるような資産を**タックス・ヘイブン**（租税回避地）に逃避させることを避けるためにも，法人税同様国際協力は必要であり，低率の資産保有税の創設は検討に値すると思われる。

2.5　社会保険料

①制度の概要

　社会保険料は，公的医療・年金・介護・雇用保険・労災保険の財源として加入者から徴収される。その特徴は，①給付の対価として徴収される対価性があり，加入者もその引き上げに対して理解しやすい。②各特別会計で給付と負担がバランスするように徴収されるので，赤字となりそうな場合，保険料は適切に引き上げられる。③一定の週労働時間以上のサラリーマンを対象とする健康保険・厚生年金・雇用保険・労災保険は賃金に比例する**比例保険料**であり，所得税の累進税率より格差是正効果は低い。また労災保険は事業主のみ保険料を負担するが，それ以外の被用者保険は，事業主と被保険者が半分ずつ保険料を負担する。④労働時間が短いパートタイム労働者，農民，自営業者，サラリー

マン退職者は，国民健康保険・国民年金に加入する必要がある。国民年金は**定額保険料**（2015年度は月1万5590円）であり，国民健康保険は所得に応じる所得割の応能保険料と，世帯や個人別に定額の応益保険料の比率が半々となっている。このような定額保険料は低所得者にとっては負担率が高くなり，負担は**逆進的**である。⑤介護保険や退職後の加入者が入る医療保険以外は，現役就労年齢層の賃金や収入を対象としており，また，前期・後期医療保険制度は現役層の加入する健康保険からの財政調整拠出金を重要な財源としている。このため，近年経済団体や労働組合は社会保険料の引き上げは企業の労働コストや現役労働者の負担増につながり，雇用減少にも影響すると反発している。⑥社会保険料は賃金や事業収入が財源のため，高齢者の中には収入は年金のみだが，多くの金融資産や不動産資産を持っている者があり，資産が考慮されないことは不公平との指摘もある。

②社会保険料の課題

格差という面での課題は，特に国民年金，国民健康保険の定額保険料が，低所得者にとって負担が大きい逆進性が第一に挙げられる。

現行の是正策としては，国民健康保険では低所得者の応益保険料を所得の低さに応じて7割・5割・2割軽減する制度があり，国民年金では一定の低所得者の保険料を4分の1・2分の1・全額免除する制度がある。さらに低所得層の負担軽減措置を検討すべきてはなかろうか。

収入のみにかかり資産にかからない不公平については，介護保険の介護施設自己負担のうち居住費・食費分の補助に関し，収入は低くても金融資産が単身1000万円，夫婦で2000万円以上ある者は補助しないという改正が2014年に行われた。またフランスでは医療保険や年金保険の被保険者保険料を下げる代わりに，社会保障目的税である一般社会拠出金を国民に課しているが，稼働所得だけでなく資産所得や投資益にも広く課税している。

2.6 税・社会保険料負担の所得階層別負担国際比較

府川氏，フォスター氏やミラ氏の先行研究（表11-7）から，所得から税・

第Ⅲ部 就労年齢層の政策:雇用・所得保障・租税等

表11-7 所得階級別可処分所得比率と直接税・社会保険料負担比率 (単位:%)

	日本	フランス	ドイツ	スウェーデン	イギリス	アメリカ
可処分所得の比率						
低位20%	6.7	9.1	8.4	9.8	7.7	6.2
中位60%	55.7	54.2	55.4	56.2	52.9	53.0
高位20%	37.5	36.7	36.1	34.1	39.4	40.8
直接税・社会保険料負担比率						
低位20%	7.9	7.0	3.3	6.1	2.5	1.8
中位60%	52.8	37.6	52.1	52.8	48.1	41.1
高位20%	39.8	55.3	44.6	39.3	49.5	57.1

(原典) 日本以外,Foster and Mira d'Ercole Income Distribution and Poverty in OECD Countries in the Second Half of 1990' OECD (2005)。
(出典) 府川哲夫「国際的に見た日本の所得分配」府川哲夫・田近栄治・小塩隆士編『日本の所得分配 格差拡大と政策の役割』東京大学出版会 (2006)。

　社会保険料を差し引いた可処分所得の低所得層20%,中所得層60%,高所得層20%の比率を国際的に比較すると,日本はアメリカのように高位20%のシェアは高くないが,低位20%の比率はアメリカ並みに低い。これは社会保障給付の水準がアメリカに次いで低いことも影響していると思われる。他方,直接税・社会保険料負担の所得階層別比率を見ると,日本は低位20%の比率がフランスとともに高く,他方ドイツ,アメリカ,イギリスは低所得層の負担比率が低い。こうしたことから,日本の税・社会保険料の低所得層の負担軽減・格差是正機能は弱いように思われる。

　その理由として考えられるのは,日本の所得税の経費控除の仕組が**所得控除**で,低所得層より高所得層で大きな節税効果を発揮している。社会保険料も低所得者が多い非正規雇用者や退職後の高齢者の加入する国民健康保険や国民年金の保険料には**定額保険料**が多く,低所得層の負担率が高くなる欠点がある。

　これに対して,ドイツの所得税は,一定の低所得者の所得税率を0とするゼロ税率の制度がある。また,低所得層の社会保険料減免制度としてミニジョブと言われる月400ユーロ=4.8万円以下の所得の者は被保険者保険料を全額免除し,ミディジョブと言われる月800ユーロ=9.6万円以下の所得の場合は被保険者の保険料を一部減額する制度がある。

　アメリカ,イギリスでは勤労者税額控除や児童税額控除と言われる**給付付き**

税額控除制度がある。勤労者税額控除は勤労所得があるが，その額が一定以下の低所得層について，所得税額から一定額の税額控除を仕事に励む経費として差し引き，所得税額から引き切れなかった額は現金給付として還付する制度である。児童税額控除は中低所得世帯が子どもを養育している場合，一定額を所得税額から税額控除し，引き切れなかった額は現金給付として還付する制度である。いずれも低所得層の生活や子育ての経費に配慮し格差是正効果がある。これら給付付き税額控除制度の欠点は，還付を受けたいために，勤労収入を過少申告する不正受給が多いことが指摘されている。これに対してオランダでは税額控除として所得税から引き切れなかった分は，社会保険料負担を差し引くことで負担を軽減し，現金給付の還付は行わない仕組としている。

③ まとめ：増税と税による格差是正をめぐる議論

　税・社会保険料の制度を横断する課題として，大きく二つが挙げられる。
　①日本の財政は毎年30～40兆円の赤字を新規国債発行で賄い，累積債務はGDPの2倍を超える水準となっている。歳出の削減だけでは解決困難でどのように増税を行うかという問題がある。
　②日本の税・社会保険料の格差是正機能が国際的に見て高くない問題がある。

3.1　増税に関する論点

　政府の増税方針は，消費税を10％まで引き上げることである。その理由は，①消費税がEUに比べれば低く，他方，法人税，所得税の税率は日本は比較的高いこと，②法人税・所得税は景気変動が税収に大きく影響するが，消費税は比較的安定的な消費を課税対象とし，安定的収入が見込めることが挙げられる。
　他方，消費税には**逆進性**という格差是正に反する欠点があり，その引き上げに反対し，大企業の法人税や高所得者の所得税を上げるべきとの意見もある。
　逆進性に対しては，**軽減税率**または**給付付き税額控除**という対策があり得る。

政府案のもう一つの問題点は，10％への引き上げでは現在の財政赤字や今後の高齢化による社会保障需要の高まりには不充分ということである。

さらにピケティは，国際的な連携体制を整えた上で資産保有税を導入することを提案している。

個人的には，政府も述べている理由から**軽減税率**や**給付付き税額控除**の導入で**逆進性**対策を講じつつ，消費税の引き上げを EU 並みに15〜20％程度の水準まで上げていかざるを得ないと考えている。その他の税については，所得税の累進税率引上げについては，就労意欲をそぐため政治的に抵抗が強く，最高税率50％前後の現状は，国際的に同程度の国が多い。ただ**金融資産分離課税**については，資産の国外逃避等の副作用に留意しつつ，累進税率の導入等改善の余地があるのではないかと考える。

法人税も企業拠点の国外逃避や雇用への悪影響もあるので，国際的に突出して引き上げることは困難だが，租税特別措置の見直し等で課税対象を拡大することには取り組むべきと考える。

資産課税については，**老親扶養の社会化**や**機会の平等**の観点から，相続税の対象資産額の引き下げ等の増税余地はあると思われる。**ピケティの資産保有税**は，資産の国外逃避という欠点はあるが，法人税も資産課税も国際的な連携体制で租税逃れを防ぐ必要はあり，検討は必要と思われる。社会保険料も社会保障給付の増大に比例して引き上げざるを得ないと思われる。

3.2　税・社会保険料負担の格差是正機能に関する論点

日本の低所得者の減税効果が低い点は問題であり，給付付き税額控除の導入は検討すべきと思われる。社会保険料負担から差し引くオランダのような対策を講じることで，社会保険料の定額負担部分の逆進性についても改善できる。このような控除制度の見直しの検討も有効ではなかろうか。

注
(1) 道路等は将来世代も使うので，国債を発行し将来世代に費用負担をしてもらうこ

第11章　税制等の見直しによる格差是正策

とは財政法で認められている（建設国債）。しかし，年金・公務員の給与等毎年使ってしまう歳出は，利用者である現在の国民が負担すべきであり，財政法では赤字解消のための国債（赤字国債）の発行を禁じている。しかし，政府は毎年法改正して財政法の特例として赤字国債の発行を認めることを行っている。

(2)　OECD, *Economic Outlook96* (2015).
(3)　「日銀資金循環統計」（2014年6月）。
(4)　日本：内閣府「国民所得計算」，外国：OECD, *Revenue Statistics* (2013), *National Accounts* (2013)。主要6か国国民負担率①フランス67.6％（OECD 中3位），②スウェーデン55.7％（10位），③ドイツ52.6％（15位），④イギリス46.5％（21位），⑤日本41.6％（27位），⑥アメリカ32.5％（31位）。
(5)　内閣府税制調査会資料，財務省説明資料「所得税①」（2015年10月1日），「所得税②」（2015年10月14日）。
(6)　内閣府税制調査会資料，財務省説明資料「所得税②」（2015年10月14日）。
(7)　財務省 HP「法人実効税率国際比較」（http://www.mof.go.jp/tax_policy/summary/corporation　2016年6月閲覧）。
(8)　輸出品や外国旅行客の消費は課税しないので国際競争力に影響しない。
(9)　イギリスでは原料のカカオが高額輸入品であった名残でチョコレートが現在もぜいたく品として軽減対象外となっている。
(10)　国民年金は，免除期間に対応する年金は低くなってしまい，第13章で検討する低年金の原因の一つとなっている。
(11)　厚生労働省編「海外情勢報告」（2015），伊奈川秀和『フランスに学ぶ社会保障改革』中央法規出版（2000）。

| 第12章 | ベーシック・インカムの提案をめぐる議論 |

　この章で取り上げるベーシック・インカム[1]の理念型（以下「完全ベーシック・インカム」という）は，市民権のみを要件に生活の基礎支出を賄える程度の金銭を一律に支給するもので，従来の社会保障・雇用政策のアンチテーゼの性格を持つ。2016年初の時点でこの理念型を国レベルで実施しているところはないが，その一部変形型も含めれば経済的に「右」から「左」の論客や環境論者等様々な賛成論者がおり[2]，その主張は現在の雇用・社会保障への幻滅感と相まって勢いを増している。以下 **1** でベーシック・インカムの背景，**2** でベーシック・インカムの賛否両論の議論の概要を紹介したい。

1 　ベーシック・インカムの背景

1.1　様々なベーシック・インカム関連構想

　ベーシック・インカムの議論を広く紹介しているフィッツ・パトリックによると，**図12-1**に示したように縦軸で給付水準の十分さ，横軸として給付に条件をつけるかどうかで，ベーシック・インカム関連の諸構想を分類できる。
　完全ベーシック・インカムは，ある国（地域）の全市民権保有者に，基礎的生活費を賄う給付を無条件に支給するものである。条件は無条件だが，水準が基礎的生活費を賄うには不十分なものが**部分ベーシック・インカム**であり，水準以外に年齢だけの条件を付けるものとしては，所得制限なしの児童手当や税財源で定額の老齢基礎年金も部分ベーシック・インカムの一種と言える。**過渡的ベーシック・インカム**は従来の社会保障給付と併存し，水準も不十分なものが考えられる。**社会配当**は，税財源の構想なら以上のいずれかのベーシック・

第12章　ベーシック・インカムの提案をめぐる議論

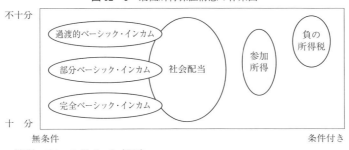

図12−1　最低所得保証構想の体系図

（出典）フィッツパトリック（2005）。

インカムと同内容となるが，一部産業等を国有化してその収益を配当のような形で，国民全般や無産者に配る構想を含んでいる。**参加所得**は，完全ベーシック・インカムについて働かずに給付を得ることに批判があることに対応して，就労している場合，老齢・障害等稼得能力がない場合，教育・訓練あるいは社会的に意義のあるボランティア・ワークへ参加している場合を条件に給付する構想である。**負の所得税**は，就労を要件とするが，生活に必要な水準である免税点の所得と実際に得られる就労所得の差額の一部を支給するもので，免税点以下の所得の者に税の還付金の形で支給するものである。第11章で見たアメリカやイギリスの**給付付き税額控除**はこの一種と言える。

1.2　ベーシック・インカム構想の歴史と背景

　この構想を最初に唱えたのは，トマス・ペインの『農民の正義』（1796）[3]とされる。彼は，世界は共有財産で有産者は無産者を援助する義務があり，地主の地代等を財源に基金を創設し21歳以上の男女に年金を払うべきと主張したようだ。またイギリスの多くの地方で1795年から1834年にわたり貧困な者に賃金の補助と児童・家族手当を支給するスピーナムランド制が行われた。対象は低所得者に限られ，この手当があることで逆に賃金が低下したという批判もあるが，フィッツパトリックは生存可能な水準の補助を与えた制度と評価している。

　二つの大戦の間では，市場社会主義者とされるジェームス・ミードは，政府

が生産手段の株式を所有し，それを特別の基金で運用する形の国有化を主張したが，1935年にこれらの基金で得たお金を社会配当として国民に配分する**社会配当構想**を唱えた。

他方，第2章で説明したが，1880年代のビスマルクの老齢年金等は社会保険の萌芽となり，1929年に始まる大恐慌期にはアメリカにおいても社会保障法が制定された。戦間期は戦費調達のための所得税累進税率が適用され，格差が縮小した。1942年のイギリスのベバリッジ報告は，体系的社会保障制度の創設を提唱し，戦後イギリスをはじめ日本を含む先進国にも広がり，好調な経済成長の中で成長の成果を社会保障制度で国民全体に還元する**福祉国家**が提唱されると，ベーシック・インカム構想は傍流となった。

こうした中で新自由主義者であるミルトン・フリードマン（1962）[4]は，従来の生活保護制度では就労収入が増えると給付が打ち切られるため就労意欲がなくなる**福祉の罠，失業の罠**の欠陥があることから，これらの社会保障制度をやめて**負の所得税**を設けるべきとした。その制度は，就労する低所得者に対して所得税の免税点（＝生活の基礎的費用）とその就労収入の差額の2分の1を支給するものである。免税点以下の低い就労収入を補えるし，免税点までは就労収入が増えるほど負の所得税と合算した収入は増加するので就労意欲を損なわず，福祉の罠，失業の罠が生じない。また，この構想のかわりに最低賃金制を廃止し，企業は生産性に合った賃金を支払えばよくなり雇用や市場効率性の歪みをなくせるとともに，生活保護を廃止し自由を縛る指導や肥大した官僚機構を廃止できるとされる。

1973年の石油ショックで順調な経済成長が終わり，税収減と失業給付の増大で財政赤字が進むとイギリス，アメリカでは**新自由主義**に則った累進税率引き下げや社会保障の見直しを行った。1990年代から2000年代となると，日本を含む先進各国では新興国の経済的追上げにより，中程度の安定的成長も期待しにくくなり，失業率の高止まりやサービス経済化の中で，不安定で収入が低い**非正規雇用**が増大している（第3章，第6章）。

このように，多くの国民に失業や非正規雇用化による生活リスクが高まると，

既存の社会保障制度やその受給者への批判が高まっている。このため，一方では社会保障をより就労に結び付ける方向で給付要件を厳しくする**ワークフェア**（Workfair）の動きが見られるようになり，他方では経済成長が期待できず，非正規雇用のような自立困難な不安定雇用にしか就けないのであれば，市民権を持つ者に就労を要件とせず無条件に基礎的所得（Basic Income：ベーシック・インカム）を与え，その代わりに現行の所得保障制度を可能な限り廃止すべきとの考え方の支持が高まるようになっている。

1.3 ベーシック・インカム関連諸構想の思想背景

この構想の支持者には，市場の自由を重んずる者（経済的基準での「右」）から，市場を規制すべきとする者（経済的基準での「左」），右も左も経済成長を前提とするがこれ以上の成長は地球環境に有害で持続不能と考える環境保護論者（ecologist）がいる。また，従来の社会保障給付が性別や家族内の位置関係で給付要件を定め，女性の家事・育児・介護労働を軽んじることに反対するフェミニズム論者の一部も支持している。このように背景は多様で，それぞれの立場からその支持する構想内容も違いがある。

フリードマン等の新自由主義者の一部は，小さな政府を支持するので，**負の所得税**，低所得者で就労している者に対象を限定したり，限定せず一律給付をする場合は増税につながらぬよう**部分ベーシック・インカム**を支持する。また官僚の介入や大きな政府を嫌うので，最低賃金，累進税率，生活保護等，他の福祉制度をできるだけ廃止すべきとする。

他方，この構想に反対する新自由主義者には，福祉への依存を嫌い，ワークフェア構想の中でも，就労指導・就職斡旋に従わない時に失業給付や生活保護を停・廃止する等，支援より制裁を強める構想の支持者が多い。

左の支持者にとっては，市場賃金は経済的生産性（＝生産への貢献度）で決まるが，それと労働者の生活の必要性は一致しないので，それを補うことで市民にふさわしい生活を保障すべきと考える。そして，失業の増加・長期化，非正規雇用増大等の雇用の現状に幻滅しベーシック・インカムを支持する者が生じ

第Ⅲ部　就労年齢層の政策：雇用・所得保障・租税等

ている。彼らは，**完全ベーシック・インカム**に近い構想を支持したり，その実現手段として，企業・高所得層の課税強化や一部産業の国有化による**社会配当**構想を主張する者もいる。また労働の意義を評価する者の中には，就労しない者に給付することへの批判に対応して**参加所得**(5)を支持する者もいる。また，ベーシック・インカムだけでは自立や自己実現が困難と考え教育・住宅支援や医療・福祉等のサービス給付の廃止に消極的な者も多い。

　他方，左の社会民主主義者の中には，従来型社会保障や累進税率により格差是正を支持する者も多く，また就労の生きがいや社会実現につながる面を評価して穏健な**ワークフェア**構想である北欧等の労働訓練や再就職の支援とその間の生活保障の充実を支持し，ベーシック・インカムに反対する者も多い。

　環境保護論者（ecologist）(6)は，これ以上の成長は地球環境を破壊し持続可能でないと考える。EU 先進国では緑の党が一定の政治勢力となっているが，彼らの中にはベーシック・インカムが労働時間短縮等を通じて成長を鈍化させる要素があることや，その収入により NPO 等インフォーマルな団体の活動が促進されることから，ベーシック・インカムを支持する者がいる。

　フェミニストは，労働市場の性別役割分担や差別，家事・育児・介護の低評価に反対する。ベーシック・インカムに対しては，①個人単位に一律給付を支給するので，健康保険や厚生年金のように主たる働き手と扶養親族といった家庭内の地位を要件として区別する制度でないこと，②家事・育児・介護は市場では無償労働として低く評価されるが，ベーシック・インカムは個人に一律に給付するのでその弊害がなくなることから，これを支持する者がいる。

　他方，その結果最低賃金や雇用規制が廃止されることは，性別役割分担に基づく女性の雇用差別を温存し，家庭における役割に縛りつけることになるという理由で，ベーシック・インカムに反対する者もある。

② 完全ベーシック・インカムの賛否両論

　完全ベーシック・インカムの内容と，その賛成派，反対派の論拠を整理する。

2.1 完全ベーシック・インカムの要件・内容

完全ベーシック・インカムの賛否両論の前提として，日本の国の制度として定めた場合の要件・内容を整理してみよう。

①無条件性

国民または長期在留資格を持つ外国籍の者のように，日本において市民権を持つ者という以外条件を付けない。すなわち，就労の有無，年齢，税金・保険料の納入の有無，所得の多寡等を給付要件としない。

②個人単位

主たる働き手か，被扶養者か，子ども，親といった社会や世帯内の地位に無関係に，個々人に一律に支給する。

③基礎的生活に十分な水準の給付

基礎的な衣食に必要な生活費を賄う水準の金額を一律に支給する。住宅費用も考えると日本の都会では自宅がなければ5万円以上（東京都生活保護住宅扶助5万3700円）かかり，逆に小さな子どもについては，食費はあまりかからないかもしれない。しかし，ベーシック・インカムは，一律給付として適当な水準を考える。例えば，生活保護の高齢単身者（68歳）の2015年の生活扶助（住宅費を含まない）が月額8.1万円（東京23区等大都会1級地）〜6.6万円（地方郡部3級地−2）であることから，7万円か8万円を前提に考えてみたい。

④簡潔性

従来の現金所得保障や税による格差是正制度は廃止し，ベーシック・インカムに統一する。年金，雇用保険，生活保護，各種手当（児童手当・児童扶養手当），所得税の各種人的控除（配偶者控除，扶養控除）や累進税率は廃止する。

他方，医療保険の医療費や介護保険の介護費用は，一律給付では賄いにくいため残すべきという意見が強いと思われる。右派の立場からは最低賃金制は真っ先に廃止すべきと考えられるが，左派やフェミニストの立場からは就労するのであれば一定の稼働収入は保障すべきということで廃止に反対する者が多いだろう。また，教育の格差是正策（義務教育や奨学金），公営住宅や生活困窮者自立支援法の住宅支援給付は，日本の教育費・住宅費が高いことや一律の

ベーシック・インカムでは賄い難いことから廃止に反対する者が多いかもしれない。

2.2 完全ベーシック・インカム賛成派の主な主張

①失業の罠・福祉の罠を解決

社会保障制度は，雇用保険のように失業を要件としたり，生活保護のように就労で所得が上がると給付の減額・停止が行われるため，受給者は就労意欲を減退する。ベーシック・インカムはこの**失業の罠**，**福祉の罠**問題を解決する。

②労働環境の問題（**非正規雇用**，**ワーキング・プア**，**ブラック企業**）の解決

現在の労働環境は，失業者，非正規雇用等の働き甲斐のない低収入労働者（ワーキング・プア）の増大，そのような中で失業をおそれ長時間労働等過酷で時に労働基準法違反も行うブラック企業の雇用でもしがみつかざるを得ない等問題が多い。しかし，一律に一定給付を受けることで労働者の生活は安定し，非正規雇用等による低賃金が補われ，ブラック企業を辞める自由も生じ，結果それら企業は人を集められず労働条件を改善せざるを得なくなる。

③生き方の自由の保障，性差別解消，NPO等社会に有益な活動の発達

不本意な就労を強いられなくなり，家事・育児・介護等市場で低評価を受ける仕事を行っていても一定収入が得られる。個人単位で支給され，世帯内の地位を要件としないので男女差別解消につながる。また，社会的に有益なNPOの活動に収入の制約を感じずに参加できる。総じて生き方の自由が保障される。

④社会保障未加入者や制度の谷間にある者の救済

雇用保険，年金保険等の社会保険は，各制度の加入者要件に該当し，一定期間保険料を納入しなければならない。福祉制度もその受給要件に該当しなければならず，一定の所得制限が要件とされることも多い。このため，これらの要件に当たらない者，保険料納入期間に満たない者，所得制限にひっかかるボーダーライン層の低所得者等制度の谷間にある者は，救済されない。無条件性を内容とするベーシック・インカムはこれらの者を救済できる。

⑤資力調査による自由侵害，**スティグマ**による漏給・裁量的拒否がない

　生活保護や所得制限を有する各手当制度は，所得や資産の調査があり，調査の過程で親族や職場への照会によるプライバシー侵害が起こり得る。自動車等の資産売却を求められたり，就労努力や生活態度に関する福祉担当者の指導を受ける等自由が侵害されやすい。このため，スティグマを感じたり，仕事や生活のための自動車保有や，自分の葬式代のための貯蓄を維持したいと思う者は，本来生活保護が受給できる場合でも申請をためらう漏給が生じる。また，**水際作戦**等担当者の違法・不適切な裁量的な拒否もある。ベーシック・インカムを導入すればこの問題がなくなる。

⑥制度・規制簡素化による政府の非効率・無駄排除

　現行の税・社会保障・雇用制度を維持するために多くの公務員を有する各種機関（年金事務所・公共職業安定所・福祉事務所）が必要となる。これら現金給付制度・税制度の多くを廃止簡素化することで，政策を簡素化できるし，その運営機関も不要となり，政府の非効率・無駄が排除できる。

2.3　完全ベーシック・インカム反対派の主な主張

賛成論の論拠に対応する順番で整理したい。

①労働意欲低下，生産性の低下

　働いても働かなくても一定の給付をもらうなら，就労意欲が低下する。また，就労する場合も一生懸命働いて結果を出そうという意欲が低下して生産性が低下するおそれがある。

②低賃金・**非正規雇用**の増大，非就労者の社会的排除

　企業は，中核的正社員以外はベーシック・インカムがあるのだからと賃金を低くし，非正規雇用者をさらに増やすおそれがある。例えば，在職老齢年金を受給している高齢者や主婦パートの給与が低く抑えられているようにそれを裏付ける証拠もある。18世紀末から1834年までのイギリスのスピーナムランド制の際も，企業が賃金を低下させたという指摘もある。また，就労支援が行われず手当さえ出せば良いということになると，非就労者は社会とのつながりが断

たれ，社会的に排除されるという批判もある。

③**フリーライダー批判・道徳的批判**

ベーシック・インカムの批判の最大なものの一つは，働かず自由な生活を送っている者の給付財源をなぜ働いている者の税で賄う必要があるのかというフリーライダー（制度ただ乗り）批判である。就労を美徳と考える社会一般に受け入れられている考え方からの道徳的批判である。

④**一律給付の非効率性と必要な者に不十分な給付**

無条件で一律給付とすれば制度の谷間は生じないかもしれないが，高所得の者や安定した仕事に就いている者にも一律支給することは非効率であり，財政が厳しい中無駄である。また税を財源とせざるを得ないが，社会保険はいざという時に給付してもらえるという意味で負担に理解を得やすいが，増税に対する反対は大きい。一律給付とすると7～8万円という額がせいぜいかもしれないが，東京で自宅がなく家を借りざるを得ず失業や病気等で就労能力がない者には，その額程度の給付ではとても生活できない。

⑤**過大な財政負担と既存制度の廃止に伴う移行期の負担**

月額7～8万円の給付を12か月，日本の総人口1億2682万人（2014年1月総務省推計）に支給すると，

　　7万円の場合：7万×12か月×1億2682万人＝106.5兆円
　　8万円の場合：8万×12か月×1億2682万人＝121.7兆円　となる。

ベーシック・インカムの実現とともに廃止できるものとして，年金（58.2兆円），雇用保険の失業給付（1.3兆円），生活保護や生活困窮者自立支援制度（3.8兆円），児童扶養手当（0.17兆円），児童手当（1.4兆円）等があり，計65兆円となる。他にも所得控除の廃止による税収増加分等があるかもしれない。

医療保険37.5兆円，介護保険9.3兆円は廃止し難いと思われる。

従って，新たな所要額の増は

　　　　7万円の場合　106.5兆円－65兆円＝41.5兆円

8万円の場合　121.7兆円－65兆円＝56.7兆円

と相当な増税が必要となる。

　小沢氏（2002）の先行研究では8万円の水準で115兆円かかり，総所得金額257.5兆円で割れば所得税45％で賄えると主張している。これを上の数字に当てはめると121.7兆円を国民所得（内閣府「平成26年度国民経済計算確報」[2015]）の雇用者所得252.5兆円で割ると48％となる。既存給付の廃止で賄えない41.5〜56.7兆円を雇用者所得252.5兆円で割ると，所得税にして16.4〜22.5％の増税となる。他方人員が多い世帯ほど受ける給付の額は大きいので，給付の合計が増税額を上回ることもあるし，現在も税負担の大きい高所得者はむしろ給付増の方が多くなる世帯も多いだろう。

　ただ，年金制度廃止は既得権を侵害する。現行制度で15万円の厚生年金の受給者が，制度廃止で7〜8万円のベーシック・インカムに減額されることは，既得権侵害となるので，それらの既得権者が死亡していなくなるまでの数十年は，既存の年金制度の完全廃止はできないと思われる。

③　まとめ：ベーシック・インカムの可能性と示唆

　②の賛否両論を見ると，確かに賛成論の主張には現行の社会保障や雇用政策が有する問題点，すなわち，現在の雇用情勢が抱える失業，**非正規雇用**の増大，既存の社会保障制度の要件による**福祉の罠・失業の罠**，要件非該当による制度の谷間の問題を解決する可能性がある。

　他方，ベーシック・インカムには，就労しない者に一律に給付する**フリーライダー**批判，お金持ちにも支給する非効率性，一律給付額であるが故に本当に保障を必要とする者には不十分な給付となること，財源として大幅な増税が必要なこと，既存の社会保障制度の廃止に伴う既得権保障が必要なこと等，構想実現には多くの問題がある。

　個人的には完全型の実現可能性はあまり高くないのではないかと思っている。

第Ⅲ部　就労年齢層の政策：雇用・所得保障・租税等

ただ，第 4 章で見た児童手当の充実，第11章で見た給付付き税額控除による低所得層の負担軽減，次章で見る高齢者の低年金・無年金問題の解決策としての基礎年金のみの受給者に支給する税財源の給付等既存の社会保障制度の問題点を改善・補完する制度の導入は，検討に値すると考える。

注
(1) ベーシック・インカムの議論の先行文献として，トニー・フィッツパトリック著／武川正吾・菊地英明訳『自由と保障——ベーシック・インカム論争』勁草書房（2005）（原著：*Freedom and Security* [1999]），小沢修司『福祉社会と社会保障改革——ベーシック・インカム構想の新境地』高菅出版（2002），武川正吾『シティズンシップとベーシック・インカムの可能性』法律文化社（2008）を参考とした。
(2) 2016年よりオランダのユトレヒト市で福祉給付受給者を対象に，ベーシック・インカムの実験を行う試みが進められている。またベーシック・インカムの研究者の国際 Web サイト（BIEN＝Basic Income Earth Network, http://basicincome.org/ 2016年 6 月閲覧）の2015年12月 9 日の記事によれば，フィンランドでは，2015年春の選挙でベーシック・インカムを公約に掲げる政党が政権の中核となり，2016年に完全ベーシック・インカム，部分的ベーシック・インカムから負の所得税までのいくつかの型を研究し，2017年に「実験」することが決められている。スイスでは，ベーシック・インカムを推進する市民団体が10万人の署名を集め，ベーシック・インカムとして大人月額2500フラン（27.5万円），子ども月額625フラン（6.8万円）を払う案が2016年 6 月 5 日，国民投票にかけられたが，8 割近くの反対で否決された（2016年 6 月 7 日『日経新聞』朝刊記事）。
(3) 注(1)書フィッツパトリック（2005）47頁。
(4) ミルトン・フリードマン著／熊谷尚夫・西山千明・白井孝昌共訳『資本主義と自由』マグロウヒル好学社（1975）（原著：*Capitalism and Freedom* [1962]）。
(5) A. B. アトキンソン著／丸谷泠史訳『アトキンソン教授の福祉国家論Ⅰ』晃洋書房（2001）（原著：*Incomes and the Welfare State* [1995]）。
(6) Robertson, *Profit or People* (1974), Gortz, *Critique of Economic Reason* (1989).

第Ⅳ部

高齢者層の政策：雇用と年金

第13章　高齢者層の格差
――年金制度と無年金・低年金――

　第Ⅳ部では，65歳以上の高齢者層の格差の現状とそれに対する年金・雇用政策等について取り上げたい。まずこの章では，高齢者層の格差・雇用の状況を見る。次に高齢者層の生活の基礎である年金制度や高齢者雇用制度を概観する。さらに高年齢層の格差の主要課題の一つである無年金・低年金者の実態とその原因について分析し，無年金・低年金問題の様々な対策案を検討したい。

1　高齢者層の格差の状況

　高齢者世帯の状態であるが，65歳以上の者がいる世帯は1989年には全世帯の27.3％であったが，2014年には46.7％と増加した。他方，三世代世帯の比率は40.7％から13.2％に減少し，高齢単身世帯は14.8％から25.3％に，高齢夫婦のみ世帯は20.9％から30.7％に増加し，両者合わせて56％に上る（表13-1）。
　高齢者世帯の平均所得は，厚生労働省の統計によると，2000年の319.5万円から2014年に300.5万円と下がっており，2014年の全世帯平均所得の528.9万円より低い。一方，2000年から2014年の間に，全世帯平均所得は14.3％低下したが，高齢者世帯平均所得は5.9％の低下であり，その下がり方は少ない。
　第1章で2012年の各世帯別の所得構成割合を見たが（表1-7参照），全世帯では73.8％が稼得所得であるが，高齢者世帯では第一が年金・恩給（68.5％），次いで稼得所得（18.0％）だが，これは65歳後半では働いている者もいることによる。年齢が高くなるにつれその比率は少なくなり，公的年金・恩給が収入の100％を占める世帯は高齢者世帯の57.8％にのぼる。仕送り・民間年金等は5.4％だが，企業や個人の民間年金も含まれるので，子どもの仕送りはもっと

表 13-1　65歳以上の者のいる世帯の状況

	65歳以上の者のいる世帯数（千世帯）	全世帯に占める割合（%）	高齢単独世帯の割合（%）	高齢夫婦のみ世帯の割合（%）	高齢の親と未婚の子のみの世帯（%）	三世代世帯（%）	その他世帯（%）
1989年	10,774	27.3	14.8	20.9	11.7	40.7	11.9
2014年	23,572	46.7	25.3	30.7	20.1	13.2	10.7

（出典）厚生労働省「国民生活基礎調査」。

少ない。貯蓄・負債の状況（2013年6月末）を見ると，高齢者世帯は，平均貯蓄額が1268.1万円に対して，平均負債額は99.2万円と少なく資産の蓄えはあるが，貯蓄ありの世帯は77.9%であり，22%は貯蓄がない。また総務省「平成25年度住宅・土地調査（確報）」によると，全世帯の持ち家世帯の比率は2013年で61.5%だが，家計を主として支える者が65歳以上の世帯では8割が持ち家世帯である。

　高齢者の労働力率は，60〜64歳，65〜69歳では年金制度の充実により2004〜05年頃を下方ピークとして下がったが，高齢者雇用対策により2015年には上昇した。特に2015年の60〜64歳の男性労働力率（78.9%）は男性全体の労働力率（70.3%）を，女性の60〜64歳労働力率（50.6%）は女性全体の労働力率（49.6%）を上回る（表13-2）。

　格差の指標を見ると，厚生労働省の「平成23年所得再分配調査」の世帯員単位の年齢階層別の所得再分配前のジニ係数で見ると，2011年の55歳未満では0.3台であるのに対して，55〜59歳で0.4，60〜64歳で0.5弱，65〜69歳で0.6，70〜74歳で0.7弱と上昇する。再分配前収入に年金は入らず，就労の有無や家族との同居の有無で大きく格差があるためであり，年金の含まれる再分配後は60〜74歳で0.35以下となるが75歳以上では0.38と大きくなる。この世代ではサラリーマン比率が下がることや，長生きの女性の比率が高まることで，基礎年金のみの者が増えるためと思われる。

　相対的貧困率（表1-9）については，2010年で全体でも主要先進国の中ではアメリカ（17.4%）に次いで高い（日本16.0%）が，日本の高齢者相対的貧困率

表13-2 高齢者男女別労働力率

男	1980年	下方ピーク	2015年	女	1980年	下方ピーク	2015年
60〜64歳	77.8%	2005年 70.3%	78.9%	60〜64歳	38.8%	1984年 38.4%	50.6%
65〜69歳	60.1%	2004年 45.6%	54.1%	65〜69歳	25.8%	2005年 24.0%	32.0%
70歳以上	28.4%	2010年 19.6%	20.3%	70歳以上	9.6%	2009年 8.3%	9.3%

(出典) 総務省「労働力調査」。

は18.0%と更に高く，アメリカの20.6%よりは低いが，EUの多くの国より高い（ドイツ10.5%，イギリス14.6%，スウェーデン9.3%，フランス5.4%）。

分野別の社会支出の対GDP比率（表1-10）では，日本は老齢年金と介護保険等の老人福祉を意味する高齢関連支出は10.99%と主要先進国の中で高いのに，なぜ相対的貧困率が高いのだろう。介護サービスが他の先進国に比べて充実していることや，厚生年金の水準が高いことにより，高齢関連支出の対GDP比率は高くなっているが，後述のように，基礎年金のみの者の低年金問題があることが，高齢者の相対的貧困率が高い原因と思われる。

② 年金・高齢者雇用の現状

2.1 年金制度の経緯

戦前公務員については税財源の恩給が明治期よりあったが，工場労働者向けの労働者年金保険法が1941年に発足し，44年に事務職を含む被用者年金の厚生年金保険法に発展した。戦後，恩給は一時廃止されたが1948年の国家公務員共済法を皮切りに共済年金制度ができていった。

厚生年金は戦後混乱期を切り抜けたが，農民，自営業，零細企業従業員等の年金制度がなかった。このため1959年に定額保険料を徴収し，65歳から定額給付を行う国民年金制度が発足し，**国民皆年金**となった（1961年施行）。

高度経済成長期に厚生年金，国民年金は給付を充実したが，1980年代より経済の低成長と少子高齢化の中で制度の持続可能性への懸念が高まった。特に国民年金は制度創設当初は国民の半分以上が被保険者であったが，その後農業や

自営業の比率減少とともに加入者が減り、制度の持続可能性が危うくなった。このため、1985年改正で国民年金は国民全体を対象に定額の基礎年金を支給する制度に再編し、厚生年金の水準も下げる改正を行った。1994年改正で厚生年金加入者の基礎年金に相当する定額部分の支給開始年齢を65歳に引き上げ、2000年改正では厚生年金の報酬比例部分の支給開始年齢の65歳への引き上げと、5％程度の給付引き下げの改正を行った。2004年改正で基礎年金の国庫負担をそれまでの3分の1から2分の1に上げる方向性が決定され、保険料を計画的に引き上げた後固定するとともに、後述の**マクロ経済スライド**という少子高齢化に対応して給付を引き下げる方式を導入した。2012年に厚生年金と各種共済年金を統合する改正が行われ、制度内容は厚生年金に合わせることとなった。

2.2 老齢年金制度の全般的特徴

以下、公的年金のうち老齢年金の特徴を述べたい。

①国民皆年金

日本では国民全員が基礎年金に加入し、その保険料を払う義務があるが、低収入で保険料を納めることが難しい収入と認められれば、全額免除、4分の3免除、2分の1免除、4分の1免除の対象になる。基礎年金の財源の2分の1は国庫負担なので、全額免除期間に対応する年金も2分の1は支給される。それ以外の免除者は、国庫負担分2分の1に加えて保険料負担部分の2分の1に負担した割合をかけた分の年金が支給される。

例　全額免除＝国庫負担分1/2＋保険料負担分1/2×0＝1/2の年金
　　1/2免除＝国庫負担分1/2＋保険料負担分1/2×1/2＝3/4の年金

②社会保険方式

保険料を財源とする社会保険方式なので、保険料を一定期間納入しないと年金受給資格がない。また、基礎年金額は保険料納入期間の長さに比例し、被用者年金は保険料納入期間の賃金に一定の率をかけた額に応じた額となる。ただし、基礎年金の財源の2分の1は国庫負担なので一部税方式とも言える。

③世代間扶養：賦課方式

公的年金は賦課方式といって，現役就労年齢層の保険料でその時点の高齢者の年金を賄っている。公的年金制度を通して年金を受給する高齢世代を現役就労年齢層が世代間扶養する方式である。

これに対して，民間の企業年金・個人年金は**積立方式**といって自分が掛けた掛金とその運用益を就労年齢層の間に蓄積し，それを高齢期に取り崩して使う。積立方式には次の欠点があり，他方賦課方式にも問題点がある。

1) **長寿リスク**：積立方式の年金について，例えば65歳で引退して男性平均余命の85歳まで20年間，月10万円の年金が受けられるように10万×12か月×20年＝2400万円蓄積し，引退後取り崩すと計画する。しかし，平均余命以上に生きた場合，85歳以降は無年金となる長寿リスクがある。

賦課方式では現役層が支えるので長寿リスクをカバーしやすい。

2) **運用リスク**：積立方式の年金や貯蓄・資産運用は，自分が運用に失敗して元本が減少した場合，年金額は減少する。1990年代から2010年までの何度かあった金融市場の暴落で資産が大きく毀損した企業年金も多く，それを乗り切れずに制度廃止，掛金上昇，給付減額を行った企業年金も多い。

公的年金も積立金運用益を収入の一部としているが，現役層の保険料収入で財源の多くを賄うので運用リスクは比較的小さい。

3) **インフレ・リスク**：積立方式の年金や貯蓄・資産運用は，市場で金融資産に投資して運用益を稼ぐが，インフレを安定的にカバーする資産はあまりない。アベノミクスにより年1～2％の物価上昇をしたとしても，その政策の一部である大量金融緩和による低金利で貯蓄や比較的安全な国債の利回りは大きく1％を下回り（2016年2月22日現在，10年日本国債金利0.016％），株や外国債は運用リスクがある。したがって，物価上昇に対して，老後の積立資産が目減りして当初計画した価値を維持できないリスクがある。

これに対して，公的年金は現役層の保険料で賄われるので，インフレとともに生じる賃金上昇で収入は上がる。このため受給開始年齢時に年金額を裁定する際に，過去の賃金上昇分を組み込む**賃金スライド**や年金受給後の物価の上下

第Ⅳ部　高齢者層の政策：雇用と年金

図13-1　年金の三層構造

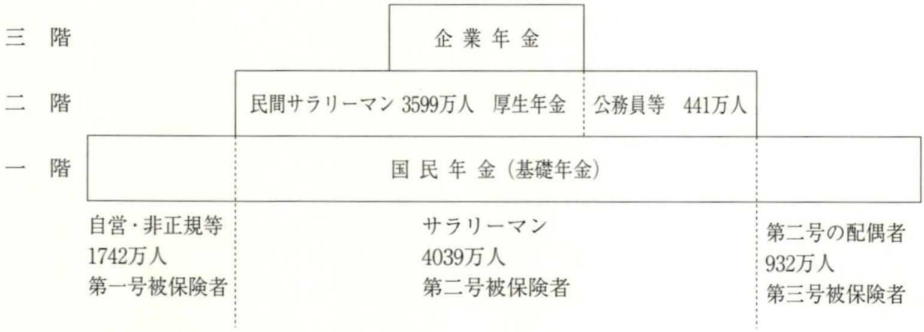

		企　業　年　金	
三　階			
二　階	民間サラリーマン 3599万人　厚生年金		公務員等　441万人
一　階		国 民 年 金（基礎年金）	

自営・非正規等	サラリーマン	第二号の配偶者
1742万人	4039万人	932万人
第一号被保険者	第二号被保険者	第三号被保険者

（注）　加入者数は2015年3月末。
（出典）　厚生労働省 HP「公的年金制度の仕組み」（http://www.mhlw.go.jp/stf/seisakunitsuite/bunya/nenkin/nenkin/zaisei01/index.htm　2016年6月閲覧）より筆者作成。

を年金額に反映する**物価スライド**の仕組を取り入れ，インフレ・リスクにある程度対応している。

4）**少子高齢化リスク**：他方，**賦課方式**の年金の問題点は，少子高齢化に弱いことである。長寿化が進み年金総額は増える一方，それを支える現役被保険者数が少子化で少なくなると，制度の持続可能性に影響が生じる。

これに対しては，後述の様々な制度改正を行っているが，それで持続可能性が保てるのかという問題は第14章で検討したい。

④三層構造

日本の年金は，国民全体が加入する基礎年金（第一層），公務員・民間サラリーマンが加入する厚生年金（第二層），企業年金（第三層）の三層構造だが，後述のように企業年金加入者は減少している（図13-1）。

2.3　日本の年金制度の概要

以下，老齢年金を中心に現行制度の概要を説明したい。

①基礎年金

基礎年金の財源としては，国庫負担が2分の1で，残りは保険料を財源とする被保険者1人当たり一律の基礎年金拠出金が各制度から基礎年金特別会計に納入されている。

加入期間は20歳から60歳まで40年間であり，老齢基礎年金額は40年間全額納入すれば月6万5000円（2015年4月）の年金を受け取れるが，加入期間が短かったり，保険料免除を受けた期間があればその分低くなる。

年金の受給資格は，①基礎年金に25年間（免除期間含む）加入することである。この期間を10年間に短縮する法律が2012年に成立しているが，その施行は消費税が10％に引き上げられる時となっている。②65歳の支給開始年齢に到達することである。支給期間の繰り上げ，繰り下げが可能であるが，1月繰り上げれば0.5％年金額が減少し，1月繰り下げれば0.7％増加する。例えば5年繰り上げ，60歳から受給すると0.5％×12か月×5年＝30％で，生涯年金は30％減額される（**繰上げ受給による年金減額**）。

被保険者は，次の3種類である。

1）第一号被保険者：国内に住所を有する20〜59歳の者で第二号被保険者，第三号被保険者でない者である。その実態(8)（2014年）は，非正規労働者40.3％，学生や失業等の無業者33.3％，農民や自営業23.6％となっている。学生や低所得若年層は安定した仕事に就くまで保険料納付を猶予する制度を利用できる。

保険料は，定額であり，非正規労働者は，被用者であっても事業主負担はないので全額被保険者が納入する。2004年改正で毎年280円ずつ2017年に1万6900円（2004年価格。実際にはこれに実質賃金変動率を掛けた額）まで計画的に上げその後は上げないこと（**保険料上限固定方式**）とされており，2015年度は月1万5590円となっている。

2）第二号被保険者：厚生年金の被保険者であり，保険料は二階部分の報酬比例の厚生年金分とともに賃金に保険料率を掛けて給与から源泉徴収する形で差し引かれる。保険料の半額は事業主が負担する。

3）第三号被保険者：第二号被保険者の配偶者であって，共稼ぎサラリーマン（第二号被保険者）や年収130万円以上の収入がある者（第一号被保険者）でなく，第二号被保険者に扶養されている者である。第三号被保険者やその配偶者の第二号被保険者は，家族である第三号被保険者のために保険料を払わなくても基礎年金を受給できる。その費用は第二号被保険者全員とそれを雇う事業主

が負担している。

②厚生年金

厚生年金の被保険者資格は，法人事業所は従業員規模にかかわらず強制適用だが，個人事業所は16業種[9]のいずれかであって従業員規模が5人以上の事業所が強制適用対象となる。また，被用者であっても週当たり労働時間が正規労働者の4分の3（30時間）未満の場合は原則対象外である。非正規雇用増大問題もあり，2012年法改正（2016年10月施行）で，①週20時間以上労働，②1年以上勤務見込み，③賃金月8.8万円以上，④学生ではない，⑤従業員規模501人以上の事業所で就労の場合は，**厚生年金適用**されることとなったが，週20時間以上30時間未満の労働者は400万人いるのに対し，この要件に該当する者は25万人のみと推計されている。このように適用対象が限定されたのは厚生年金保険料の半分は事業主が負担するため，非正規が多い販売・飲食等の中小企業が厚生年金適用拡大に反対したからである。

保険料は2004年改正で毎年度0.354％ずつ引き上げ2017年に18.3％に達したら引き上げないこと（**保険料上限固定方式**）になっている。

年金の受給資格は，①基礎年金の受給資格を満たす必要があるが，厚生年金には最低1か月加入していればよい。②支給開始年齢は65歳に引き上げ中であり，基礎年金相当部分は2013年に65歳に達しているが，報酬比例部分は3年に1歳の割合で引き上げ中で2025年に65歳となる予定である。[10]

老齢厚生年金の額は，加入期間と報酬の高さにより，裁定時に　平均報酬額×5.481/1000×加入期間　の式で算定される。ただし，「平均報酬額」は単純に過去の低い賃金を平均するのではなく，過去の賃金は払われた時点から現在までの可処分所得（税・保険料を差引いた所得）の伸び率を掛けて再評価し，年金額が現在の賃金と比べ低くなり過ぎないようにする**賃金スライド**がある。裁定後の年金額は毎年物価の上昇（下降）率に応じて増減する**物価スライド**をとる。平均賃金で働いた場合報酬比例部分の月額は9万円（2015年）となる。

③マクロ経済スライド：少子高齢化に応じた調整制度

賦課方式をとる公的年金制度の最大の問題は少子高齢化が制度の持続可能性

図13-2 マクロ経済スライドの概念図

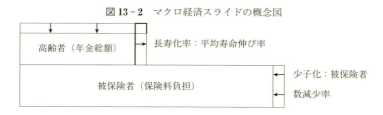

に影響することである。将来推計人口によると，2010年の15〜64歳の生産年齢人口8173万人を65歳以上人口2948万人で割ると2.77人となる。すなわち2.77人で1人の高齢者を支えている。しかし，2060年には生産年齢人口は4418万人に激減し65歳以上人口は3464万人に増加するので1.28人で1人の高齢者を支えることになる。このため，2004年改正で**マクロ経済スライド**といって少子高齢化の進行とともに一人当たり年金額を引き下げる仕組を導入した。

高齢者の長寿化で年金総額が増える分が年0.3%，少子化で被保険者数が減少する率が年0.6%とすると，そのままでは被保険者一人当たりの負担額は0.3+0.6＝年0.9%増加する。このため，年金の一人当たりの額をこの長寿化と少子化による影響を相殺する形で年0.9%程度ずつ減額するという仕組である。

ただし，賃金や物価が上昇しないのにこの引き下げを行うと年金の実額が減るので，賃金や物価の上昇時に，**賃金スライド**，**物価スライド**による引き上げを行う分からマクロ経済スライドによる引き下げを行い，年金額を上げない形で調整する。このためデフレが続くとマクロ経済スライドの引下げが後送りされ調整が長引き，将来の引き下げ幅が大きくなる問題がある（図13-2）。

また，年金は老後生活の支えであるので際限なく下がることは好ましくないことから，**モデル年金額**として，厚生年金被保険者として平均賃金で働きつづけた夫と第三号被保険者の妻の裁定時の年金合計額（2014年度2人分の満額基礎年金12.8万円＋平均賃金に対応する厚生年金9万円＝21.8万円）を，現役男子労働者の平均手取り収入で割った率をモデル年金の**所得代替率**とする。そしてこの所得代替率が50%を下回った時には，マクロ経済スライドを停止し，制度を見直すこととされている。

注意すべきは，マクロ経済スライドは基礎年金にも一律にかかり，モデル年金は厚生年金受給者夫婦を前提にしていることである。このため，基礎年金のみ受給者には，マクロ経済スライドはより厳しく生活に影響する。

④企業年金制度等

公的年金を補完する制度として法律に基づく企業年金制度を概説したい。現行制度としては，企業が将来払う年金給付を約束する**確定給付**型制度として厚生年金基金と確定給付企業年金がある。また，企業が毎月の掛金を確定するが，それをどう運用するかは加入者の選択に任せ，将来の年金額は運用結果による**確定拠出**型制度として，確定拠出企業年金がある。

1) **厚生年金基金制度**：1965年に創設され，三階部分だけでなく厚生年金の保険料の半分程度を厚生年金に代わって基金が資産運用し，賃金スライド・物価スライド分を除く厚生年金の部分（代行部分）と三階部分の上乗せ年金を，受給者が死亡するまで終身支給する制度である。1960〜80年代は高金利と株高で公的年金の予想利回りを超える運用は容易であった。しかし，1990年のバブル崩壊以降，約束した給付を賄う運用が難しくなった。確定給付型は将来の年金負債より資産が一定程度下回る場合，企業は追加拠出をしなければならず，経済低迷による企業収益悪化，従業員規模の縮小も重なり，制度維持が困難になる企業が続出した。そこで給付見直し，基金廃止の他，代行部分を厚生年金本体に返上して，2) の確定給付企業年金や 3) の確定拠出企業年金に移行する企業が続出した。そうした中，2012年に AIJ 投資顧問が厚生年金基金等から集めた資金を消失させた事件が明るみに出た。代行部分の資産が消失すると厚生年金本体で損失を補わねばならないことをおそれた政府は，2013年に法改正し代行部分の年金額の1.5倍以上の資産を持つ優良な基金（1割程度）以外は5年以内に廃止させることとした。

2) **確定給付企業年金**：2001年の確定給付企業年金法に基づき，三階部分の企業年金のみを運用する。多くの企業が厚生年金基金から代行返上してこの形に移った。しかし，運用がうまくいかなければ追加拠出する必要があるため，3) の確定拠出型と並立したり，完全に企業年金をやめる企業も生じた。また，

長寿リスクを負わないために10年程度の有期年金制度が多く，60歳定年後，65歳に公的年金を受給するつなぎ的役割を果たすものが多い。

3）**確定拠出企業年金**：2001年の確定拠出年金法に基づき，掛金のみが確定され，加入者が選んだ方法で運用し，年金額は運用結果による制度である。

4）**国民年金基金**：自営業者には公的年金は一階部分の基礎年金しかないため，任意加入で口数に応じて年金を上乗せできる制度が創設されている。確定給付型と確定拠出型の二つが用意されている。

2.4 高齢者雇用制度

厚生年金の年金支給開始年齢の60歳引上げとともに，高齢者雇用が政策課題となり，1986年略称「高齢者雇用安定法」を策定し，①定年は60歳を下回らないよう努める，②定年引き上げ要請・引き上げ計画作成命令と適正実施勧告，従わない場合の公表制度を制定した。

1994年年金改正で厚生年金の基礎年金相当部分を65歳に引き上げる改正が行われると，高齢者雇用安定法を改正し，①60歳以上定年の法定義務化，②65歳までの継続雇用制度導入，③改善計画・適正実施勧告等の行政措置を規定した。

2004年高齢者雇用安定法の改正では，65歳までの雇用確保のために①定年引き上げ，②希望者への継続雇用，③定年廃止のいずれかの措置を講じることとした。

さらに65歳以降の雇用を促進するため，2016年雇用保険法等の一部を改正し，65歳以上に新たに雇用される者も雇用保険の対象とした。

③ 無年金・低年金問題と対策

3.1 年金制度未納・未加入

基礎年金は20歳から59歳の国民に加入義務があるが，厚生労働省によると，2013年の20～59歳人口6370.7万人中未加入者は0.8％とされる。

厚生年金・共済年金加入者である第二号被保険者（加入者の56.7％）は，事業

主が賃金から保険料を源泉徴収するので保険料未納は2％程度であり，第三号被保険者（加入者の15.0%）は，保険料を納付しなくても基礎年金は受給できるが，第一号被保険者約1788万人（加入者の28.3%）には低所得者の保険料免除や保険料未納問題がある。

厚生労働省によると2013年度の第一号被保険者のうち606万人は全額免除者と学生納付猶予，若年者納付猶予の対象者であり，学生と若年者の納付猶予計222万人は10年以内に納付すれば満額の年金を得る可能性があるが，全額免除者はその期間の年金は国庫負担分相当の2分の1の年金となる。また一部免除者58.7万人もその期間の年金の一部が減額される。これら免除者を除いた1114万人は保険料納入義務があるが，残念ながら本来納付すべき月数のうち納入された月数は2013年度には60.9％となり，39.1％が未納となっている。納入すべき第一号被保険者数1114万人に39.1％の比率をかけた435.6万人を20〜59歳の公的年金加入者全体の6316.6万人で割ると，未納者比率は6.6％になる。

特に第一号被保険者の未納・未加入が多いことを捉えて，公的年金は財政破綻危機があると主張する者がいるが，これは誤っている。

第一に，現在の基礎年金の支払いは，その費用の2分の1は国庫負担で賄われ，残りの半分は厚生年金・共済年金・国民年金被保険者のうち保険料納入者の数で割った1人当たり一律の額にそれぞれの制度の保険料納付被保険者数をかけた拠出金で賄っている。したがって，保険料未納が財政に影響することはない。納付率は2011年の58.6％を底にして近年若干上昇しつつあり，2年間の保険料納付時効までに督促等で納入に至った率も2013年分は70.1％に上がっている。上記で見たように未納者の比率は全体では6.6％にとどまり，基礎年金積立金もあるため，未納で保険料引き上げ幅が上昇することはない。

第二に，公的年金は**社会保険方式**であり，保険料未納期間に対応する年金は支払わなくてよいので，将来的にも年金財政に影響はない。

未納・未加入の真の問題は，将来年金が一切受給されなかったり，低額となる**無年金・低年金**問題である。

3.2 老齢年金受給者の年金額の状況

厚生年金の月額年金額は，基礎年金を合わせて受給している者が多いため2013年度平均14万5596円であり，男女合計で見れば10万円未満は25.8%にすぎない。基礎年金相当部分の支給開始年齢が2013年に65歳まで引き上げられており，金額が低いものの中には65歳前で報酬比例部分のみを受給している者も含まれる。ただし，女子は10万円未満が52.6%である。男女の賃金差や結婚や出産退職以後第三号被保険者となった者が多く加入期間が短いために年金額が低い（表13-3）。

他方，国民年金の老齢年金受給者2896.8万人のうち，2746万人（94.8%）は基礎年金受給者である。このうち厚生年金を合わせて受給している者も1500万人ほどはいると思われるし，300万人前後は共済組合の年金を受給していると思われる。しかし，基礎年金のみや旧国民年金のみを受給している者が789万人おり，彼らの平均年金額は4万9958円である。基礎年金を中心とする国民年金月額の分布状況を見ると，男女合計では40年満期近く納入した場合の6万円以上の者が46.8%であるが，5万円台の者が21.2%，5万円未満の者が32.1%となっている。女性の場合はさらに低く6万円以上が34.5%，5万円台が22.5%，5万円未満の者が43.0%となっている（表13-4）。

3.3 無年金・低年金の原因

無年金・低年金が生じる理由は何であろうか。

第一に，自営業，農民，小規模個人事業所の従業員，非正規労働者の多くは基礎年金しか受給できない。40年間満額で納めても月額6万5000円（2015年度）であり，老後の基礎的生活費を賄うには苦しい金額である。生活保護の高齢単身者（68歳）の生活扶助基準（大都市1級地-1の8万870円，地方郡部3級地-2の6万5560円）を下回る（表10-6）。これに加入期間が25年に満たないことによる無年金，未納期間や保険料免除期間があると更に低くなる。2013年の第一号被保険者は28%だが，非正規雇用が37%の状況ではこの問題は引続き生じる。

第二に，基礎年金繰上げ受給である。215頁で述べたように1月繰上げで

表13-3　厚生年金・老齢年金月額階級別受給権者数（2013年度末）

年金月額	合計（割合）	男子（割合）	女子（割合）
合　計	15,230千人 (100.0%)	10,301千人 (100.0%)	4,929千人 (100.0%)
～　5万円	478　（ 3.1）	158　（ 1.5）	319　（ 6.5）
5　～　10万円	3,461　（22.7）	1,190　（11.6）	2,271　（46.1）
10　～　15万円	4,349　（28.6）	2,468　（24.0）	1,880　（38.1）
15　～　20万円	3,837　（25.2）	3,459　（33.6）	378　（ 7.7）
20　～　25万円	2,608　（17.1）	2,534　（24.6）	74　（ 1.5）
25　～　30万円	466　（ 3.1）	461　（ 4.5）	6　（ 0.1）
30万円以上	32　（ 0.2）	31　（ 0.3）	0
平均年金月額（円）	145,596円	166,418円	102,086円

（出典）　厚生労働省「厚生年金保険・国民年金事業年報」。

表13-4　国民年金・老齢年金月額階級別受給権者数（2013年度末）

年金月額	合計（割合）	男子（割合）	女子（割合）
合　計	28,968千人 (100.0%)	12,665千人 (100.0%)	16,303千人 (100.0%)
～　1万円	99　（ 0.3）	12　（ 0.1）	87　（ 0.5）
1　～　2万円	354　（ 1.2）	60　（ 0.5）	294　（ 1.8）
2　～　3万円	1,128　（ 3.9）	216　（ 1.7）	912　（ 5.6）
3　～　4万円	3,494　（12.1）	770　（ 6.1）	2,724　（16.7）
4　～　5万円	4,217　（14.6）	1,202　（ 9.5）	3,014　（18.5）
5　～　6万円	6,128　（21.2）	2,464　（19.5）	3,663　（22.5）
6　～　7万円	12,107　（41.8）	7,611　（60.1）	4,495　（27.6）
7万円以上	1,442　（ 5.0）	328　（ 2.6）	1,114　（ 6.9）
平均年金月額（円）	54,544円	58,616円	51,381円

（出典）　厚生労働省「厚生年金保険・国民年金事業年報」。

0.5％年金は減額される。国民年金の受給開始年齢は65歳であるが，サラリーマンの定年は長く55歳であり，現時点でも60歳が多い。基礎年金しか受給できない不安定な雇用者等は65歳まで十分な収入を得る職場を確保することが困難なため，厚生労働省（前注(13)）によると，繰上げ受給を行っている者が2013年で基礎年金のみ受給権者789万人中304万人（38.6％）にのぼり，2013年に受給し始めた者（23万人）の中でも繰上げ受給者は3万人（14.4％）にのぼる。

　第三に，**マクロ経済スライド**がある。確かに少子高齢化の中で制度を持続可能にするには必要な対策だが，この制度は基礎年金にも同じ比率で適用される

ため，ただでさえ少ない基礎年金のみ受給者の生活を直撃する。

3.4 無年金・低年金の現行対策

無年金・低年金で資産もない場合，従来は生活保護しかなかった。保護受給世帯中高齢者世帯は50％（2016年2月）である。高齢者層の相対的貧困率は18.0％（2012年）と高いのに対して，日本の生活保護受給率が1.7％と低いのは，恥辱感（スティグマ）から申請をためらう者が多いからと思われる。

そこで政府も，2012年年金改正で老齢年金の受給資格要件を加入期間25年以上（免除期間も含む）から10年とし，無年金者を救うこととしている。当時の推計で無年金者42万人中10年以上25年未満の加入期間の者が約25万人とされた。ただこの改正は消費税が10％に引き上がる時まで施行が延期されている。また，資格要件短縮で10年程度しか加入しない者が増えると，無年金者は減っても低年金者は増加する。

もう一つの対策として，2014年に法改正され，これも施行が消費税10％引き上げ時に延期されている**年金生活者支援給付金支給法**がある。この内容は，前年の所得が家族全員住民税非課税の世帯で，年金収入とその他の所得の合計が40年満期を納めた時の基礎年金額以下の基礎年金受給者を対象としている。

給付金の額は次の二つの合計額とする。

①月額5000円の給付基礎額に，保険納付月数を480月（＝40年満期の月数）で割った数値をかけた額。つまり，5000円から保険料未納期間の比率だけ減額される。給付基礎額を5000円としたのは，制定当時の高齢者の基礎的な生活費が6.7～7万円程度であり，満額の基礎年金額月額との差額が5000円程度であったことによるものと思われる。この給付基礎額は消費者物価の指数に合わせて増減することとなっている。

②保険料免除期間を480月で割った比率に満期の基礎年金月額に6分の1（4分の1保険料免除期間の場合は12分の1）をかけた額。つまり，全額免除，4分の3免除，2分の1免除期間に対応する年金は，それぞれ2分の1，8分の3，4分の1減額されるので，その期間には6分の1を加算する。また4分の1免

除期間では 8 分の 1 減額されるのでその期間には12分の 1 加算する。免除期間は低所得であり，保険料が払える所得にもかかわらず未納の者とは事情が異なるので，免除による減額を一部補う趣旨である。

3.5 無年金・低年金のその他の対策提案

その他，過去に政府，有識者，各種団体が提言した対策の中で無年金・低年金対策となり得るものと，そのメリット，デメリットを概観してみたい。

①厚生年金適用拡大

次章で見る2014年年金財政検証時に持続可能性を高める案として提案されたオプションⅡとして，パートタイム労働者の厚生年金適用を拡大する案がある。これを実行すれば，基礎年金に加え厚生年金がもらえる者が増えるとともに，保険料の半分を事業主が負担するので保険料未納のおそれもなくなる。

問題点は，非正規労働者比率の高い業種の事業主の反対があることである。

②基礎年金税方式案

日本経済団体連合会は将来的な方向性として繰り返し現在国庫負担 2 分の 1 の基礎年金を全額国庫負担の税方式年金とすることを提案してきた。この案では基礎年金にマクロ経済スライドを適用するかどうかわからないので，低年金がどの程度解消されるかわからないが，マクロ経済スライドを実施したとしても社会保険方式ではなくなるので，未納・未加入による減額はなくなる。

デメリットは①基礎年金6.5万円だけでは老後生活は厳しいこと，②基礎年金税財源化で将来消費税率 6 ～ 7 ％相当の増税が必要となること，③社会保険方式時代に未納だった者に満額の基礎年金を保障することは正直に納入していた者にとっては不公平となるので，社会保険時代の未納期間分を減額すると彼らがいなくなるまでは無年金・低年金問題は解決しないこと，等がある。高齢化で医療・介護の費用も増加し，消費税の増税が必要になると思われるのに年金だけで相当な増税をすることの実現可能性は低いと思われる。

③基礎年金マクロ経済スライド不適用

2004年改正の検討段階で，マクロ経済スライドを基礎年金部分に適用しない

案が検討されたことがある。メリットとしては3.3の三つ目の低年金要因がなくなる。デメリットは厚生年金と併給される基礎年金も下げないとすると，少子高齢化による被保険者の負担軽減というマクロ経済スライドの効果が大きく減少することが挙げられる。

4 まとめ：基礎年金のみ受給者の低年金問題

　高齢者は，現役時代の就労収入等の違いから格差が大きく，日本の相対的貧困率は高い。その原因は，基礎年金のみ受給者の低年金問題であり，雇用の非正規化により，基礎年金のみ受給者は今後あまり減少しないおそれがある。

　その対策として，政府は**年金生活者支援給付金**の創設を行うこととしている。その他パート労働者の**厚生年金適用拡大**は改善すべきと思われるが，それ以外の**基礎年金税方式案**や**マクロ経済スライド不適用**については，増税や制度の持続可能性に影響が大きく実現可能性に問題がある。

　個人的には，年金生活者支援給付金の給付基礎額を5000円に物価伸び率を掛け合わせた額とするだけでは，基礎年金がマクロ経済スライドで減額した時には，給付基礎額を足しても老後の生活基礎経費を賄う水準にはならないので例えば，生活基礎経費とマクロ経済スライドで減額される基礎年金との差額を賄う分だけ給付基礎額を充実することも必要ではないかと考える。

　低年金問題は高齢者の貧困の中心課題であり，今後，財源制約の中で，十分な検討が行われることが望まれる。

注
(1)　高齢者世帯とは高齢単身世帯，高齢夫婦のみ世帯または高齢者と未成年者の世帯。
(2)　厚生労働省「国民生活基礎調査」(2014)。
(3)　その後戦前の公務員の勤務期間に対応する年金制度として復活している。
(4)　発足時55歳支給だったが1954年改正で支給開始年齢を段階的に60歳に引き上げた。
(5)　企業及び被保険者の保険料上昇を抑える目的であり，2012年改正で消費税引き上げを財源に2分の1引き上げが恒久的制度として確定した。

(6) 日本では1990年のバブル崩壊，国際的にも2001年9月の同時多発テロから戦争に発展したため3年間株式市場が低迷した。また，2008年のリーマンショック以降の世界的な株式市場の低迷など大小の金融市場の価格低下がある。
(7) 近年公的年金の運用についてリスク資産比率をかなり上げていることには個人的にあまり賛成ではない。
(8) 厚生労働省「平成26年国民年金被保険者実態調査」(2015)。
(9) 製造，建設，鉱業，販売，運輸，金融保険等ほとんどの業種が入るが，農林漁業，料理飲食店業，自由業等は対象業種ではない。
(10) 2025年度には男性が65歳となり，女性は5年遅れて65歳支給開始年齢となる。
(11) 国立社会保障・人口問題研究所の「日本の将来推計人口」(2012年1月中位推計)。
(12) 厚生労働省「平成25年度公的年金加入状況調査」(2015)。
(13) 厚生労働省「厚生年金保険・国民年金事業年報」(2013)。
(14) 社会保障審議会年金部会資料1-2「低所得者等への加算について」(2012年2月14日)。
(15) 社会保障審議会年金部会資料「オプション試算詳細結果(財政見通し等)」(2014年6月3日)。
(16) 日本経済団体連合会「社会保障制度改革のあり方に関する提言」(2012年11月20日)でも将来的には基礎年金の税方式への段階的以降が望ましいとしている。
(17) 社会保障審議会年金部会参考資料集第2分冊(2008年11月19日)。
(18) 厚生労働省「年金改革の骨格に関する方向性と論点」(2002)。

第14章 公的年金制度の持続可能性と対策

　この章では高齢者の生活を支える年金制度について，持続可能性の懸念とその対策の妥当性について検討する。まず年金制度の持続可能性を検証した2014年財政検証の結果を概観する。次に厳しいケースの場合に政府が対策案として提示したオプションⅠ～Ⅲの対策を検討し，さらに，それ以外の過去に提言された様々な対策を概観したい。

①　公的年金制度の財政検証

　第13章で見たように公的年金は高齢者世帯の収入の68.5%を占め，年金が収入の100%である世帯は高齢者世帯の57.8%を占める。したがって，その制度を破綻させることは高齢世帯の格差，貧困に大きな影響を与える。ではその制度の持続可能性を脅かす原因は何か。第13章で見たように，未加入・未納問題は無年金・低年金の原因となっても持続可能性には影響はなかった。

　持続可能性に影響をもたらすのは，制度の支え手を減少させる少子化の問題がある。また，経済成長で賃金が上がれば現役層の支える力は向上するが，経済低迷は持続可能性に影響する。政府は5年に一度持続可能性を検証しているが，直近の財政検証の内容を検討したい。

1.1　財政検証の前提

　財政検証は数十年後の年金の持続可能性を検証するが，経済の将来の姿を予測することはできない。そこで，様々な前提で年金額や平均賃金がどうなるかを計算し，持続可能性が保てるかどうかを見る。第13章で見たマクロ経済スラ

第Ⅳ部　高齢者層の政策：雇用と年金

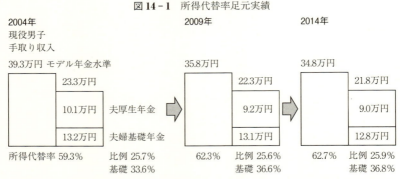

図14-1　所得代替率足元実績

（出典）　厚生労働省「平成16年財政再計算結果報告書」(2004)，「平成21年度財政検証結果レポート」(2009)，「平成26年財政検証結果」(2014)。

イドの**所得代替率**（モデル年金額を手取り平均賃金で割った率）が50％を下回るかどうかで，現在の年金制度の持続可能性が判断される。

この所得代替率の足元の実績は，2004年59.3％，2009年62.3％，2012年62.7％と上昇している。その原因は，デフレで現役男子平均手取り収入は低下しており，厚生年金の報酬比例部分もそれに比例して低下しているが，基礎年金はマイナスの物価スライドはあっても賃金低下を反映する仕組がないためである。また，マクロ経済スライドもデフレが続き賃金や物価が上昇しなかったので2015年になってやっと発動された（**図14-1**）。

①人口の少子化

持続可能性に影響を与える前提の第一の少子化については，財政検証では社会保障・人口問題研究所の「日本の将来推計人口」(2012)の中位推計を採用している。合計特殊出生率（女性が生涯に産む子どもの数）は2005年の1.26を底に2014年には1.42に回復している。中位推計では2060年に1.35になると推計している。なお，厚生労働省は少子化が低位推計（合計特殊出生率1.12）の場合の所得代替率も計算しているが，低位推計の場合後述の中位推計前提のA～Hの各ケースの所得代替率からさらに3～4％下がることとなる。

②労働力率

少子化を補うものとして，高齢男性と「**M字カーブ**」という育児期の低下が

第14章　公的年金制度の持続可能性と対策

表14-1　財政検証の経済前提（ケースA～H）の考え方

		将来の家庭		年金制度の経済前提				参　考
		労働力率	TFP上昇率	物価上昇率	実質賃金上昇率	運用利回り		実質経済成長率2024年以降20～30年
						実質（物価）	スプレッド（対賃金）	
ケースA	内閣府経済再生ケース	労働市場参加が進むケース	1.8%	2.0%	2.3%	3.4%	1.1%	1.4%
ケースB			1.6	1.8	2.1	3.3	1.2	1.1
ケースC			1.4	1.6	1.8	3.2	1.4	0.9
ケースD			1.2	1.4	1.6	3.1	1.5	0.6
ケースE			1.0	1.2	1.3	3.0	1.7	0.4
ケースF	内閣府参考ケース	参加が進まないケース	1.0	1.2	1.3	2.8	1.5	0.1
ケースG			0.7	0.9	1.0	2.2	1.2	-0.2
ケースH			0.5	0.6	0.7	1.7	1.0	-0.4

（出典）厚生労働省「国民年金及び厚生年金に係る財政の現況及び見通し（平成26年財政検証結果）」（2014）。

見られる女性の労働力率が向上する前提の「労働市場参加が進むケース」と現在と変わらない前提の「参加が進まないケース」を置いている。

③経済前提

　もう一つの財政検証の前提は経済前提であり，全要素生産性 TFP の年間上昇率を取り上げている。全要素生産性 TFP 上昇率は設備投資や技術開発を通じて生産性がどれほど年平均で伸びていくかという前提で，楽観的なケースA～Eについて年1.8%から1.0%までの上昇率の前提を置いている。また，慎重ケースとしてケースF1.0%，ケースG0.7%，ケースH0.5%を置いている。そして，ケースA～Eは足元の景気が好景気の想定（内閣府経済再生ケース）と接続するとともに，労働力率について「労働市場参加が進むケース」を前提としている。また，ケースF～Hは足元の景気が慎重な想定（同参考ケース）と接続するとともに，労働力率について「参加が進まないケース」を前提としている（表14-1）。

　この TFP の上昇率は，経済が順調で設備投資が進めば高くなり，その逆の場合は低くなる傾向にある。近年の日本の実績は第3章③3.2で見たが，90

年代は0.5〜0.6％と低く，2001〜06年で1.0％に上がったものの，リーマンショックの影響で2006〜11年は0.6％に逆戻りしている。日本以外の欧米主要先進国も1.1〜1.56％で1991〜2006年は推移したものの，2006〜11年はリーマンショックの影響を受けて0.05％とほとんど上昇していない。したがって，経済成長のトップランナーを走っている先進国では1.0〜1.5％の間が通常であり，少子化で市場が縮小すると考えて投資が進まなくなるとケースG，Hのように0.5％，0.7％となってもおかしくない。(表3-4参照)

財政検証ではこれら労働力率やTFPの前提を経済推計式に投入して物価上昇率，実質賃金上昇率や運用利回り等が推計され，それで現役世代の平均手取り収入や年金額が決まることになる。

1.2　2014年財政検証結果

ケースA〜Eでは**所得代替率**は調整終了時にも50％を上回って調整が終わるが，ケースF〜Hでは2036〜40年に所得代替率が50％を下回り，制度見直しの必要が生じる。それでもマクロ経済スライドを続けた場合，ケースFの所得代替率は45.7％，ケースGでは42.0％に下がり，ケースHでは2055年に基礎年金特別会計の積立金が枯渇し，積立金なしに現役保険料で基礎年金を賄う完全**賦課方式**に移行するため，所得代替率は35〜39％に低下する。

8ケース中5ケースでうまくいくなら良いわけではない。財政検証は様々な前提をとった結果を示すだけで，各ケースの発生確率が等しいわけではない。ケースA1.8％，ケースB1.6％は，経済状況が最も良い場合だが，世界一の生産性で人口増が続くアメリカでも0.8〜1.6％で推移していたことやアメリカも含めリーマンショックの影響を受けたことを見れば，海外要因の影響も大きい。うまくいかないケースを念頭に制度の在り方を考えるべきではなかろうか(**表14-2**)。

第14章 公的年金制度の持続可能性と対策

表14-2 2014年財政検証結果：年金額2014年価格

	基礎年金マクロ経済調整終了時 ＊厚生年金終了時	マクロ経済調整終了時の現役男性手取り収入・モデル年金水準（2014年価格）と所得代替率				
		手取り収入平均	モデル年金水準	所得代替率	夫厚生年金 夫婦基礎年金	所得代替率内訳
ケースA	2044年度調整終了 ＊厚生2017年度	59万円	30.1万円	50.9%	厚生：14.9万 基礎：15.1万	25.3% 25.6%
ケースB	2043年度調整終了 ＊厚生2017年度	55.7万円	28.4万円	50.9%	厚生：14.0万 基礎：14.4万	25.1% 25.8%
ケースC	2043年度調整終了 ＊厚生2018年度	52.8万円	26.9万円	51.0%	厚生：13.2万 基礎：13.7万	25.0% 26.0%
ケースD	2043年度調整終了 ＊厚生2019年度	50.9万円	25.9万円	50.8%	厚生：12.6万 基礎：13.2万	24.8% 26.0%
ケースE	2043年度調整終了 ＊厚生2020年度	48.2万円	24.4万円	50.6%	厚生：12.9万 基礎：12.5万	24.5% 26.0%
ケースF	2040年度50％到達 2050年度調整終了 ＊厚生2027年度	51.3万円	23.4万円	45.7%	厚生：11.9万 基礎：11.6万	23.0% 22.6%
ケースG	2038年度50％到達 2058年度調整終了 ＊厚生2031年度	51.5万円	21.6万円	42.0%	厚生：11.3万 基礎：10.4万	21.9% 20.1%
ケースH	2036年度50％到達 2055年度基礎年金積立金枯渇	45.6万円	17.8万円	39.0%	厚生：7.3万 基礎：10.5万	16.0% 23.0%

＊2056年度より基礎年金積立金枯渇で完全賦課方式となると所得代替率は35～37％に低下。

(出典) 厚生労働省「国民年金及び厚生年金に係る財政の現況及び見通し」(2014)。

2 現行制度を前提とした修正案

　2014年財政検証でうまくいかなかったケースの対策として，オプションⅠ～Ⅲとそれを講じた場合の改善状況も示されている。以下それらの案の他，現行制度を前提に考えられた他の案等を見てみたい。

第Ⅳ部　高齢者層の政策：雇用と年金

2.1 財政検証で示された案

①オプションⅠ（マクロ経済スライドの方式変更）

少子高齢化対策の一つである**マクロ経済スライド**は賃金・物価上昇時に引き下げを行い調整するが2004～14年にはデフレと過去物価下落時に年金を下げなかった2.5％分の調整を先に行ったため，発動せず2015年に初めて発動され，2016年は2015年の賃金上昇が弱含みだったため発動されなかった。ケースF～Hのように賃金や物価の伸びが思わしくないケースや景気変動で数年に一度デフレとなるケースを想定するとマクロ経済スライドの調整は先送りされ，高齢者の中には調整を免れて生涯を全うする者もでる。このため後の世代の最終的な年金の下げ幅が大きくなり，将来の高齢者が不利となる。

そこでオプションⅠはマクロ経済スライドを物価・賃金が下がっても少子高齢化の影響分を毎年１％程度下げる。ケースG，Hにおいて改善効果は大きいがオプションⅠだけでは50％を上回らない（**表14－3**）。

この案の問題点は，賃金・物価スライドがない時にマクロ経済スライドを行えば年金の実額が下がるが，一旦支給が約束された年金額の実額が下がることは**財産権**の侵害ではないかという反対論がある。ただその主張については年金の財源が税金や就労年齢層の保険料の負担によるものであるので，その負担が過重にならないように法改正を行って方式を改めることは，憲法第29条にいう**公共の福祉**のための改正であり，違憲・違法ではないという反論がある。

より深刻なのは基礎年金のみ受給者等低年金者の生活を直撃することである。このため，第13章で述べた**年金生活者支援給付金**制度の施行やその充実等の対策を別途講じる必要があると思われる。

②オプションⅡ（非正規雇用の**厚生年金適用拡大**）

オプションⅡは，非正規雇用や零細個人事業所の従業員に厚生年金を適用し，年金増額とともに，厚生年金保険料増で財政的安定をもたらす。二案あり，Ⅱの①は週労働時間20時間以上でかつ報酬が月5.8万円以上に適用する。5.8万円は，所得税給与所得控除年65万円を12で割った額（5.4万円）や健康保険の標準報酬の最低額（5.8万円）を参考にしたと説明されているが[3]，2014年8月の全国

第14章　公的年金制度の持続可能性と対策

表14-3　オプションⅠの最終的所得代替率改善効果

	財政調整終了時	財政調整終了時（経済変動あり）	経済変動ありにオプションⅠを講じた場合
ケースC	51.0%	50.8%	51.2%
ケースE	50.6%	50.2%	51.0%
ケースG	42.0%	39.5%	44.5%
ケースH	39.0%	35～37%	41.9%

(注)　財政検証結果（経済変動あり）は4年周期で経済が＋1.2～－1.2％で変動すると仮定して計算している。
(出典)　厚生労働省「国民年金及び厚生年金に係る財政の現況及び見通し」(2014)，「オプション試算詳細結果」(2014年6月3日社会保障審議会年金部会資料)より筆者作成。

表14-4　オプションⅡの最終的所得代替率改善効果

	財政調整終了時	オプションⅡ①	オプションⅡ②
ケースC	51.0%	51.5%	57.3%
ケースE	50.6%	51.1%	57.5%
ケースG	42.0%	42.5%	47.1%
ケースH	39.0%	42.2%	45.8%

(出典)　厚生労働省「国民年金及び厚生年金に係る財政の現況及び見通し」(2014)，「オプション試算詳細結果」(2014年6月3日社会保障審議会年金部会資料)より筆者作成。

最低の最低賃金（時給677円）で週20時間以上働いた時の月収5万8600円にも近い水準である。Ⅱの①では220万人に厚生年金の適用が拡大される。

Ⅱの②では週20時間の要件を外し，報酬5.8万円のみを要件とするとともに，個人事業所の業種や従業員規模5人未満の適用除外要件を外す。Ⅱの②では1200万人に厚生年金の適用が拡大される（**表14-4**）。

特にⅡの②案では大きな改善効果を発揮するがオプションⅡ単独では50％を超えない。この案の問題点は，事業主の厚生年金保険料が増すことであり，非正規の多いサービス業や個人零細事業所の事業主の反対が大きいと思われる。

③**オプションⅢ**（基礎年金45年拠出・支給開始年齢引き上げ）

オプションⅢの①は，基礎年金は現在20～60歳まで保険料を払い，65歳から年金を受給する。これを60～64歳でも就労しているならば保険料を納入してもらうという案である。**基礎年金45年拠出**となるので，保険料は増収となり，基礎年金水準も上がるので所得代替率は向上する。さらに，基礎年金の水準改善

表14-5 オプションⅢ①(基礎年金45年拠出)の最終的所得代替率改善効果

	財政調整終了時	オプションⅢ①(基礎年金45年拠出)
ケースC	51.0%	57.6%
ケースE	50.6%	57.1%
ケースG	42.0%	48.4%
ケースH	39.0%	47.9%

(出典) 厚生労働省「国民年金及び厚生年金に係る財政の現況及び見通し(平成26年財政検証結果)」,社会保障審議会年金部会資料「オプション試算詳細結果(財政見通し等)」(2014年6月3日)より筆者作成。

表14-6 オプションⅢ②(基礎年金45年拠出+支給開始年齢引き上げ)所得代替率改善効果

受給開始年齢	保険料拠出期間	ケースC 所得代替率(改善率)	ケースE 所得代替率(改善率)	ケースG 所得代替率(改善率)	ケースH 所得代替率(改善率)
65歳	45年	57.6%(-)	57.1%(-)	48.4%(-)	47.9%(-)
66歳	46年	63.1%(+5.5%)	62.6%(+5.5%)	53.1%(+4.6%)	52.5%(+4.6%)
67歳	47年	68.7%(+11.1%)	68.2%(+11.0%)	57.8%(+9.4%)	57.2%(+9.3%)
68歳	48年	74.4%(+16.8%)	73.8%(+16.7%)	62.6%(+14.2%)	61.9%(+14.0%)

(出典) 厚生労働省「国民年金及び厚生年金に係る財政の現況及び見通し(平成26年財政検証結果)」,社会保障審議会年金部会資料「オプション試算詳細結果(財政見通し等)」(2014年6月3日)より筆者作成。

につながり,基礎年金のみ受給者の低年金対策効果も見込める。この案はかなりの効果を発揮し,ケースHでも50%にかなり近づき,オプションⅠかオプションⅡの①と合わせることで50%を上回る可能性がある(表14-5)。

この案に現在反対しているのは財務省である。基礎年金額が上がればその国庫負担必要額も単純計算で45年/40年＝1.125と12.5%増加するので,さらなる増税が必要となるからである。

オプションⅢの②は基礎年金の拠出を5年分増やした上に,受給開始年齢を66歳以上に引き上げるというものである。その効果は大きく,ケースHにおいてすら66歳とするだけでも52.5%と50%を超える効果がある。少子化は近年実績でも中位推計を上回る落着きを見せているが,仮に低位推計のように出生率が悪化した場合に3〜4%の所得代替率の悪化があっても,57歳まで引き上げれば持続可能性に支障はでない(表14-6)。

この案の問題点は，Ⅲの①に対する財務省の反対もあるが，支給開始年齢が引き上がることへの労働者の反対や継続雇用や定年引き上げを求められることに対する経済界の反対がある。しかし，既に日本より少子高齢化が深刻でないドイツ，アメリカで67歳に，イギリスで68歳に支給開始年齢が引き上げられつつあること，就労年齢層の減少は雇用や社会の活力の低下につながり，健康寿命が昔より延びている日本において，元気な高齢者が社会を支える側で活躍してもらわないと，年金制度だけではなく経済・社会の活力に陰りを生じることになると思われる。

2.2　その他現行制度の枠組み修正案

過去に検討された案や2016年時点で政府が法改正を進めようとしている案について検討したい。

①高所得層基礎年金減額

2012年民主党政権時に法改正事項の中に盛り込まれたがその後削除された事項として，高所得者は厚生年金やその他の収入で老後生活が送れることから，高所得層の基礎年金について国庫負担分の一部または全部の支給停止を行うことがあった。

標準報酬上位10％に当たる報酬である所得550万円（年収850万円）を超える場合，基礎年金の国庫負担分の一部の支給停止を開始し，上位2％に当たる所得950万円（年収1300万円）を超える場合は国庫負担分は全額支給停止されて基礎年金を半額とするというものであった。

一部停止される者は老齢基礎年金受給者の0.6％に当たる16.2万人，国庫負担分がすべて停止される者は老齢基礎年金受給者の0.3％に当たる8.1万人と推計されており，財政効果はあまり大きくない。

②高所得層年金課税見直し

所得税について現役サラリーマンは給与所得控除として最低65万円の所得控除が認められているが，公的年金等控除は定額控除50万円に加え，定率控除として360万円までの収入に25％を掛けた額の所得控除が認められ，最低保障額

として65歳以上の者の場合120万円が控除される。つまり現役就労年齢層の倍近い所得控除がある。

　財務省は，社会保障において，年齢ではなく負担能力による負担の強化を提唱しているので，税においても公的年金等控除の見直しを行うべきとの意見がある。

③2016年年金改正案

　政府は，2014年財政検証の結果を受けて，2016年通常国会に次の改正案を提出したが，2016年6月時点ではまだ成立していない。

(i)パートタイム労働者**厚生年金適用**拡大の促進

　週20～30時間の短時間労働者395万人のうち，2012年法改正（2016年10月施行）では，月額賃金8.8万円以上，勤務期間1年以上，学生除外及び従業員規模501人以上の事業所に雇用，という要件を加えたため25万人しか適用されなかった。そこで，従業員規模500人以下の事業所でも，その他の要件を満たしているパート労働者について，事業所の労使が合意すれば厚生年金の適用をするという案である。事業主の反対が強いので適用拡大する事業所は少ないと思われる。個人的には従業員規模要件は経過措置を講じつつ段階的に強制適用で拡大していくべきと考える。

(ii)**マクロ経済スライド方式**見直し

　年金スライドのルールに関する改正としては，物価と賃金がともに下落し，賃金の下落率が物価下落率より大きくても現在は物価下落率までしか年金は下がらない。これでは現役層や賃金スライドを行う年金の新規裁定者は賃金下落の影響を受けるが，年金の受給権者は物価下落分しか年金は下がらない。これを賃金の下落率に合わせて年金を下方に修正しようとしている。

　また，マクロ経済スライドについて毎年の賃金・物価の上昇率とその年の少子高齢化による調整率を比べて調整をするかどうか決めており，デフレの際調整が行われないので，賃金・物価の上昇が不十分でマクロ経済スライドの調整ができなかった部分は翌年度に持ち越し（**キャリーオーバー調整**），翌年度以降賃金・物価が上昇した時に過去未調整だったキャリーオーバー分も調整するものである。年金実額の減少に至らぬ範囲で早期調整を行うことは妥当と思われる。

第14章 公的年金制度の持続可能性と対策

3 その他抜本的改革案

その他の抜本的対策案として民主党案と経済同友会案の概要とそのメリット，デメリットを検討したい。

3.1 民主党年金抜本改正案＝所得比例一元化＋税方式最低保障年金

民主党時代の年金改正案として，自営業や非正規雇用等を含めて厚生年金のように報酬比例年金を導入する。そうすると収入がなかったり低かった者の年金は下がるので，基礎年金の2分の1の国庫負担額を中低所得層に支給する税財源の最低保証年金（月額7万円）の財源に集中する。この案のメリットは，低所得者は少なくとも7万円の税財源の年金を受けることで**低年金**対策効果が期待できる。所得比例年金を国民全体に適用するので，自営業者等も収入が高ければ，基礎年金以上の年金が受けられるようになる。税財源の最低保障年金の対象者を後述の案Aのように，7万円以下の年金の者に限定すれば，財源は現行制度より増えない。

この案の問題点は，最低保障年金の対象者を後述の案AからCのように低中所得者に限定すれば，対象外となるそれ以上の所得層では基礎年金の国庫負担分である2分の1がなくなり，年金額が低くなる。モデル年金の指標となっている夫が平均的賃金で妻が第三号被保険者として基礎年金のみ受給のケースでも現在より年金額が低くなってしまう。他方，現在のモデル年金額が下がらない程度にD案のように最低保障年金の対象範囲を広げると，消費税率に換算して7％以上に相当する大幅増税が必要となる（図14-2，表14-7）。

表14-7は民主党案の機械的試算であり，2012年2月に内部検討資料の最低保障年金の支給範囲に関する四つの案に対応する財政試算である。

案A：所得比例年金が0の者には最低保障年金を満額（7万円）支給し，所得比例年金が7万円の者は0とし，その間は直線的に支給する。

案B：所得比例年金が0の者には最低保障年金を満額（7万円）支給し，生

図14-2　民主党年金抜本改正案

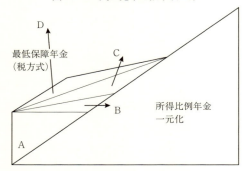

表14-7　民主党の公表した年金試算

	案A	案B	案C	案D	現行制度
最低保障年金の受給者の比率	39.3%	48.7%	58.3%	74.9%	なし。全員基礎年金の2分の1は国庫補助
モデル年金支給月額（2065年）	13.2万円	15.3万円	16.7万円	21.1万円	18.0万円
追加で必要となる財源額兆円と，その消費税に換算した率					
2075年度追加所要額消費税換算率	23.4兆円 2.3%	28.8兆円 3.3%	37.6兆円 4.9%	49.6兆円 7.1%	24兆円 2.1%

(注)　年金の「モデル年金支給月額」は夫婦の生涯平均年収260万円。夫の生涯平均年収520万円，妻専業主婦という現在の厚生年金のモデル年金に相当する場合の額。
(出典)　民主党『新制度の財政試算のイメージ（暫定版）』2012年2月10日資料より筆者作成。

涯平均年収520万円（現在の一人当たり現役平均年収260万円の2倍［夫婦2人］であり，厚生年金のモデル年金の男子加入者の平均賃金水準）に対応する所得比例年金の者は0とし，その間は直線的に支給する。

案C：所得比例年金が0の者には最低保障年金を満額（7万円）支給し，所得比例年金が12.6万円（現行制度の男子単身の標準的な年金額）の者には0とし，その間は直線的に支給する。

案D：生涯年収が260万円に対応する所得比例年金の者にまでは最低保障年金を満額（7万円）支給し，所得比例年金が12.6万円の者には0とし，その間は直線的に支給する。

図14-3 経済同友会案

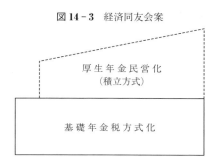

3.2 経済同友会年金改正案（厚生年金民営化案＋基礎年金税方式案）[(5)]

基礎年金税方式案の部分は第13章で検討したので重複を避けたいが，社会保険方式時代未納・未加入だった者の年金は減額するとしても当面消費税率換算で3.5％，完全実施後は6％[(6)]の大増税が必要となる点が最大の問題点である。完全実施後については，**低年金**対策効果はあるが，増税となるので持続可能性は高まらない。財源が事業主と加入者の保険料から消費税に移ることに企業の負担減や雇用への悪影響がない効果があると考えているのだろう。

厚生年金民営化のメリットは，**賦課方式**という現役の保険料で高齢層の年金を賄う方式をやめ，自己の運用責任で老後の年金を賄う**積立方式**に移行するので少子高齢化の影響を受けにくいこと，運用の利回り分利益が生じること等が挙げられる（**図14-3**）。

厚生年金民営化の問題点は，第13章で見た積立方式の問題点である**長寿リスク**，**運用リスク**，**インフレ・リスク**を被保険者が負うことになる。また賦課方式から積立方式に移行する時に「**二重の負担**」が生じることが最大の問題である（**図14-4**）。

厚生年金を受給している者や今まで20～30年間厚生年金の保険料を納入してきた者は，当然の権利としてその分旧制度で約束された額の年金を受給することを要求する。またこれからの現役層は賦課方式ではないので，自分たちの年金はその下の世代が財源を出すことはなく，自分の年金は自分で積み立てねばならない。すなわち，移行期の世代は自分たちより上の高齢者層の年金の費用

図14-4 二重の負担

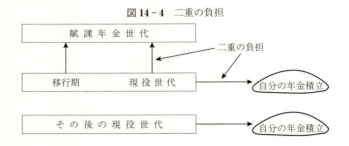

と自分の年金のための積立の二重の負担を負わねばならない（図14-4）。

無論，旧制度の高齢者の年金費用を移行期の現役世代だけでなく，将来世代にも長期的に分散して移行期の世代の負担額を減らすことは可能である。その費用を100年償還の超長期国債で一部先送りするとしても，その間の利息負担は必要となる。したがって，**積立方式のメリットの一つである運用利回りの利益は，この利息負担でかなり相殺されてしまう。**

このように厚生年金の完全民営化については，実現可能性は高くないと考える。ただし，**賦課方式の少子高齢化リスクの軽減やマクロ経済スライドによる公的年金目減り分を補う措置として，第13章で見た企業年金等を三階部分として普及させることは有効な政策であり，ドイツやスウェーデンでも賦課方式の公的年金の一部を民間年金で補完させることは行われている。

4 まとめ：持続可能性を高める年金改革の検討

高齢者世帯にとって，公的年金はその収入の7割以上となっており，この年金制度の持続可能性は，高齢者世代の生活・貧困にとって影響が大きい。

2014年財政検証では，少子化や低成長が進めば，マクロ経済スライドを中止して制度見直しを将来迫られるおそれがある（ケースF〜H）ことがわかり，そのようなケースにおいても持続可能なように現行制度の枠組みを前提とした修正は必要と思われる。修正には時間を要するので早期に準備すべきである。

現在政府が検討しているスライドの賃金下降分を反映する仕組やマクロ経済

スライドの**キャリーオーバー調整**等に取り組むことは妥当であるが，それだけでは不十分な印象を受ける。**オプションⅡ**で見られる非正規雇用の**厚生年金適用**を強制適用として推進すべきではないかと思われる。

世界で最も少子高齢化が進むとともに，昔より健康寿命が延伸している日本では，高齢者雇用対策の充実と併せてアメリカ，ドイツ並みに年金支給開始年齢の引き上げが検討されるべきと考えるが，そこまでいかずとも2019年の次期年金財政検証に向けて基礎年金の保険料拠出を65歳まで引き上げる改正を目指すべきではなかろうか（**オプションⅢ**）。ただし，これには消費税等の増税議論も必要となる。また，**高所得層年金課税見直し**も世代内格差縮小のため検討すべきと思われる。

民主党案や経済同友会の厚生年金完全民営化は実現性に問題も多いと思われるが，マクロ経済スライドで目減りする公的年金を補完する仕組として，税制優遇や制度の使い勝手を良くする改正により，企業年金制度を充実・普及することは検討すべきではなかろうか。

注
(1) 厚生労働省「国民生活基礎調査」(2013)。
(2) 厚生労働省「国民年金及び厚生年金に係る財政の現状及び見通し」(2014)。
(3) 「社会保障審議会年金部会」(2014年9月16日) における小塩委員質問への厚労省年金課長の説明。
(4) 現在の民進党が民主党だった頃のマニフェストの案なので「民主党」案とした。
(5) 経済同友会「真に持続可能な年金制度の構築に向けて」(2009)。
(6) 厚生労働省社会保障審議会年金部会「参考資料集第2分冊」(2008年11月19日)。

索　引
（＊は人名）

あ 行

朝日訴訟　167
アジア通貨危機　38
あっせん（個別労働紛争のあっせん）　86, 92
アベノミクス　40
育児（・介護）休業（給付）　59, 149, 150, 161
インターバル規制　131, 134-136
インターンシップ　145
インフレ・リスク　213, 239
受入れ人材育成奨励金　90
運用リスク　213, 239
M字カーブ　55, 146, 228
エンゲル方式　167
オプションⅠ　232
オプションⅡ　224, 232, 241
オプションⅢ　233, 241

か 行

介護休業（給付）　149
解雇権濫用（法理）　84, 86, 100, 102
介護離職　152
解雇ルールの明確化　91
外部労働市場　84
格差縮小方式（生活保護）　167
確定給付（企業年金）　218
確定拠出（企業年金）　218, 219
学童保育　59
過渡的ベーシック・インカム　196
間接雇用　97, 108
間接差別　150, 153
完全ベーシック・インカム　196, 200, 201
管理・監督者　124, 125
機会の（不）平等　52, 63, 189, 194
機会費用　55, 58, 64
企業規模によるミスマッチ　141, 144
企業別労働組合　35, 83
基礎年金税方式案　224, 225, 239
基礎年金マクロ経済スライド不適用　224, 225
基礎年金45年拠出　233
逆進性（的）　187, 191, 193, 194
キャリアアップ助成金　115, 146, 161
キャリーオーバー調整（年金）　236, 241
救護法　32, 166
求職者支援制度　145, 163, 165, 166
求人不受理　145
給付付き税額控除　184, 188, 192-194, 197
教育機会の格差　52
教育の公的支出　53
金銭解決制度　91, 94, 95
均衡待遇　105, 106, 113, 117
均等待遇　105-107, 111, 118, 150
金融資産分離課税　183, 194
勤労の権利　26
クォーター制　155
＊クズネッツ, S.　19
具体的権利説　25
繰上げ受給　215, 221

243

軽減税率　187, 188, 193, 194
経済同友会年金改正案　239
経路依存性　31
ケインズ政策　18
結果の平等　52
欠損金繰越控除　184
公共の福祉　26, 232
貢献に応じた分配　23
高校授業料無償化　60, 61
工場法　18, 31, 32, 121, 149
高所得層基礎年金減額　235
高所得層年金課税見直し　235, 241
厚生年金基金制度　218
厚生年金（・健康保険）適用　108, 216, 224,
　　225, 232, 236, 241
高度プロフェッショナル制度　135, 136
効率性　30
高齢化社会　36
高齢者雇用安定法　219
国際的税率引き下げ競争　184
国民（皆保険）・皆年金　35, 211, 212
国民健康保険　32, 35
国民年金基金　219
子ども・子育て新システム　59
子どもの貧困（率）　51, 52, 68
　　――の複合的な要因　53
子どもの貧困指標　67, 68
子どもの貧困対策推進法　67, 76
個別労働紛争　86, 95
個別労働紛争解決促進法　86
雇用調整助成金　36, 84, 88, 89, 161
雇用保険（法）　35, 159
雇用保険事業　159, 161
雇用流動化支援　57, 88, 95

さ　行

サービス残業　122, 124, 129, 135
財産権　26, 232
再就職支援奨励金　90
最低賃金（法・制度）　157, 158
財閥解体　32
裁量　25, 168
裁量労働制　122, 127, 134
36（サブロク）協定　122-124, 129, 132
参加所得　197, 200
産業別・職務別労働組合　84
産業報国会　32
死荷重　22
事業場外みなし労働時間制　122, 126
次世代育成支援対策推進法　149, 153, 155
失業の罠　166, 198, 202, 205
指定校　140, 142
児童手当　60, 61
ジニ係数　5, 10, 178
社会配当　196, 198, 200
社会保険方式　212, 220, 224
社会保険料　190
社会民主主義　18
就学援助費　64
終身雇用（制）　34, 43, 83
住宅手当（住宅支援給付事業）　16, 173
就労自立給付金制度　172
出産手当金　59
紹介予定派遣　109
奨学金問題　140, 143, 146
少子高齢化（リスク）　41, 214, 240
情報不足のミスマッチ　141, 144, 146
常用型派遣　109
職能給　34, 83, 88, 108

索 引

女性の職業生活における活躍の推進に関する法律　154
所得控除　181, 183, 192
所得十分位比率　5, 7, 177
所得代替率　217, 228, 230
所得百分位比率　5, 7, 177
ジョブ（職務）型雇用　83, 85, 97, 98
ジョブカード　145, 146
自立支援プログラム　168
人口ボーナス　34
新自由主義　19, 182, 198
申請保護の原則　169
新卒一括採用　43, 139, 140, 142
水準均衡方式　167
スティグマ　6, 171, 172, 174, 203, 223
生活困窮者自立支援法　69, 172, 173
生活保護適正化　167
生活保護法（改正）　33, 167, 172
生産財効用　55
青少年の雇用の促進等に関する法律　142, 144, 153, 155
生存権　25, 167
正当性　30
整理解雇の四要素　84, 117
石油ショック　19, 35
セクシャルハラスメント　154
占領下の民主化　32
相対的貧困率　6, 12
訴訟上の和解　92
租税特別措置　184

た 行

大学等進学率　139
タックス・ヘイブン　190
多様な正規雇用　115

男女雇用機会均等（法・政策）　150, 153-155
団体権・団体交渉権・団体行動権（スト権）　27, 32, 85
中位所得　6
抽象的権利（説）　25, 168
長寿リスク　213, 219, 239
賃金スライド　213, 216, 217
賃金統制令　32
（通常労働者への）転換措置　106, 107, 118
積立方式　213, 239, 240
定額保険料　190, 192
定期昇給　33
低年金　234, 237, 239
電産方式・総評方式　33
同一労働同一賃金　84, 104, 117
登録型派遣　109
トライアル雇用　146, 161
トリクルダウン　20

な 行

内部労働市場　83
名ばかり管理職　125
ニート　142, 145, 146
二重の負担　239
日本型雇用　35, 36, 44, 46, 83, 95, 122
日本型福祉社会　36
日本国憲法　33
認定こども園　59
年金生活者支援給付金（支給法）　223, 225, 232
年功賃金　34, 44, 83, 87, 98
農地改革　32

は 行

パートタイム雇用　97, 103

245

パートタイム労働者法（改正） 103, 105, 107
派遣切り 109
バブル 37
パレート最適 23
＊ピケティ, T. 7, 19, 20, 177
　　――の資産保有税 190, 194
非正規雇用 9, 12, 37, 38, 44, 58, 70, 82, 85, 89, 95, 97, 139, 142, 147, 153, 198, 202, 203, 205
必要性 30
ひとり親家庭の貧困率 51, 68
日雇派遣 110, 111
平等権 25
比例保険料 190
貧困の連鎖 52
賦課方式 213, 214, 216, 230, 239, 240
福祉元年 35
福祉国家 198
福祉の罠 166, 198, 202, 205
不合理な差別禁止 101-104, 107, 108, 118
不正受給 171, 173, 174
物価スライド 214, 216, 217
負の所得税 197-199
部分ベーシック・インカム 196, 199
不本意非正規 98, 101, 105, 111, 116
扶養控除 183
ブラック企業 122, 135, 141, 144-146, 202
フリーター 141, 145, 146
フリーライダー 204, 205
フレックスタイム制 122, 126, 134
プログラム規定（説） 25, 167
ベースアップ 33
変形労働時間制 122, 126
保育・学童保育 59
保険料上限固定方式 215, 216
母子加算廃止 168

ポジティブ・アクション 150, 153, 155
補足性原理 168
堀木訴訟 25, 167
ホワイトカラー・イグゼンプション 123, 130, 132, 136

ま 行

マーケットバスケット方式 167
マージン率 110
マクロ経済スライド 212, 217, 222, 227, 232, 236, 240
マタニティハラスメント 153
＊マルクス, K. 17
＊マルサス, T.R. 17
水際作戦 171, 173, 174, 203
民主党政権 39
民主党年金抜本改正案 237
無期雇用契約への転換 102, 118
無差別曲線 23
無年金・低年金 220, 221, 223, 224
メンバーシップ型の雇用制度 83
モデル年金額 217

や 行

（役割・）職務給 44, 88, 115, 117, 136
有期雇用 85, 97
有効性 30
ユースエール認定企業 145

ら 行

リーマンショック 39, 81, 85, 101, 109, 123, 230
＊リカード, D. 17
離職率 141, 144
両立支援（策） 58, 59, 71, 115, 148-152, 155

索　引

累進税率　181-183
老後保障効用　55
老人医療無料化　35
老親扶養の社会化　189, 194
労働移動支援助成金　88-90, 161
労働改革　32
労働基準法改正案　134
労働組合組織率　85, 123
労働者派遣法（改正）　37, 98, 109, 110, 112

労働審判　86, 92
労働流動化支援　95
老齢加算　168
ロレンツ曲線　5

わ　行

ワーキング・プア　12, 202
ワークフェア　199, 200
若者サポートステーション　145

《著者紹介》

芝田文男（しばた・ふみお）

1956年11月1日　大阪府生まれ。
1980年東京大学法学部卒業後，厚生省（現厚生労働省）入省。2009年3月まで，健康，援護，保険，年金などの各部局を経験。2004～2007年まで，北海道大学法学部・公共政策大学院教授として出向（社会保障政策）。
現　在　京都産業大学法学部教授（社会保障政策，格差と雇用政策等）（2009年4月から）。
主　著　『社会保障政策』嵯峨野書院，2012年。
　　　　『社会保障制度改革を考える——財政および生活保護，医療，介護の観点から』
　　　　（共著）中央経済社，2014年。
　　　　「公的年金の課題と対策についての一考察——2014年財政検証を対象として」『産大法学』第48巻第3・4合併号，2015年。

「格差」から考える社会政策
——雇用と所得をめぐる課題と論点——

2016年12月20日　初版第1刷発行　　　　〈検印省略〉

定価はカバーに
表示しています

著　者	芝　田　文　男
発行者	杉　田　啓　三
印刷者	坂　本　喜　杏

発行所　株式会社　ミネルヴァ書房
607-8494　京都市山科区日ノ岡堤谷町1
電話代表　(075)581-5191
振替口座　01020-0-8076

©芝田文男, 2016　　冨山房インターナショナル・藤沢製本

ISBN 978-4-623-07826-4
Printed in Japan

よくわかる社会政策
石畑良太郎／牧野富夫 編著　B5判　220頁　本体2600円
●雇用と社会保障　最新の政策動向と社会事情をわかりやすく解説する。

よくわかる社会保障
坂口正之／岡田忠克 編　B5判　210頁　本体2500円
社会保障の理念・歴史・概念や，年金・医療・介護・労働等の各種保険制度など，社会保障の基本的なポイントをわかりやすく解説した入門書。

よくわかる労働法
小畑史子 著　B5判　224頁　本体2500円
労働に関する法の全体像とその基礎知識を確実に把握することを可能にし，主要判例を網羅紹介した初学者必携のテキスト。

イギリス社会政策講義
マイケル・ヒル／ゾーイ・アービング 著　埋橋孝文／矢野裕俊 監訳
A5判　392頁　本体4000円
●政治的・制度的分析　社会政策の歴史を概観した上で，社会政策の全体を網羅したテキスト。

労働法政策
濱口桂一郎 著　A5判　536頁　本体4800円
歴史的な概観を踏まえ，具体的な労働立法の政策決定過程を跡づけつつ，近年の日本の労働法制の進展を詳述。

社会保障改革への提言
橘木俊詔／同志社大学ライフリスク研究センター 編
A5判　240頁　本体3500円
●いま，日本に何が求められているのか　「社会保障と税の一体改革」に向けた課題と提言。

——— ミネルヴァ書房 ———
http://www.minervashobo.co.jp/